Michael Seibold

Der Millionärscode

Das einzige Buch, das du brauchst, um wie die Reichen zu investieren

ForwardVerlag

ForwardVerlag

Der Millionärscode

Das einzige Buch, das du brauchst,
um wie die Reichen zu investieren

Imprint der Verlagsgruppe StudyHelp GmbH, Paderborn
www.forwardverlag.de

1. Auflage

Autor: Michael Seibold

Kontakt: info@forwardverlag.de
Umschlaggestaltung: @magier
Druck: mediaprint solutions GmbH

ISBN 978-3-98755-162-8

DANKE!

Ich danke allen, die mich auf diesem Weg inspiriert und unterstützt haben – meinen Mentoren, Vorbildern, meiner Frau und Familie und vor allem den Menschen, die mir ihr Vertrauen geschenkt haben, sei es in meinen Coachings, auf meinen Plattformen oder durch ihre Fragen und ihr Interesse an klugem Investieren. Ihr alle seid der Grund, warum ich dieses Buch geschrieben habe. Ich widme es meinem Sohn Ludwig. Möge er früh verstehen, dass Wissen und durchdachte Entscheidungen die wahren Hebel für ein selbstbestimmtes Leben sind – und dass finanzielle Freiheit nicht das Ziel, sondern das Werkzeug für ein erfülltes Leben ist.

Wenn auch nur ein Leser nach der Lektüre dieses Buches den Mut fasst, seine finanzielle Zukunft selbst in die Hand zu nehmen, dann hat sich die Arbeit gelohnt.

Kapitelübersicht

1 Einführung

Dieses Kapitel führt in die grundlegenden Konzepte des Vermögensaufbaus ein, entmystifiziert die Methoden, die von Millionären und Milliardären verwendet werden, und bietet Einblicke, die alltägliche Investoren ermächtigen können. Durch das Verständnis dieser Prinzipien kann jeder die ersten Schritte in Richtung finanzieller Unabhängigkeit und langfristigen Wohlstandes unternehmen.

1.1 Die Wissenslücke im Finanzbereich: Wohlhabende vs. Durchschnittsinvestoren

In diesem Abschnitt geht es darum, was die Ultrareichen in Sachen Geld, Denken und Investieren anders machen als die meisten Menschen. Außerdem schauen wir uns an, wie auch normale Anleger diese Unterschiede Schritt für Schritt überwinden können – mit dem richtigen Wissen und einer klugen Strategie.

1.1.1 Häufige Missverständnisse über den Vermögensaufbau

Eine verbreitete Fehlannahme über den Vermögensaufbau ist der Glaube, dass die meisten wohlhabenden Personen ihr Vermögen durch Glück, Erbschaft oder bloßen Zufall erworben haben. Während diese Erzählung einigen Trost bieten mag, ist die Realität, dass die Mehrheit der Millionäre und Milliardäre ihr Vermögen systematisch im Laufe der Zeit aufgebaut hat. Dies erreichten sie durch diszipliniertes Sparen, Investieren und Unternehmertum. Laut Forschungen wie denen von Thomas Stanley und William Danko in *Der Millionär nebenan* sind die meisten Millionäre selbst gemacht. Nur etwa ein Drittel von ihnen erbte einen Teil ihres Vermögens. Vermögensakkumulation ist ein bewusster Prozess, der oft durch klare finanzielle Ziele und langfristige Planung vorangetrieben wird, anstatt durch glückliche Zufälle. Personen mit hohem Nettovermögen steigern ihr Vermögen in der Regel nachhaltig, indem sie sich an bewährte Strategien halten, wie z. B. unter ihren Verhältnissen zu leben, Gewinne wieder zu investieren und Marktchancen zu erkennen (Gibson, 2024).

Einer der größten Irrtümer rund um den Wohlstand ist die Vorstellung, dass Reichtum nur durch waghalsige Manöver und extremes Risiko entsteht. Man könnte meinen, die Vermögenden dieser Welt hätten ihr Geld durch wilde Zockereien mit spekulativen Aktien, windigen Start-ups oder mysteriösen Finanzprodukten gemacht. Doch das ist ein Märchen, das sich hartnäckig hält. In Wahrheit sind die meisten wohlhabenden Investoren weniger Hasardeure als vielmehr geduldige Architekten ihres Vermögens. Ihr oberstes Gebot? Kapitalerhalt!

Anstatt auf hochvolatile Anlagen wie Pennystocks (Aktien unter einem Euro und meist hochspekulativ) oder Kryptowährungen zu setzen, bevorzugen sie bewährte Strategien mit kalkulierbarem Risiko. Aktien solider Unternehmen, Immobilien mit nachhaltigem Wert und verlässliche Anleihen stehen auf ihrer Einkaufsliste. Nehmen wir Warren Buffett – die Ikone des Value Investings. Sein Prinzip? Kaufe exzellente Unternehmen unter ihrem wahren Wert und halte sie langfristig. Kein hektisches Hin und Her, sondern überlegte Entscheidungen mit langfristigem Horizont.

Die Wahrheit ist: Reichtum entsteht selten durch ein einziges brillantes Geschäft oder einen riskanten Glücksgriff, sondern durch kluge, informierte Entscheidungen über Jahre hinweg. Geduld, Strategie und ein scharfes Auge für echte Werte schlagen auf lange Sicht jede getriebene Jagd nach dem schnellen Gewinn (Rajablu, 2011).

Eine der schädlichsten Fehlannahmen ist der Glaube, dass der Aktienmarkt von Natur aus unfair oder zugunsten von Insidern und großen Institutionen manipuliert ist. Diese Vorstellung entmutigt viele, an einem der effektivsten Werkzeuge zur Vermögensbildung teilzunehmen. Zwar gibt es Marktmanipulation und Insiderhandel, doch sie spielen nur eine Nebenrolle. Die wahren Treiber des Aktienmarktes sind größere wirtschaftliche Trends, die Unternehmensentwicklung und Anlegerstimmung.

Wohlhabende Investoren nutzen Marktineffizienzen und kaufen oft während Abschwüngen, wenn die Aktienkurse niedrig sind und die Stimmung negativ ist. Durch die Annahme einer langfristigen Perspektive und den Fokus auf fundamentale Analysen können sie weniger informierte Einzelinvestoren übertreffen, die möglicherweise der Panikverkäufe oder kurzfristigen Marktrauschen erliegen. Das Verständnis, dass der Aktienmarkt größtenteils von vorhersehbaren Mustern getrieben wird, ermöglicht es informierten Investoren, Chancen zu nutzen und unnötige Risiken zu minimieren (Bartlett & McCrary, 2017).

Schließlich gibt es den weitverbreiteten Glauben, dass Investieren zu komplex sei, um es den durchschnittlichen Menschen ohne Finanzberater oder umfangreiche Vorkenntnisse bewältigen zu lassen. Diese Fehlannahme wurde von Finanzinstituten verstärkt, die von teuren Produkten und Dienstleistungen profitieren. Dennoch haben jüngste Innovationen in der Finanztechnologie und das Wachstum passiver Investitionsmöglichkeiten es für Privatanleger einfacher denn je gemacht, am Markt teilzunehmen. Diese Teilnahme erfordert jetzt minimale Gebühren und Aufwand, wodurch die Zugänglichkeit für viele erhöht wird. Der Aufstieg kostengünstiger Indexfonds, börsengehandelter Fonds (ETFs) und Robo-Advisors hat den Zugang zum Aktienmarkt demokratisiert.

Diese Veränderung ermöglicht es Einzelpersonen, diversifizierte Portfolios aufzubauen, ohne über fortgeschrittene Finanzkenntnisse zu verfügen. Viele der von den Reichen angewandten Strategien, wie die Investition in breite Marktindizes (BMI) oder dividendenzahlende Aktien, sind einfach, aber langfristig effektiv. Anstatt sich auf komplizierte Finanzprodukte oder hochpreisige Berater zu verlassen, können Investoren Erfolg erzielen, indem sie sich auf Konsistenz konzentrieren, Kosten minimieren und sich an bewährte Strategien halten (Hamer, 2024).

Häufige Missverständnisse über den Vermögensaufbau – wie die Idee, dass Vermögen vererbt wird, dass hohes Risiko hohe Belohnung bedeutet, dass der Aktienmarkt manipuliert ist – sind größtenteils unbegründet. Zudem wird oft geglaubt, dass Investieren übermäßig kompliziert sei. Diese Überzeugungen führen immer wieder zu falschen Vorstellungen über die wahre Natur des Vermögensaufbaus. Die Wahrheit ist, dass Vermögensakkumulation-Disziplin, eine langfristige Perspektive und einen Fokus auf grundlegende Prinzipien wie Diversifikation, Risikomanagement und Kostenminimierung erfordert. Indem diese Mythen widerlegt werden, können Individuen sich besser positionieren, um die Praktiken und Denkweisen zu übernehmen. Diese Praktiken und Denkweisen haben den Ultrareichen geholfen, ihre Vermögen im Laufe der Zeit zu vermehren. Solche Mythen helfen, ihre Vermögen zu erhalten. Der Weg zum finanziellen Erfolg ist jedoch nicht nur für eine Elitegruppe reserviert, sondern kann von jedem erreicht werden, der sich verpflichtet, diese soliden Investitionsprinzipien zu erlernen. Die Anwendung dieser Prinzipien spielt dabei eine wesentliche Rolle (Anderson, 2021).

1.1.2 Warum Reiche immer reicher werden: das Verständnis der Wissenskluft

Die anhaltende Vermögensakkumulation unter den Reichen wird weitgehend durch eine erhebliche Wissenskluft angetrieben, die sie von durchschnittlichen Investoren unterscheidet. Wohlhabende Personen sind häufig gut mit finanziellen Grundsätzen vertraut und haben Zugang zu spezialisierten Ressourcen, wie Experten für Finanzberatung, Steuerberater und detaillierte Marktforschungstools. Diese Ressourcen bieten ihnen anspruchsvolle Einblicke und Daten, die bei Investitionsentscheidungen mit einem Fokus auf langfristige Gewinne und strategisches Risikomanagement hilfreich sind. Im Gegensatz zu den meisten Einzelhandelsinvestoren, die möglicherweise auf allgemeine finanzielle Ratschläge angewiesen sind, können wohlhabende Anleger auf maßgeschneiderte, hochwertige Informationen zugreifen. Diese Informationen sind auf ihre finanziellen Ziele abgestimmt. Dieser Vorteil ermöglicht es ihnen, von lukrativen Gelegenheiten zu profitieren, häufig mit einem reduzierten Risiko aufgrund ihrer informierten Entscheidungsfindung (Bajic, 2023).

Ein entscheidender Faktor für diese Wissenslücke ist der Zugang zu finanzieller Bildung. Wer in wohlhabenden Familien aufwächst, bekommt oft von klein auf mit, wie Geld funktioniert. Dort wird nicht nur über Sparen und Investieren gesprochen, sondern auch darüber, wie Märkte ticken und Vermögen strategisch aufgebaut wird. Viele erhalten zudem eine gezielte Ausbildung – sei es durch ein Studium, Mentoren oder den direkten Austausch in ihrem Umfeld.

Wer nicht in einer wohlhabenden Familie aufwächst, hat andere Grundvoraussetzungen: In der Schule spielt finanzielle Bildung kaum eine Rolle, und wer sich später selbst damit beschäftigen will, steht oft vor einem Berg aus Halbwissen. Wichtige Themen wie kluges Portfoliomanagement, steueroptimiertes Investieren oder eine sinnvolle Diversifikation bleiben verborgen. Ohne dieses Wissen bleibt oft nur das Lernen durch Versuch und Irrtum – oder das blinde Vertrauen in Finanzmedien, die zwar reißerische Schlagzeilen liefern, aber selten echte Strategien für langfristigen Erfolg vermitteln (LearnWithWiserStep, 2024).

Reiche haben nicht nur mehr Geld – sie haben auch ganz andere Anlagemöglichkeiten. Während die meisten mit ETFs, Aktien und Tagesgeldkonten hantieren, spielen Vermögende in einer ganz anderen Liga. Ihnen stehen exklusive Investments wie **Private Equity** (Kapital, das in nicht börsennotierte Unternehmen investiert wird – oft mit dem Ziel, sie umzustrukturieren, zu verbessern und später gewinnbringend zu verkaufen), **Hedgefonds** (Investmentfonds, die mit sehr flexiblen Strategien arbeiten – oft auch mit hohem Risiko, um überdurchschnittliche Renditen zu erzielen) und **Venture-Capital** (auch Risikokapital genannt) offen – Optionen, die für den Durchschnittsanleger unerreichbar bleiben.

Warum? Weil diese Anlageformen komplex sind, hohe Einstiegshürden haben und oft nur akkreditierten Investoren zugänglich sind. Doch genau dort winken die richtig hohen Renditen – weit über dem, was man mit klassischen Aktien oder Anleihen erwarten kann.

Und es kommt noch besser (zumindest für die Reichen): Wohlhabende Investoren bekommen oft Insider-Zugang zu lukrativen Deals – etwa zu Privatplatzierungen oder Vor-IPO-Aktien, lange bevor die breite Masse überhaupt davon erfährt. Wenn dann ein Unternehmen an die Börse geht oder ein neuer Trend boomt, haben sie ihre Gewinne längst eingestrichen. Das Ergebnis? Ihr Vermögen wächst schneller, die Schere zwischen Arm und Reich geht weiter auseinander – und der Otto-Normal-Anleger schaut meist nur hinterher (Derenoncourt et al., 2024).

Die Reichen haben ein Geheimnis, das eigentlich gar kein Geheimnis ist: den Zinseszinseffekt. Aber während der Durchschnittsanleger ihn mal mehr, mal weniger nutzt, schöpfen Vermögende ihn voll aus – und das macht den Unterschied.

Ihr Kapital arbeitet rund um die Uhr für sie, ohne Unterbrechung. Sie müssen keine Ersparnisse auflösen, wenn der Markt schwankt oder eine unerwartete Rechnung ins Haus flattert. Während andere in Krisenzeiten panisch verkaufen, lehnen sie sich entspannt zurück und lassen ihr Geld weiter für sich wachsen. Denn wer nie aussteigen muss, verpasst keine Erholungsrallyes – und genau das ist der Trick.

Noch dazu haben die Reichen Strategien, um sich gegen Inflation und Risiken abzusichern, sodass ihr Vermögen nicht nur bestehen bleibt, sondern mit jeder Marktphase größer wird. Geduld, Disziplin und ein kluges System sorgen dafür, dass ihr Geld sich über Generationen hinweg vermehrt.

Für den Durchschnittsanleger sieht das oft anders aus: Hier eine ungeplante Ausgabe, dort ein Börsencrash – und schon muss ein Teil des Investments aufgelöst werden. Das bremst das Wachstum und macht es schwer, den Schneeball ins Rollen zu bringen. Die Reichen hingegen? Die lassen ihn einfach weiterrollen – bis er irgendwann zur Lawine wird. (Visscher, 2022).

1.2 Warum dieses Buch?

Dieses Buch verfolgt eine klare Mission: Es setzt einen neuen Standard in der Investmentbildung. Während herkömmliche Finanzratgeber oft bei oberflächlichen Ratschlägen verweilen, geht es hier um mehr - um Wissen, das den Unterschied macht.

Die Strategien und Prinzipien, die den Ultrareichen zu ihrem Erfolg verholfen haben, werden entschlüsselt und für den ambitionierten Privatanleger zugänglich gemacht. Komplexe Zusammenhänge werden verständlich aufbereitet, ohne an Tiefgang zu verlieren. Ziel ist es, nicht nur Wissen zu vermitteln, sondern eine Denkweise zu fördern, die langfristigen Wohlstand ermöglicht.

Dieses Buch gibt dir die Werkzeuge an die Hand, um fundierte, souveräne und strategische Investmententscheidungen zu treffen - unabhängig von Finanzberatern oder Mainstream-Empfehlungen. Es ist eine Einladung, die Mechanismen des Erfolgs zu verstehen und auf die eigene finanzielle Zukunft anzuwenden.

1.2.1 Mangel an Finanzwissen in Deutschland und anderen Ländern

Finanzbildung - ein Thema, das für viele Deutsche ein Buch mit sieben Siegeln bleibt. Die traurige Wahrheit ist, dass grundlegendes Wissen über Geld, Sparen und Investieren in Deutschland und vielen anderen Ländern gravierend fehlt. Es gibt unzählige Bücher, die sich mit Finanzen beschäftigen. Warum also ein weiteres? Ganz einfach: Weil die meisten dieser Bücher entweder zu theoretisch sind oder die Realität der Privatanleger nicht wirklich abbilden. Viele richten sich an Fachleute oder Menschen, die bereits über ein solides Grundwissen verfügen. Dieses Buch dagegen ist für jeden gedacht - egal ob Neuling oder jemand, der seine bisherigen Strategien hinterfragen möchte. Es soll die Lücke schließen, die durch mangelnde Bildung und fehlende Orientierung entstanden ist. Was dieses Buch von anderen unterscheidet, ist der wissenschaftlich fundierte Ansatz, kombiniert mit praxisnahen Tipps, die sofort umsetzbar sind. Es geht nicht darum, die Leser mit komplizierten Fachbegriffen zu beeindrucken, sondern darum, verständlich und motivierend zu zeigen, wie erfolgreiche

Investoren ihr Geld anlegen. Darunter befinden sich Millionäre und Milliardäre. Und noch wichtiger: Wie auch der „normale" Anleger davon profitieren kann (Lusardi & Messy, 2023).

Ein Blick auf das deutsche Bildungssystem zeigt: Finanzbildung spielt kaum eine Rolle. Während Fächer wie Mathematik, Deutsch oder Geschichte fest im Lehrplan verankert sind, bleibt der Umgang mit Geld weitgehend außen vor. Schüler verlassen die Schule, ohne zu wissen, wie man ein Budget erstellt, wie Zinsen funktionieren oder welche Anlageformen es gibt. Diese Lücke wird auch später nicht geschlossen, sei es in der Ausbildung oder im Berufsleben. Das Resultat ist alarmierend. Studien zeigen, dass über die Hälfte der deutschen Bevölkerung keine ausreichenden Kenntnisse hat, um fundierte finanzielle Entscheidungen zu treffen. Viele wissen nicht, wie man eine vernünftige Altersvorsorge aufbaut oder welche Risiken und Chancen verschiedene Anlageklassen bieten. Stattdessen verlassen sie sich auf Sparkonten, die in Zeiten niedriger Zinsen kaum Rendite bringen, oder sie greifen zu hochpreisigen Finanzprodukten, die oft nicht die gewünschten Ergebnisse liefern (Brühl, 2024).

Die Folgen des Wissensmangels sind in der Praxis sichtbar. In Deutschland liegt die Aktienquote – also der Anteil der Bevölkerung, der in Aktien investiert – weit unter dem europäischen Durchschnitt. Statt ihr Geld in Wertpapiere mit langfristigem Wachstumspotenzial zu investieren, halten viele Deutsche ihr Vermögen in Form von Bargeld oder niedrig verzinsten Sparbüchern. Das ist nicht nur ineffizient, sondern verhindert auch die Chance auf Vermögensaufbau. Zudem zeigt sich der Mangel an Finanzwissen in der hohen Verschuldung vieler Haushalte. Kreditkarten, Dispokredite oder Konsumkredite werden oft unbedacht genutzt, ohne die langfristigen Konsequenzen zu bedenken. Viele verschätzen sich bei den Rückzahlungsmodalitäten und geraten in eine Schuldenspirale, die schwer zu durchbrechen ist. Ein solides Finanzwissen bietet hier Abhilfe, indem es den Menschen die Werkzeuge an die Hand gibt, um kluge und verantwortungsbewusste Entscheidungen zu treffen (Bucher-Koenen et al., 2023).

Ein besonders kritischer Bereich ist die Altersvorsorge. Deutschland steht – wie viele andere Länder auch – vor dem Problem einer alternden Bevölkerung. Das staatliche Rentensystem gerät zunehmend unter Druck, doch viele Bürger verlassen sich weiterhin auf die gesetzliche Rente als einzige Einkommensquelle im Alter. Die Allianz-Studie (Allianz Lebensversicherungs-AG, 2024) zeigt, dass viele Deutsche ihre künftigen Rentenansprüche überschätzen und deshalb nicht ausreichend privat vorsorgen. Ohne ein solides Verständnis der Notwendigkeit und Möglichkeiten der privaten Altersvorsorge laufen viele Menschen Gefahr, im Ruhestand finanziell schlecht dazustehen. Dies betrifft nicht nur Deutschland. Auch in anderen Ländern, wie den USA, zeigt sich ein ähnliches Bild. Dort haben viele Menschen keine ausreichenden Ersparnisse für die Rente, was zu einer verstärkten Abhängigkeit von staatlichen Sozialprogrammen führt (Bucher-Koenen & Lusardi, 2011).

In diesem Buch geht es nicht nur darum, dich zu informieren, sondern dich auch zu befähigen, deine finanzielle Zukunft selbstbestimmt zu gestalten. Es soll nicht einfach ein weiteres Finanzbuch sein, sondern ein neuer Maßstab – ein Leitfaden, an dem sich künftige Werke messen müssen. Mit einem klaren, verständlichen und wissenschaftlich fundierten Ansatz zeige ich dir, dass du – unabhängig von deinem Einkommen – in der Lage bist, deine Finanzen erfolgreich zu managen. Gleichzeitig wird deutlich, warum die klassische Finanzbildung vielfach versagt hat. Ich möchte dir aufzeigen, weshalb du bisher oft mit halb garen Lösungen abgespeist wurdest – und wie du diesen Kreislauf durchbrechen kannst.

Dieses Buch bietet dir eine echte Alternative: Eine klare, nachvollziehbare und vor allem umsetzbare Strategie, die sich an den bewährten Prinzipien der erfolgreichsten Investoren der Welt orientiert. Mein Ziel ist es, dich nicht nur zu informieren, sondern auch zu inspirieren, deine finanziellen Ziele mit Zuversicht und Struktur zu erreichen.

Denn finanzielle Bildung ist der Schlüssel zu einem selbstbestimmten und erfolgreichen Leben – und genau hier setzen wir gemeinsam an.

1.2.2 Mythen traditioneller Finanzprodukte entlarven

Traditionelle Bank- und Versicherungsprodukte genießen in Deutschland einen nahezu unantastbaren Ruf. Sie gelten als sicher, stabil und verlässlich. Doch dieser Ruf hält einer genaueren Betrachtung oft nicht stand. Viele dieser Produkte sind nicht so effizient, wie sie erscheinen, und bieten weder die besten Renditen noch die notwendige Flexibilität, um langfristig Vermögen aufzubauen. Sparkonten werden häufig als der sicherste Ort angepriesen, um Geld aufzubewahren. Sie versprechen Stabilität und einen kleinen, aber sicheren Zuwachs. In Zeiten historisch niedriger Zinsen, die in Deutschland erlebt werden, ist diese Sicherheit trügerisch. Die Rendite auf Sparkonten liegt meist unter der Inflationsrate, was bedeutet, dass das Geld zwar sicher aufbewahrt wird, aber im Laufe der Zeit an Wert verliert. Die Kaufkraft schmilzt dahin, und der vermeintlich sichere Hafen wird zu einem Ort des stillen Verlusts (Chidiac, 2023).

Lebensversicherungen, vor allem kapitalbildende Varianten, werden oft als multifunktionale Finanzprodukte verkauft. Sie sollen nicht nur Schutz im Todesfall bieten, sondern auch eine solide Anlage für die Zukunft darstellen. Doch die Realität sieht häufig anders aus. Die Renditen dieser Versicherungen sind in der Regel niedrig, da ein Großteil der Erträge durch hohe Gebühren und konservative Anlageentscheidungen aufgezehrt wird. Das Ergebnis ist eine enttäuschende Performance, die mit direkteren Anlageformen wie Aktien oder Immobilien nicht mithalten kann. Auch die klassischen Rentenpläne sind nicht frei von Mythen. Viele Menschen verlassen sich ausschließlich auf die staatliche Rente, ohne die Begrenzungen dieses Systems zu erkennen. Die Rentenzahlungen sind oft nicht ausreichend, um einen komfortablen Lebensstandard im Alter zu sichern, vor allem für diejenigen, die nicht lückenlos in das System eingezahlt haben. Die moderne Altersvorsorge erfordert heute mehr als das Vertrauen in die staatliche Rente; sie verlangt eine breitere Diversifikation und eine aktive Planung, um finanzielle Sicherheit zu gewährleisten (Wylie, 2024).

Ein weiteres weitverbreitetes Missverständnis betrifft die von Banken angebotenen Investmentfonds. Sie werden als professionell gemanagte Lösungen verkauft, die hohe Renditen garantieren sollen. Doch viele dieser Fonds hinken hinter passiv verwalteten Indexfonds her, die oft günstiger und effizienter sind. Die hohen Gebühren der aktiv verwalteten Fonds schmälern die erzielten Gewinne erheblich, sodass Anleger am Ende weniger Rendite erhalten, als sie es mit einfacheren, kostengünstigen Alternativen hätten. Die Erkenntnis, dass traditionelle Finanzprodukte nicht immer die besten Werkzeuge sind, ist von großer Bedeutung für jeden, der ernsthaft Vermögen aufbauen möchte (Sender, 2023).

Dieses Buch zeigt dir, wie du mit weitverbreiteten Finanzmythen aufräumen und stattdessen bessere, wissenschaftlich fundierte Entscheidungen treffen kannst. Es ist an der Zeit, die Illusion vermeintlicher Sicherheit hinter dir zu lassen und neue, wirkungsvolle Strategien kennenzulernen. Strategien, die dir dabei helfen, deine finanziellen Ziele nicht nur zu definieren – sondern sie auch nachhaltig zu erreichen. Schritt für Schritt erfährst du, wie langfristiges Investieren wirklich funktioniert und wie du dabei klüger, sicherer und erfolgreicher vorgehst.

1.3 Strategien, um den Markt zu schlagen

In diesem Abschnitt werden wesentliche Strategien vorgestellt, um Renditen zu erzielen, die den Markt übertreffen können. Es werden Techniken wie Value-Averaging, antizyklisches Investieren und Diversifizierung behandelt, die einen Fahrplan für diszipliniertes, datengestütztes Investieren bieten. Du erhältst Einblicke in die Identifizierung unterbewerteter Vermögenswerte, das Risikomanagement und den Aufbau eines widerstandsfähigen Portfolios.

1.3.1 Fokus auf Aktien, Immobilien und andere Vermögenswerte

Wenn es um den langfristigen Vermögensaufbau geht, zählen Aktien und Immobilien zu den bewährten Anlageklassen. Sie bieten nicht nur attraktives Wachstumspotenzial, sondern auch clevere Möglichkeiten zur Risikostreuung und zur Generierung regelmäßiger Einkünfte.

Aktien: direkter Anteil an erfolgreichen Unternehmen

Aktien sind weit mehr als nur Zahlen in Ihrem Depot - sie ermöglichen es, direkt am Erfolg führender Unternehmen teilzuhaben. Ob Technologie-Giganten wie Apple oder traditionsreiche Industrieunternehmen, als Aktionär profitierst du sowohl von Kurssteigerungen als auch von Dividenden. Historisch betrachtet erzielten Aktien nach Inflation durchschnittlich 7–10 % Rendite pro Jahr - eine der lukrativsten Anlagemöglichkeiten. Besonders erfolgreich ist das sogenannte Value Investing, eine Strategie, die Investoren wie Warren Buffett berühmt gemacht hat. Dabei geht es darum, unterbewertete Qualitätsaktien zu identifizieren, die langfristig hohes Wachstumspotenzial bieten. Doch nicht jeder Anleger möchte sich intensiv mit einzelnen Unternehmen auseinandersetzen.

Eine besonders effiziente Alternative bieten **Indexfonds**. Anstatt einzelne Aktien auszuwählen, kannst du mit breit gestreuten Fonds wie dem *MSCI World* oder dem *S&P 500* in Hunderte Unternehmen gleichzeitig investieren. Diese Strategie kombiniert eine breite Risikostreuung mit minimalem Verwaltungsaufwand

– ideal für Anleger, die langfristig von der globalen Wirtschaftsentwicklung profitieren möchten (Martínez Raya et al., 2023).

Immobilien: zuverlässige Einkommensquelle

Immobilien sind eine zentrale Säule der Vermögensplanung. Sie bieten nicht nur langfristiges Wertsteigerungspotenzial, sondern auch eine zuverlässige Einkommensquelle durch Mieteinnahmen. Besonders in wirtschaftlich unsicheren Zeiten gelten Immobilien als stabile Anlageform, da sie im Vergleich zu Aktien geringeren Schwankungen unterliegen. Ein weiterer entscheidender Vorteil sind die steuerlichen Möglichkeiten. Hypothekenzinsen, Abschreibungen und weitere steuerliche Vergünstigungen können die Rentabilität einer Immobilie erheblich verbessern. Zudem lässt sich durch den Leverage-Effekt (beschreibt den Verstärkungseffekt von Fremdkapital auf die Eigenkapitalrendite) mit einem vergleichsweise geringen Eigenkapitaleinsatz ein deutlich höheres Investitionsvolumen realisieren – was die potenzielle Rendite entsprechend steigern kann. Kurz gesagt: Wenn du mit geliehenem Geld, z. B. durch einen Kredit, investierst und die Rendite der Investition höher ist als die Zinskosten des Kredits, steigt deine Eigenkapitalrendite – dein Gewinn pro eingesetztem Eigenkapital wird also „gehebelt". Aber: Das funktioniert nur, solange die Investitionsrendite über den Fremdkapitalkosten liegt – sonst wirkt der Leverage-Effekt negativ.

Besonders attraktiv sind Standorte mit hoher Nachfrage, etwa Metropolen wie Berlin oder München. Hier profitieren Investoren nicht nur von stabilen Mieteinnahmen, sondern auch von überdurchschnittlichem Wertsteigerungspotenzial (Cerbo, 2023).

Anleihen: sichere Anlageform

Neben Aktien und Immobilien spielen auch Anleihen eine wichtige Rolle in einem ausgewogenen Portfolio. Sie gelten als sichere Anlageform, die regelmäßige Zinseinnahmen bietet und das Risiko reduziert. Besonders Staatsanleihen und Unternehmensanleihen von Firmen mit hoher Bonität sind verlässliche Optionen. Sie helfen, die Volatilität eines Portfolios auszugleichen und bieten Stabilität in wirtschaftlich unsicheren Zeiten. Rohstoffe wie Gold und Silber werden ebenfalls häufig genutzt, um sich gegen Inflation und Währungsrisiken abzusichern. Gold gilt als sicherer Hafen und bewahrt seinen Wert unabhängig von den Schwankungen der Finanzmärkte. Allerdings sollten Rohstoffe aufgrund ihrer hohen Volatilität nur einen kleineren Teil eines diversifizierten Portfolios ausmachen (X. Gao & Nardari, 2018).

Für Anleger, die nach zusätzlichen Renditechancen suchen, können alternative Investments wie Private Equity, Hedgefonds oder Risikokapital interessant sein. Diese Anlageformen erfordern zwar mehr Wissen und Risikobereitschaft, bieten jedoch auch das Potenzial für überdurchschnittliche Gewinne. Private Equity ermöglicht es, in vielversprechende Unternehmen zu investieren, bevor sie an die Börse gehen, während Hedgefonds durch komplexe Strategien versuchen, unabhängig von der Marktentwicklung Gewinne zu erzielen. Diese Anlageklassen sind besonders attraktiv für vermögende Investoren, die ihr Portfolio weiter diversifizieren und höhere Renditen anstreben (Meaney et al., 2024).

Fazit
Der Schlüssel zu einem erfolgreichen Vermögensaufbau liegt in der Kombination dieser unterschiedlichen Anlageklassen. Aktien bieten langfristiges Wachstumspotenzial, Immobilien sorgen für Stabilität und regelmäßige Einkünfte, Anleihen minimieren die Schwankungen, und alternative Investments eröffnen zusätzliche Renditechancen. Diese diversifizierte Herangehensweise wird von den erfolgreichsten Investoren – darunter Millionäre und Milliardäre – genutzt, um ihr Vermögen zu sichern und auszubauen. Die Strategien und Einsichten, die in diesem Buch vorgestellt werden, können auch Privatanlegern helfen, ihre finanziellen Ziele zu erreichen und eine solide Basis für ihre Zukunft zu schaffen (Tamplin, 2023).

1.3.2 Value Averaging, konträres Investieren und mehr

Erfolgreiches Investieren bedeutet mehr, als einfach nur regelmäßig Geld in Anlagen zu stecken. Es erfordert ein grundlegendes Verständnis wirtschaftlicher Zusammenhänge, Disziplin und einen klaren Plan. Wer langfristig überdurchschnittliche Renditen erzielen möchte, sollte sich mit fortgeschrittenen Strategien auseinandersetzen. Zwei bewährte Ansätze sind Value Averaging und das konträre Investieren, bei denen es darum geht, Marktschwankungen gezielt auszunutzen und so antizyklische Chancen zu identifizieren, die andere übersehen.

Value Averaging: mehr investieren, wenn es zählt

Beim *Value Averaging* (VA) passen Anleger ihre Investitionen flexibel an, um einen vorher festgelegten Zielwert im Portfolio zu erreichen. Im Gegensatz zum Dollar-Cost-Averaging, bei dem regelmäßig ein fixer Betrag investiert wird, richtet sich diese Strategie nach der tatsächlichen Marktentwicklung.

Das Prinzip ist simpel: Wenn die Märkte fallen und das Portfolio weniger wächst als geplant, wird zusätzlich investiert. Steigen die Kurse stärker als erwartet, wird weniger oder gar nicht investiert. Diese Methode nutzt Marktschwankungen gezielt aus, indem mehr Anteile zu günstigen Preisen erworben werden – was langfristig die Rendite optimieren kann.

Ein Beispiel: Ein Anleger möchte sein Portfolio monatlich um 1.000 Euro erhöhen. Wenn die Marktentwicklung schwach ist und das Portfolio nur um 500 Euro wächst, investiert er die fehlenden 500 Euro. Umgekehrt investiert er weniger oder gar nichts, wenn sein Portfolio bereits überdurchschnittlich gestiegen ist. Studien zeigen, dass VA langfristig oft höhere Erträge erzielt als starre Sparpläne (Zein & Darma, 2023).

Konträres Investieren: investieren, wenn andere ängstlich sind

Contrarian investing (antizyklisches Investieren) ist eine Strategie für Anleger, die den Mut haben, gegen den Strom zu schwimmen. Während die Mehrheit dem Markttrend folgt, suchen konträre Investoren gezielt nach Vermögenswerten, die gerade niemand haben will – sei es aufgrund negativer Schlagzeilen, wirtschaftlicher Unsicherheiten oder allgemeiner Marktpanik.

Diese Strategie basiert auf einer einfachen, aber mächtigen Erkenntnis: Märkte übertreiben oft – sowohl in Euphorie als auch in Angst. Wenn ein Unternehmen oder ein ganzer Sektor aufgrund schlechter Nachrichten in Ungnade fällt, kann das eine Kaufgelegenheit sein. Statt sich von der kurzfristigen Stimmung treiben zu lassen, analysieren konträre Anleger die langfristigen Fundamentaldaten.

Ein berühmtes Beispiel ist Warren Buffett, der nach dem Motto handelt: „Sei gierig, wenn andere ängstlich sind, und ängstlich, wenn andere gierig sind." Während die Masse in Krisenzeiten verkauft, kauft er gezielt unterbewertete Qualitätsunternehmen. Psychologisch ist diese Strategie herausfordernd, da es Überwindung kostet, Aktien zu kaufen, wenn die Schlagzeilen den Untergang prophezeien. Doch genau in solchen Momenten liegen oft die besten Chancen. Wer den Mut hat, antizyklisch zu investieren, kann hohe Renditen erzielen, wenn sich der wahre Wert eines Unternehmens oder einer Branche wieder durchsetzt (Duijm & Bisschop, 2018).

Rebalancing

Rebalancing, das regelmäßige Ausbalancieren eines Portfolios, ist auch von großer Bedeutung für eine nachhaltige Vermögensverwaltung. Es hilft dabei, die ursprüngliche Anlageaufteilung zu bewahren. Angenommen, ein Anleger hat ein Portfolio, das zu 60 % aus Aktien und zu 40 % aus Anleihen besteht. Wenn die Aktienmärkte stark steigen, ändert sich das Verhältnis auf 70 % Aktien und 30 % Anleihen. Um das ursprüngliche Risikoniveau zu bewahren, plant der Anleger, einige Aktien zu verkaufen und in Anleihen zu reinvestieren. Dieser Prozess des Rebalancings zwingt den Anleger, Gewinne aus überperformenden Anlagen zu sichern und unterperformende Werte günstig nachzukaufen. Dies fördert diszipliniertes Handeln und schützt vor übermäßiger Konzentration auf eine einzelne Anlageklasse, was das Risiko eines Portfolios reduziert (J. Bender et al., 2013).

Factor Investing

Eine Strategie, die immer mehr an Bedeutung gewinnt, ist das *Factor Investing* (Faktorbasiertes Investieren). Dabei konzentrieren sich Investoren auf spezifische Merkmale von Vermögenswerten, die historisch gesehen mit einer besseren Performance verbunden sind. Diese Merkmale, auch Faktoren genannt, umfassen Aspekte wie Wert, Momentum, Größe und Qualität.

Die Faktoren im Detail:

- **Value-Investoren** setzen auf Aktien, die unter ihrem inneren Wert gehandelt werden. Sie erwarten, dass sich diese Aktien mit der Zeit dem fairen Marktwert annähern und somit Kursgewinne erzielen.
- **Momentum-Investoren** investieren in Aktien, die bereits Kursgewinne verzeichnen konnten, in der Hoffnung, dass der positive Trend anhalten wird.
- **Qualität-Investoren** suchen nach Unternehmen mit soliden Bilanzen, stabilem Cashflow und konstantem Wachstum – Faktoren, die auf eine nachhaltige Unternehmensführung hinweisen.

Strategie	Grundprinzip	Beispiel / Anwendung
Value Averaging	Beiträge basierend auf dem Portfoliowert anpassen	Mehr in fallenden Märkten investieren, weniger in steigenden Märkten
Contrarian Investing	Vermögenswerte kaufen, die am Markt unbeliebt sind	Unterbewertete Aktien bei Markt-Pessimismus kaufen (z. B. Warren Buffett)
Rebalancing	Ziel-Asset-Allokation aufrechterhalten	Portfolio zurück auf 60 % Aktien / 40 % Anleihen verschieben, wenn Aktien besser abschneiden
Factor Investing	Fokus auf Vermögenswerte mit spezifischen Performancefaktoren	In Value- oder Momentum-Aktien investieren, die historisch höhere Renditen aufweisen

Tab. 1.1: Wichtige Anlagestrategien und deren Anwendungen (Quelle: eigene Darstellung)

Tabelle 1.1 bietet einen Überblick über vier fortgeschrittene Anlagestrategien – Value Averaging, Contrarian Investing, Rebalancing und Factor Investing.

Fazit
Diese Ansätze helfen dir dabei, dein Portfolio gezielt an deine persönlichen Anlageziele und Risikobereitschaft anzupassen. Doch die Anwendung dieser Strategien erfordert Disziplin und ein gewisses Maß an Fachwissen. Sie bieten jedoch eine ausgezeichnete Möglichkeit, die Renditen zu optimieren und das Risiko zu kontrollieren.

Anstatt dem Markt blind zu folgen, lernst du als Privatanleger von den bewährten Methoden erfolgreicher Investoren zu profitieren und Schwankungen gezielt zu deinem Vorteil zu nutzen, um langfristig erfolgreich zu investieren (Henke et al., 2022).

1.4 Die Wissenschaft des Vermögensaufbaus

In diesem Abschnitt gebe ich dir einen Überblick über die wissenschaftlichen Prinzipien des Vermögensaufbaus, wobei der Fokus auf datengestützten Strategien liegt, die von erfolgreichen Investoren genutzt werden. Durch die Erkundung wichtiger Konzepte wie Zinseszinsen, quantitative Analyse und diszipliniertes Portfoliomanagement hebe ich hervor, wie ein strukturierter, evidenzbasierter Ansatz zu nachhaltigem finanziellem Wachstum führen kann.

1.4.1 Die Rolle von Forschung und datengesteuerten Strategien

Forschung und datengestützte Strategien sind grundlegend für informierte Investitionen, da sie es Investoren ermöglichen, Entscheidungen auf der Grundlage empirischer Beweise anstelle von Emotionen oder Spekulationen zu treffen. Durch die Nutzung von Datenanalysen können Investoren Trends erkennen, Risikofaktoren bewerten und ein tiefes Verständnis der Anlagenperformanz entwickeln. In den vergangenen Jahren haben Fortschritte in der Datenwissenschaft es möglich gemacht, große Mengen an Marktdaten mit größerer Präzision zu analysieren. Dieser Ansatz unterstützt Investoren dabei, Marktentwicklungen vorherzusagen, Korrelationen zwischen Anlagen zu verstehen und potenzielle Renditen abzuschätzen. Beispielsweise können historische Preisdaten Muster offenbaren, die Timing-Entscheidungen informieren und Investoren dabei helfen, festzustellen, wann bestimmte Anlagen oder Sektoren möglicherweise unterbewertet sind. Die Erkenntnisse aus gründlicher Forschung sind von großer Bedeutung für die Schaffung eines strukturierten Investitionsansatzes, der Risiken minimiert und Renditen maximiert (Tej, 2024).

Fundamentalanalyse

Die Fundamentalanalyse ist das Werkzeug für Investoren, die mehr wollen, als nur den aktuellen Kurs einer Aktie zu betrachten. Sie hilft dabei, den wahren Wert eines Unternehmens zu entdecken, indem sie dessen finanzielle Gesundheit, Geschäftsmodell und Wettbewerbsumfeld genau unter die Lupe nimmt. Statt sich von Marktgerüchten oder kurzfristigen Trends leiten zu lassen, basiert diese Methode auf harten Daten – so kannst du deine Entscheidungen mit einem klaren Kopf treffen.

Ein maßgeblicher Teil der Fundamentalanalyse ist die Auswertung von Finanzberichten: Gewinn- und Verlustrechnungen, Bilanzen und Cashflow-Statements. Diese Zahlen erzählen dir, wie es um die finanzielle Stabilität des Unternehmens steht. Aber es geht noch weiter: Mithilfe von Kennzahlen wie dem *Kurs-Gewinn-Verhältnis*, der *Verschuldungsquote* oder den *Gewinnmargen* kannst du schnell erkennen, ob eine Aktie fair bewertet ist oder möglicherweise unterbewertet wird – und damit eine echte Kaufgelegenheit darstellt.

Ein Beispiel: Ein Unternehmen, das stark wächst und trotzdem zu einem niedrigen Preis im Vergleich zu seinen Gewinnen gehandelt wird, ist wie ein verstecktes Juwel, das darauf wartet, entdeckt zu werden.

Diese datenbasierte Analyse hilft dir nicht nur dabei, fundierte Entscheidungen zu treffen, sondern schützt dich auch davor, in Marktgerüchte oder Hypes zu investieren. Gerade für langfristige

Investoren ist die Fundamentalanalyse von unschätzbarem Wert – sie ermöglicht es, Unternehmen mit soliden Fundamentaldaten zu identifizieren, die voraussichtlich über Jahre hinweg gut performen werden (Szukits & Móricz, 2024).

Quantitative Analyse

Die quantitative Analyse ist die Strategie für diejenigen, die lieber mit Zahlen und Modellen arbeiten als mit reinen Intuitionen. Sie nutzt mathematische und statistische Modelle, um **Marktmuster zu erkennen** und **zukünftige Entwicklungen** vorherzusagen. Dabei werden historische Daten, komplexe Algorithmen und statistische Werkzeuge verwendet, um fundierte Investitionsentscheidungen zu treffen.

Ein anschauliches Beispiel ist die Analyse von risikoangepassten Renditen. Quantitative Modelle helfen dabei, die **optimale Portfoliostruktur** zu finden, indem sie unterschiedliche Anlageklassen vergleichen und die besten Kombinationen auf Basis historischer Daten empfehlen. Auch das **Momentum-Trading**, eine gängige quantitative Strategie, setzt auf **Preis-Trends**. Hierbei werden Anlagen identifiziert, die in der Vergangenheit stark gestiegen sind, in der Hoffnung, dass dieser Trend weiter anhält.

Ein besonders spannender Bereich der quantitativen Analyse ist der Einsatz von maschinellem Lernen und Algorithmen, die zunehmend in die Analyse einfließen. Diese Technologien helfen dabei, subtile Muster in komplexen Datensätzen zu erkennen – und das in Echtzeit. In den schnelllebigen Märkten von heute kann diese Fähigkeit einen entscheidenden Vorteil verschaffen.

Obwohl die quantitative Analyse sehr datenintensiv und auf den ersten Blick komplex erscheint, hat sie einen klaren Vorteil: Sie entfernt subjektive Vorurteile aus dem Entscheidungsprozess. Statt Bauchgefühl oder Marktgerüchten zu folgen, stützen sich Investoren auf **prädiktive Modelle**, die auf harten statistischen Beweisen basieren (Sonkavde et al., 2023).

Backtesting

Bevor du dein hart verdientes Geld investierst, wäre es doch ideal zu wissen, ob deine Strategie überhaupt funktioniert, oder? Genau hier kommt das Backtesting ins Spiel – eine Art Zeitreise für Investoren.

Beim Backtesting wird eine Anlagestrategie mithilfe historischer Marktdaten simuliert, um zu prüfen, wie sie in der Vergangenheit abgeschnitten hätte. So können Investoren einschätzen, ob ihr Ansatz tragfähig ist, bevor sie echtes Kapital riskieren. Eine **Value-Investing-Strategie** kann beispielsweise über mehrere Jahrzehnte getestet werden, um zu sehen, wie sie sich in Bullen- und Bärenmärkten geschlagen hätte.

Doch Backtesting ist mehr als nur eine Rückschau – es hilft, Schwachstellen in einer Strategie aufzudecken. Vielleicht zeigt sich, dass eine Strategie besonders anfällig für Marktvolatilität ist oder in wirtschaftlichen Abschwüngen unterdurchschnittlich performt. Solche Erkenntnisse ermöglichen es, die Strategie gezielt zu verbessern und anzupassen.

Natürlich gilt: **Vergangene Performance ist keine Garantie für zukünftige Gewinne**. Doch Backtesting gibt Investoren eine wertvolle Grundlage, um datenbasierte Entscheidungen zu treffen und mehr Vertrauen in ihre Anlagestrategie zu gewinnen (Arian et al., 2024).

1.4.2 Wie wissenschaftliche Methoden die Entscheidungen wohlhabender Investoren leiten

Wissenschaftliche Methoden spielen eine zentrale Rolle bei der Gestaltung der Investitionsentscheidungen wohlhabender Personen. Sie bieten einen strukturierten Ansatz zur Analyse von Risiken, Bewertung von Wahrscheinlichkeiten und Maximierung von Renditen. Im Gegensatz zu Ad-hoc-Investitionen, die auf Intuition oder Markttrends basieren, ist wissenschaftliches Investieren in systematischer Datensammlung, statistischer Analyse und evidenzbasierten Praktiken verwurzelt. Wohlhabende Investoren verwenden quantitative Forschungstechniken, um Investitionsmöglichkeiten zu identifizieren, die mit ihren finanziellen Zielen übereinstimmen, während sie potenzielle Risiken minimieren. Dieser methodische Ansatz ermöglicht es ihnen, Entscheidungen auf der Grundlage empirischer Daten und nicht von Marktsentiment zu treffen. Indem sie sich auf bewährte Finanzmodelle und prädiktive Analysen stützen, können sie Marktveränderungen voraussehen, was die Wahrscheinlichkeit eines nachhaltigen finanziellen Erfolgs erhöht (S. Bender et al., 2020).

Ein grundlegender wissenschaftlicher Ansatz, der von wohlhabenden Investoren genutzt wird, ist die **moderne Portfoliotheorie** (MPT), die darauf abzielt, das Gleichgewicht zwischen Risiko und Rendite zu optimieren. MPT, entwickelt von Harry Markowitz in den 1950er Jahren, betont die Diversifizierung als Mittel zur Maximierung der Renditen bei einem gegebenen Risikoniveau. Durch den Aufbau von Portfolios mit Anlagen, die eine niedrige Korrelation aufweisen, können Investoren die Gesamtvolatilität reduzieren. Verluste in einem Bereich können durch Gewinne in einem anderen ausgeglichen werden. Wohlhabende Investoren nutzen MPT, um Portfolios zu schaffen, die gegenüber Marktschwankungen widerstandsfähig sind und ihnen helfen, ihr Vermögen langfristig zu schützen und zu vermehren. Ebenso haben Fortschritte in der computergestützten Finanzwirtschaft die Anwendung der MPT durch Algorithmen ermöglicht, was es Investoren mit hohem Nettovermögen erlaubt, ihre Portfolios noch präziser zu verfeinern. Dieses wissenschaftliche Rahmenwerk befähigt sie, datengestützte Entscheidungen zu treffen und ihr Kapital gegen unvorhersehbare Marktzyklen abzusichern (Keller, 2014).

Investieren ist nicht nur eine Frage der Mathematik – es ist auch eine **Frage der Psyche**. Die Verhaltensfinanzierung kombiniert Psychologie mit Finanztheorie, um zu verstehen, wie Emotionen und Denkfehler das Investitionsverhalten beeinflussen. Selbst erfahrene Investoren sind nicht immun gegen kognitive Verzerrungen wie Übermut (Overconfidence), Herdenverhalten und Verlustaversion.

Doch wohlhabende Investoren wissen, wie sie diese mentalen Fallen umgehen. Sie setzen beispielsweise auf **automatisierte**

Rebalancing-Strategien, um impulsive Entscheidungen in turbulenten Märkten zu vermeiden. Statt von Panik oder Euphorie mitgerissen zu werden, nutzen sie **statistische Werkzeuge**, um die Marktstimmung zu messen – und gezielt von irrationalen Preisschwankungen zu profitieren, die durch Massenpsychologie entstehen.

Dieser **wissenschaftliche Ansatz** hilft ihnen, objektiv zu bleiben und sich nicht von Angst oder Gier leiten zu lassen – zwei der größten Feinde eines erfolgreichen Investors. Während unerfahrene Anleger oft impulsiv handeln und dadurch Verluste riskieren, nutzen kluge Investoren diese **Marktingeffizienz** gezielt aus.

Verhaltensfinanzierung ist somit weit mehr als eine Theorie – sie ist ein Werkzeug, mit dem Investoren sich selbst und den Markt besser verstehen, um langfristig cleverere und profitablere Entscheidungen zu treffen (Sathya & Gayathiri, 2024).

Überdies verwenden wohlhabende Investoren häufig Risikobewertungsmodelle, um die Wahrscheinlichkeit zu quantifizieren, die gewünschten Renditen zu erzielen, während sie das Abwärtsrisiko minimieren. Techniken wie Value at Risk (VaR) und Monte-Carlo-Simulationen werden häufig verwendet, um potenzielle Verluste unter verschiedenen Marktbedingungen zu projizieren. VaR berechnet den maximalen erwarteten Verlust über einen bestimmten Zeitraum bei einem gegebenen Vertrauensniveau und hilft Investoren, die potenziellen Risiken verschiedener Anlagen zu verstehen. Monte-Carlo-Simulationen hingegen führen zahlreiche Szenarien auf der Grundlage zufälliger Variablen durch und bieten eine probabilistische Analyse potenzieller Ergebnisse. Durch die Anwendung dieser Modelle können wohlhabende Investoren ihre Exposition gegenüber verschiedenen Arten von Risiken, einschließlich Marktrisiko, Kreditrisiko und operationellem Risiko, bewerten. Diese wissenschaftlichen Werkzeuge bieten einen klaren Rahmen für das Risikomanagement und ermöglichen es ihnen, fundierte Anpassungen an ihren Portfolios auf der Grundlage quantitativer Erkenntnisse vorzunehmen (Vaniya et al., 2022).

Erfolgreiche Investoren verlassen sich nicht auf Bauchgefühl – sie testen ihre Strategien auf Herz und Nieren, bevor sie echtes Geld investieren. Genau das ermöglicht **Backtesting**: ein wissenschaftliches Verfahren, das eine Anlagestrategie anhand historischer Marktdaten simuliert.

Stell dir vor, du hättest eine Strategie, die auf **Hochdividenden-Aktien** setzt. Klingt vielversprechend, aber wie hätte sie sich in wirtschaftlichen Krisen geschlagen? Mit Backtesting lässt sich genau das herausfinden. Wohlhabende Investoren nutzen diese Methode, um die Robustheit ihrer Strategien zu überprüfen, Schwächen zu identifizieren und gezielt zu optimieren.

Der Vorteil? Anstatt sich auf unbewiesene Annahmen zu verlassen, basiert jede Entscheidung auf harten Daten. Natürlich kann Backtesting keine zukünftigen Gewinne garantieren, aber es reduziert das Risiko, in eine Strategie zu investieren, die nur in der Theorie gut aussieht. Es gibt Investoren das Selbstvertrauen, dass ihre Methode nicht nur auf dem Papier funktioniert, sondern auch echten Markttests standhält (Trading, 2024).

2

Die Denkweise von Millionären und Milliardären

Was unterscheidet wohlhabende Menschen von denen, die nur davon träumen? **Es sind nicht nur Strategien, sondern vor allem ihre Denkweise**. Millionäre und Milliardäre sehen Geld nicht als kurzfristiges Ziel, sondern als Werkzeug für langfristigen Wohlstand. Ihr Erfolg basiert auf drei zentralen Prinzipien:

1. **Langfristiges Denken**
   Sie lassen sich nicht von kurzfristigen Schwankungen oder Trends ablenken, sondern haben eine klare Vision für Jahrzehnte.
2. **Disziplin**
   Erfolgreiche Investoren halten an ihren Strategien fest, auch wenn die Märkte verrückt spielen.
3. **Kalkulierte Risiken**
   Sie scheuen keine Risiken, aber sie treffen **fundierte Entscheidungen**, anstatt auf Glück oder Emotionen zu setzen.

In diesem Kapitel tauchen wir tief in diese Denkweise ein. Du wirst verstehen, wie wohlhabende Menschen ihre finanzielle Zukunft bewusst gestalten – und wie auch du diese Prinzipien nutzen kannst, um nachhaltigen Reichtum aufzubauen.

2.1 Wie Wohlhabende über Geld denken

Dieser Abschnitt beleuchtet die besondere Denkweise, die wohlhabende Personen in ihrem Umgang mit Geld von anderen unterscheidet. Während viele Menschen Reichtum hauptsächlich als Mittel zur Befriedigung unmittelbarer Bedürfnisse betrachten, verfolgen die Reichen oft einen strategischen, langfristigen Ansatz. In diesem Abschnitt wird gezeigt, wie Geduld, Disziplin und der Fokus auf finanzielle Freiheit ihre Entscheidungen beeinflussen. Diese Eigenschaften ermöglichen es ihnen, Reichtum über die Zeit hinweg aufzubauen und zu bewahren.

2.1.1 Aufgeschobene Belohnung: langfristiges Investieren

Grundpfeiler des langfristigen Investierens ist die Fähigkeit, sofortigen Belohnungen zugunsten größerer zukünftiger Gewinne zu widerstehen. Wohlhabende Anleger setzen oft langfristige Ziele über kurzfristiges Vergnügen und erkennen, dass nachhaltiges finanzielles Wachstum Geduld und Disziplin erfordert. Dieses Konzept geht über einfaches Sparen hinaus und umfasst eine Denkweise, die zukünftigen Reichtum über den sofortigen Konsum wertschätzt. Durch das konsequente Reinvestieren von Gewinnen, anstatt Gewinne abzuheben, ermöglichen wohlhabende Individuen es ihren Investitionen, über die Zeit zu wachsen. Dieser Zinseszinseffekt ist ein leistungsstarker Treiber des Vermögensaufbaus, da die Renditen auf Investitionen weitere Renditen generieren, was das Gesamtwachstum verstärkt. Verzögerte Belohnung ist eine disziplinierte Wahl, und für Anleger, die sich dafür entscheiden, können die Belohnungen erheblich sein (Gschwandtner et al., 2022).

Langfristiges Investieren entfaltet seine wahre Kraft durch den **Zinseszinseffekt** – das Prinzip, das aus kleinen Beträgen über die Jahre ein Vermögen macht. Albert Einstein nannte ihn einmal die „stärkste Kraft im Universum“, und wer ihn versteht, nutzt einen der größten Hebel für finanziellen Erfolg. Wie genau funktioniert der Zinseszinseffekt? **Erträge generieren neue Erträge**, die wiederum reinvestiert werden und das Wachstum exponentiell beschleunigen.

Beispiel: Eine Investition von 10.000 US-Dollar mit 7 % Rendite pro Jahr wächst in 30 Jahren auf über 76.000 US-Dollar – ganz ohne zusätzliche Einzahlungen!

Geduld ist der Schlüssel

Viele Menschen unterschätzen den Zinseszinseffekt, weil das Wachstum in den ersten Jahren unscheinbar wirkt. Doch wer langfristig investiert und nicht ständig Geld entnimmt, erlebt nach einiger Zeit eine regelrechte Explosion des Vermögens. Wohlhabende Investoren wissen das und gestalten ihre Strategien so, dass ihr Kapital über Jahrzehnte arbeitet, anstatt kurzfristige Gewinne zu jagen. Sie denken in Generationen, nicht in Quartalen (Owadally et al., 2021). Im Abschnitt „Die Kraft des Zinseszinses" auf S. 39 erfährst du noch mehr über den Zinseszins.

Wer langfristig Vermögen aufbauen will, muss nicht nur kluge Entscheidungen treffen – sondern sie auch durchhalten können. Die Fähigkeit zur verzögerten Belohnung hilft Anlegern, selbst in turbulenten Marktphasen einen kühlen Kopf zu bewahren.

Marktrückgänge sind keine Katastrophe, sondern eine Chance

Wohlhabende Investoren wissen, dass Krisen zum Investieren dazugehören – und Märkte sich langfristig erholen. Statt in Panik zu verkaufen, nutzen sie sinkende Kurse gezielt, um günstig nachzukaufen.

Beispiel: Während viele Anleger in einem Börsencrash aus Angst verkaufen, kaufen erfahrene Investoren Aktien mit Rabatt – oft von starken Unternehmen, die nur vorübergehend unter Druck stehen. Langfristig zahlt sich diese Strategie aus, denn wenn die Märkte wieder steigen, profitieren sie überproportional.

Doch dieser Ansatz ist nicht einfach: **Emotionale Resilienz ist entscheidend.** Es erfordert Mut, eine Position zu halten oder sogar aufzustocken, wenn alle um einen herum in Panik verfallen.

Doch genau hier trennt sich die Spreu vom Weizen!

Wer das große Ganze im Blick behält, gewinnt

Diese Denkweise schützt Anleger vor impulsiven Fehlentscheidungen und maximiert die Chancen auf nachhaltigen Vermögensaufbau. **Börsencrashs sind keine Gefahr – sondern Gelegenheiten für die Geduldigen** (Arslan-Ayaydin et al., 2014).

Verzögerte Belohnung fördert auch einen disziplinierten Ansatz zur Finanzplanung, der Anleger dazu ermutigt, klare, langfristige Ziele zu setzen. Wohlhabende Anleger haben typischerweise einen strukturierten Finanzfahrplan mit spezifischen Meilensteinen, die mit ihren Lebenszielen, wie Ruhestand, Nachlassplanung oder Vermächtniserstellung, übereinstimmen. Diese zielgerichtete Sichtweise betont die Bedeutung von Geduld und reduziert impulsives Finanzverhalten, welches den langfristigen Reichtum gefährden kann. Durch die Beibehaltung einer konsistenten Anlagestrategie, die auf zukünftigen Ergebnissen basiert, können Anleger finanzielle Stabilität und Unabhängigkeit erreichen. Eine solche Planung umfasst die Bewertung der Risikotoleranz, die Auswahl von Anlagen mit nachhaltigem Wachstumspotenzial und die Anpassung nur bei Bedarf. Dieser disziplinierte, zielgerichtete Ansatz ist unerlässlich für den Aufbau von dauerhaftem Reichtum und die Erzielung erheblicher Renditen über die Zeit (Z. Gao et al., 2021).

Tabelle 2.1 skizziert die wichtigsten Prinzipien in Vermögensaufbaustrategien, einschließlich aufgeschobener Belohnung, langfristiger Investitionen und der Kraft des Zinseszinses. Jedes Konzept wird mit einem Grundprinzip sowie einem praktischen Beispiel oder Vorteil zusammengefasst. Es hebt die Bedeutung von Geduld und disziplinierter Reinvestition zur Erreichung eines signifikanten finanziellen Wachstums hervor.

Konzept	Grundprinzip	Beispiel/Vorteil
Aufgeschobene Belohnung	Zukünftige Gewinne ggü. sofortigen Belohnungen priorisieren	Gewinne reinvestieren, um im Laufe der Zeit vom Zinseszinseffekt zu profitieren
Langfristige Investition	Investitionen durch Marktzyklen hindurch halten	10.000 USD wachsen bei einer Rendite von 7 % in 30 Jahren auf 76.000 $
Zinseszins	Renditen auf das Kapital sowie die angesammelten Zinsen erzielen	5.000 USD im Alter von 25 Jahren können bis zum 65. Lebensjahr auf über 500.000 USD anwachsen
Disziplin beim Investieren	Eine konsistente, zielgerichtete Strategie verfolgen	Impulsive Handlungen vermeiden, um ein nachhaltiges Portfoliowachstum zu gewährleisten
Reinvestition	Erträge wieder in den Investmentpool einbringen	Wieder angelegte Dividenden schaffen einen Zyklus exponentiellen Wachstums

Tab. 2.1: Grundprinzipien langfristiger Vermögensaufbau-Strategien (Quelle: eigene Darstellung)

2.1.2 Die Kraft des Zinseszinses

Albert Einstein soll den Zinseszins das **achte Weltwunder** genannt haben – und tatsächlich ist der Zinseszins eines der mächtigsten Werkzeuge beim Vermögensaufbau. Während einfache Zinsen nur auf das ursprüngliche Kapital berechnet werden, sorgt der Zinseszins dafür, dass auch die bereits verdienten Zinsen wieder mitverzinst werden. Dadurch entsteht ein **Schneeballeffekt**, der über Jahre hinweg immer stärker wird.

Je früher du startest, desto stärker entfaltet sich dieser Effekt. Erfolgreiche Anleger wissen das, setzen auf langfristige Investments und lassen ihr Geld für sich arbeiten (Ovaska & Sumell, 2017).

Der Einfluss von Zinseszinsen wird besonders über Jahrzehnte hinweg signifikant, indem sie diejenigen belohnen, die frühzeitig mit dem Investieren beginnen und geduldig bleiben. Ein Anleger beginnt im Alter von 25 Jahren mit einem Startkapital von 5.000 US-Dollar und fügt monatlich 200 US-Dollar bei einer Rendite von 7 % hinzu. Mit 65 Jahren wächst dieses Portfolio auf über 500.000 US-Dollar an, dank der Effekte der Zinseszinsen. Im Gegensatz dazu erzielt ein Anleger, der mit 35 Jahren bei denselben Beiträgen beginnt, bis 65 Jahren nur etwa 245.000 US-Dollar — weniger als die Hälfte der Summe. Der Vorteil des frühen Starts liegt in der Zeit, die für die Wirkung des Zinseszinses zur Verfügung steht. Mit jedem Jahr, das eine weitere Wachstumsphase hinzufügt, profitieren frühe Investitionen von einer längeren Periode exponentieller Renditen. Wohlhabende Anleger verstehen dies und priorisieren frühes, konsistentes Investieren, um das Potenzial des Zinseszinseffekts in ihren Portfolios zu maximieren (Mittal, 2020).

Zinseszinsen verdeutlichen auch die Bedeutung von Reinvestition und disziplinierten finanziellen Gewohnheiten. Wenn Dividenden, Zinsen oder Kapitalgewinne reinvestiert werden, anstatt abgehoben, wächst die Basis des Portfolios und verstärkt den Zinseszinseffekt. Reinvestierte Dividenden ermöglichen es Aktionären beispielsweise, zusätzliche Anteile zu erwerben, die wiederum weitere Dividenden generieren und einen sich selbst verstärkenden Wachstumszyklus schaffen. Wohlhabende Anleger setzen häufig auf **automatisierte Reinvestitionsstrategien**, um sicherzustellen, dass Erträge weiterhin zum Wachstum des Portfolios beitragen. Indem sie Abhebungen vermeiden und die Reinvestition aufrechterhalten, nutzen sie das volle Potenzial des Zinseszinseffekts, wodurch ihr Reichtum ungehindert wachsen kann. Dieser disziplinierte Ansatz unterstreicht, wie konsistente Reinvestition, kombiniert mit Zeit, bescheidene Investitionen in erhebliche Summen verwandeln kann (Lian et al., 2019).

Ferner verstärkt die Kraft des Zinseszinseffekts den Wert langfristiger Anlagestrategien über kurzfristige Gewinne. Häufiges Kaufen und Verkaufen, oft getrieben durch den Versuch, den Markt zu timen, kann den Zinseszinseffekt stören und die Renditen schmälern. Wohlhabende Anleger neigen typischerweise zu einer „Buy-and-Hold"-Strategie, die es Investitionen ermöglicht, mit minimalem Eingriff zu wachsen. Historische Daten zeigen beispielsweise, dass der Aktienmarkt über längere Zeiträume hinweg ein konsistentes Wachstum geboten hat, trotz kurzfristiger Schwankungen. Anleger, die sich auf langfristige Ziele konzentrieren, lassen sich weniger von vorübergehenden Marktschwankungen beeinflussen, wodurch der Zinseszinseffekt ohne Unterbrechung wirken kann. Indem sie das Konzept des Zinseszinseffekts verstehen, vermeiden wohlhabende Anleger impulsive Entscheidungen und erkennen, dass das Halten von Investitionen durch Marktzyklen den Zinseszinseffekt maximiert (R. Sanderson & Lumpkin-Sowers, 2018).

Fazit

Zinseszinsen sind ein mächtiger Treiber finanziellen Wachstums, insbesondere wenn sie über längere Zeiträume genutzt werden. Frühe Investitionen, disziplinierte Reinvestitionen und ein Fokus auf langfristige Strategien tragen alle zur Effektivität des Zinseszinses bei. Wohlhabende Investoren, die dieses Prinzip verstehen, bauen Portfolios auf, die von exponentiellem Wachstum profitieren, und schaffen im Laufe der Zeit erhebliches Vermögen. Indem sie die stetige Reinvestition priorisieren, anstatt kurzfristige Gewinne zu verfolgen, ermöglichen sie ihren Investitionen kontinuierlich Wert zu gewinnen. Gleichzeitig demonstrieren sie das transformative Potenzial des Zinseszinses beim Vermögensaufbau.

2.1.3 Wohlstand als Werkzeug für Freiheit, nicht für Konsum

Für viele wohlhabende Menschen ist Geld weit mehr als nur ein Mittel zum Luxus – es ist der Schlüssel zu Freiheit und Unabhängigkeit. Statt es für übermäßigen Konsum zu nutzen, setzen sie ihr Vermögen gezielt ein, um ein Leben zu führen, das ihren persönlichen Werten und Zielen entspricht.

Finanzielle Freiheit bedeutet, Entscheidungen nicht aus Zwang, sondern aus Überzeugung zu treffen. Wer sich keine Sorgen um Rechnungen oder den nächsten Gehaltsscheck machen muss, kann seinen Alltag selbstbestimmt gestalten.

Beispiele für finanzielle Freiheit:

- Früher in den Ruhestand gehen und mehr Zeit mit der Familie verbringen.
- Leidenschaften verfolgen, ohne auf ein sicheres Gehalt angewiesen zu sein.
- Wohltätige Projekte unterstützen und der Gesellschaft etwas zurückgeben.

Reichtum wird so zu einem Werkzeug für ein erfülltes Leben, anstatt nur der Befriedigung kurzfristiger Wünsche zu dienen (Schwartz & Cheek, 2017).

Dieses Konzept von Reichtum als Freiheit betont die Bedeutung des Vermögensaufbaus über unmittelbare Ausgaben. Anstatt sich auf Luxusartikel oder flüchtige Erlebnisse zu konzentrieren, priorisieren wohlhabende Individuen Investitionen, die ihr Vermögen vermehren und finanzielle Stabilität bieten. Vermögenswerte, sei es in Aktien, Immobilien oder Unternehmen, generieren über die Zeit Einkommen und Wertsteigerung, die zur langfristigen finanziellen Unabhängigkeit beitragen. Im Gegensatz zu abnutzbaren Vermögenswerten wie Autos oder hochwertigen Waren steigern einkommensgenerierende Investitionen ihren Wert, was mehr Optionen für die Zukunft bietet. Durch die Umleitung von Ressourcen in den Vermögensaufbau anstatt in den Konsum erhöhen wohlhabende Individuen ihre finanzielle Flexibilität. Sie erweitern somit die Möglichkeiten für gegenwärtige und zukünftige Generationen (Killewald et al., 2017).

Weiterhin erfordert die Auffassung von Reichtum als Werkzeug für Freiheit diszipliniertes Finanzmanagement und Zurückhaltung. Anstatt über das verfügbare Einkommen als Mittel zur Selbstverwöhnung nachzudenken, investieren Wohlhabende häufig ihre Einnahmen erneut, um eine dauerhafte finanzielle Grundlage zu schaffen. Budgetierung, Sparen und die Einhaltung finanzieller Pläne ermöglichen es ihnen, ihre Vermögenswerte zu vergrößern, während sie nachhaltige Ausgabenniveaus aufrechterhalten. Vermögensverwaltung wird zu einem kalkulierten Prozess, der gegenwärtige Bedürfnisse mit zukünftigen Zielen in Einklang bringt. Dieser Ansatz stellt sicher, dass Reichtum einen Zweck über die materielle Ansammlung hinaus erfüllt. Dazu gehören unter anderem die Finanzierung von Bildung, die Sicherstellung von Gesundheitsversorgung oder die Schaffung eines Familienerbes. Wohlhabende Individuen, die diesen Ansatz verfolgen, verstehen, dass die heute getroffenen Opfer zu größerer Freiheit und Sicherheit morgen beitragen. Dies verstärkt das Prinzip der verzögerten Befriedigung (van Rooij et al., 2012).

Die Freiheit, die mit Reichtum einhergeht, geht weit über die finanziellen Aspekte hinaus. Menschen mit finanzieller Unabhängigkeit können **kalkulierte Risiken** eingehen, ohne sich ständig um ihre Existenz sorgen zu müssen. Das eröffnet ihnen die Möglichkeit, unternehmerische Projekte zu starten, in innovative Ideen zu investieren oder sogar philanthropische Initiativen zu unterstützen. Dank einer soliden finanziellen Grundlage sind sie in der Lage, Bedeutendes zu schaffen, ohne die unmittelbare Angst vor finanziellen Verlusten. Daraus folgt, dass sie ihre Energie und Ressourcen auf Unternehmungen konzentrieren können, die für sie persönlich erfüllend und gesellschaftlich wirkungsvoll sind – anstatt sich durch wirtschaftliche Notwendigkeiten in konventionellen Karrierepfaden einschränken zu lassen. In diesem Zusammenhang wird Reichtum nicht nur als Mittel zu mehr Komfort gesehen, sondern als Werkzeug, um ein zielgerichtetes Leben zu führen, das von eigenen Werten und Leidenschaften geprägt ist (Compass, 2024).

Fazit

Reichtum, wenn er nicht nur als Mittel zum Konsum, sondern als **Fahrzeug für Freiheit** verstanden wird, bietet weit mehr als finanzielle Sicherheit. Er eröffnet **Wahlmöglichkeiten** und ermöglicht ein Leben, das auf persönlichen **Werten** und **Zielen** basiert. Wohlhabende setzen auf disziplinierten **Vermögensaufbau** und **strategische Reinvestitionen**, wobei sie langfristige Unabhängigkeit über kurzfristige Luxusbedürfnisse stellen.

Diese Denkweise stärkt nicht nur die **finanzielle Resilienz**, sondern fördert auch eine tiefere Auseinandersetzung mit den eigenen Bestrebungen und Zielen, die mit den eigenen Interessen und Prinzipien im Einklang stehen. Wenn Reichtum als Werkzeug der Freiheit betrachtet wird, wird sein Zweck neu definiert – als Mittel zur Erreichung von Autonomie und Selbstbestimmung.

Dieser Ansatz geht über den eigenen Horizont hinaus und legt ein Erbe der finanziellen und persönlichen Freiheit an, das nicht nur das eigene Leben bereichert, sondern auch einen bleibenden Einfluss auf zukünftige Generationen hat.

2.2 Die Psychologie des Vermögensaufbaus

Jetzt werfen wir einen Blick auf die psychologischen Eigenschaften, die für den erfolgreichen Vermögensaufbau von großer Bedeutung sind, wie **Geduld, Disziplin und Rationalität**. Durch das Verständnis, wie Wohlhabende diese Qualitäten nutzen, kannst du lernen, mit Marktschwankungen umzugehen und fundierte, langfristige finanzielle Entscheidungen zu treffen. Die Erkundung dieser mentalen Gewohnheiten bietet wertvolle Einblicke für den Aufbau von Resilienz und das **Erreichen von dauerhaftem Wohlstand**.

2.2.1 Die Rolle von Geduld, Disziplin und Rationalität

Geduld

Geduld ist eine grundlegende Eigenschaft im erfolgreichen Investieren, da sie es den Individuen ermöglicht, trotz Marktschwankungen und kurzfristiger Rückschläge an ihren Strategien festzuhalten. Wohlhabende Investoren verstehen, dass die Renditen über den langen Zeitraum maximiert werden, oft über Jahre oder sogar Jahrzehnte. Diese langfristige Perspektive hilft auch dir, die Fallen impulsiven Handelns aufgrund von Marktvolatilität zu vermeiden. Häufiges Handeln, angetrieben von Ungeduld, führt oft zu niedrigeren Renditen aufgrund von Transaktionsgebühren, steuerlichen Auswirkungen und verpassten Gelegenheiten zur Zinseszinsbildung. Durch das Ausüben von Geduld gibst du deinen Vermögenswerten die notwendige Zeit zum Wachsen, was mit den natürlichen Zyklen der Markterweiterung und -kontraktion übereinstimmt. Im Wesentlichen schafft Geduld die Voraussetzungen für den Vermögensaufbau. Den Anlagen wird die Zeit gegeben, die sie benötigen, um ihr Potenzial zu entfalten (Hanushek et al., 2022).

Disziplin

Disziplin beim Investieren ist ebenso unerlässlich, insbesondere wenn es darum geht, einen vorab festgelegten Finanzplan oder eine Strategie einzuhalten. Wohlhabende Investoren halten sich in der Regel strikt an ihre Vermögensallokation und vermeiden die Versuchung, kurzfristigen Trends oder Modeerscheinungen nachzujagen. Ein disziplinierter Ansatz umfasst regelmäßige Beiträge, die konsistente Reinvestition von Dividenden und die Einhaltung von Portfolioumschichtungsplänen. Zum Beispiel muss ein Investor mit einer Allokation von 60 % Aktien und 40 % Anleihen möglicherweise regelmäßig umschichten, um dieses Verhältnis aufrechtzuerhalten. Dies ist erforderlich, auch wenn eine Anlageklasse die andere übertrifft. Diese Disziplin verhindert eine übermäßige Abhängigkeit von einer einzelnen Anlageklasse und bewahrt die Stabilität des Portfolios. Durch das konsequente Befolgen eines strategischen Plans sind Investoren weniger anfällig für emotionale Reaktionen, Marktgeplapper oder angstgetriebenes Entscheidungsverhalten (Zhang, 2022).

Rationalität

Rationalität ist die dritte Säule soliden Investierens, die die Fähigkeit umfasst, Entscheidungen auf der Grundlage von Daten und logischem Denken, statt von Emotionen zu treffen. Emotionales Investieren, das von Angst in Abschwungphasen oder Gier in Boomzeiten getrieben wird, führt oft zu schlechten Ergebnissen. Rationale Investoren stützen sich auf objektive Analysen, wie fundamentale und technische Forschung, um ihre Entscheidungen zu leiten. Zum Beispiel könnten sie, anstatt Aktien während einer Marktkorrektur aus Angst zu verkaufen, die zugrunde liegenden Fundamentaldaten ihrer Bestände bewerten. Wenn die Unternehmen stark bleiben, können sie entscheiden, ihre Positionen zu halten oder sogar auszubauen und von unterbewerteten Gelegenheiten zu profitieren. Rationalität hilft Investoren, sich auf den inneren Wert und die langfristigen Perspektiven zu konzentrieren, anstatt sich von kurzfristigem Marktrauschen beeinflussen zu lassen. Dieser datengestützte Ansatz fördert die Resilienz in volatilen Märkten und verstärkt eine strategische Denkweise (Rehman et al., 2024).

Geduld, Disziplin und Rationalität wirken **synergistisch** zusammen, um kognitive Verzerrungen zu bekämpfen, die den Investitionserfolg stören können. Zum Beispiel kann die „Kognitive Verzerrung", bei der Investoren kürzliche Ereignisse überbetonen, zu impulsiven Entscheidungen während eines Marktrückgangs führen. Investoren, die Geduld und eine rationale Perspektive kultivieren, sind jedoch weniger anfällig für solche Verzerrungen. Ähnlich können „Bestätigungsfehler", bei denen Individuen Informationen suchen, die bestehende Überzeugungen unterstützen, zu einer schlechten Diversifikation oder Überkonzentration in vertrauten Aktien führen. Disziplin stellt in diesem Fall sicher, dass Investoren trotz persönlicher Vorlieben eine diversifizierte Strategie einhalten. Durch die gegenseitige Verstärkung schaffen Geduld, Disziplin und Rationalität einen Rahmen. Dieser Rahmen minimiert den Einfluss von Verzerrungen und fördert einen stabilen und objektiven Ansatz für das Investieren (Rohatgi, 2021).

Langfristiger Investitionserfolg hängt nicht nur von der Auswahl der richtigen Vermögenswerte, sondern auch von der Fähigkeit ab, das eigene Verhalten während verschiedener Marktzyklen zu steuern. In Zeiten steigender Märkte (*Hausse*) ist vor allem Geduld gefragt – sie schützt davor, sich von Euphorie anstecken zu lassen und überstürzt zu kaufen. Disziplin hilft wiederum, an der eigenen Anlagestrategie festzuhalten und nicht von der zuvor festgelegten Vermögensverteilung abzuweichen. Denn wer bei steigenden Kursen hektisch umschichtet oder impulsiv nachkauft, riskiert, teure Fehler zu machen, die langfristig Rendite kosten.

Wenn die Märkte hingegen fallen (*Baisse*), ist ein kühler Kopf besonders wichtig. Eine nüchterne Einschätzung hilft dabei, den tatsächlichen Wert von Anlagen zu erkennen – jenseits von Angst und Schlagzeilen. Wer in solchen Phasen Geduld und Disziplin bewahrt, bleibt handlungsfähig und trifft keine übereilten Entscheidungen, wie etwa panikartige Verkäufe.

Wohlhabende Investoren führen ihren Erfolg oft auf diese **Verhaltensqualitäten** zurück und betrachten sie als essenzielle Bestandteile einer erfolgreichen Anlagestrategie. Die Priorisierung von Geduld, Disziplin und Rationalität ermöglicht es, sich langfristig für konsistente Renditen und eine reduzierte Volatilität zu positionieren. Diese Eigenschaften schaffen die nötige Resilienz, um die Komplexität der Finanzmärkte zu meistern und den emotionalen Stress zu minimieren. Durch diese Denkweise werden nicht nur die finanziellen Ergebnisse verbessert, sondern auch die Stabilität und Gelassenheit im Investitionsprozess gefördert, was zu einer weniger reaktiven und mehr fokussierten Investitionserfahrung führt (Bukhdir, 2024).

2.2.2 Verhaltensökonomie: Wie Milliardäre emotionale Fallstricke vermeiden

Emotionen spielen eine zentrale Rolle bei Investitionsentscheidungen. Viele Privatanleger lassen sich von Angst und Gier treiben, was häufig zu impulsiven und unüberlegten Handlungen führt. Diese emotionalen Reaktionen auf Marktschwankungen sind oft der Grund, warum viele Anleger hinter ihren finanziellen Zielen zurückbleiben. Milliardäre hingegen verstehen die Psychologie hinter diesen Emotionen und entwickeln Strategien, um sie zu kontrollieren. Sie wissen, dass langfristiger Erfolg auf Disziplin und einem kühlen Kopf basiert.

Die **Angst** ist der erste emotionale Fallstrick, den Wohlhabende umgehen. Ein klassisches Beispiel ist die Vermeidung von Panikverkäufen. Während einer Marktkrise neigen viele Anleger dazu, ihre Positionen aus Angst vor weiteren Verlusten zu verkaufen. Milliardäre bleiben in solchen Situationen jedoch ruhig und fokussiert. Sie erkennen, dass Marktzyklen unvermeidlich sind und sehen in einem Abschwung oft eine Gelegenheit, zu niedrigeren Preisen einzukaufen.

Wie bereits erwähnt, drückt der bekannte Investor Warren Buffett diese Denkweise treffend aus: „Was ein Investor braucht, ist die Fähigkeit, ausgewählte Unternehmen richtig zu bewerten. Beachten Sie das Wort „ausgewählt“: Sie müssen nicht für jedes

Unternehmen ein Experte sein, nicht einmal für viele. Sie müssen nur in der Lage sein, Unternehmen in Ihrem Kompetenzbereich zu bewerten. Wie groß dieser Bereich ist, spielt keine große Rolle; entscheidend ist jedoch, dass Sie seine Grenzen kennen." Diese Philosophie hilft dabei, emotionale Entscheidungen zu vermeiden und auf rationaler Grundlage zu handeln (Kumar & Chaurasia, 2024).

Gier ist ein weiterer emotionaler Fallstrick, den Milliardäre geschickt umgehen. Viele Anleger werden von der Aussicht auf schnelle Gewinne geblendet und setzen auf riskante, überbewertete Vermögenswerte.

Ein weiterer Aspekt ist die **Geduld**. Milliardäre verstehen, dass der Aufbau von Wohlstand Zeit benötigt. Sie vermeiden das Streben nach schnellen Ergebnissen und konzentrieren sich auf langfristige Ziele. Sie wissen, dass Märkte volatil sind und kurzfristige Schwankungen kaum Einfluss auf ihre langfristige Strategie haben. Diese Geduld erlaubt es ihnen, auch in schwierigen Zeiten an ihren Investments festzuhalten und so von der Erholung der Märkte zu profitieren (Hinvest et al., 2021).

Zusätzlich nutzen Milliardäre die Erkenntnisse der **Verhaltensökonomie**, um rationale Entscheidungen zu treffen. Sie sind sich kognitiven Verzerrungen wie dem „Herdentrieb" oder der „Bestätigungsfalle" bewusst. Anstatt blind der Masse zu folgen oder nur Informationen zu suchen, die ihre bestehenden Überzeugungen stützen, prüfen sie verschiedene Perspektiven und treffen auf dieser Grundlage fundierte Entscheidungen. Dies verschafft ihnen einen wesentlichen Vorteil gegenüber Anlegern, die ihre Entscheidungen hauptsächlich auf Emotionen stützen. Die Fähigkeit, Emotionen zu kontrollieren, unterscheidet erfolgreiche Investoren von der Masse. Milliardäre entwickeln eine mentale Stärke, die ihnen hilft, auch in turbulenten Zeiten einen klaren Kopf zu bewahren. Für Privatanleger liegt hier eine wertvolle Lektion: Emotionen zu verstehen und zu managen, ist der Schlüssel zu einer erfolgreichen Anlagestrategie (Plassmann, 2024).

2.2.3 Die Denkweise von Milliardären: Balance zwischen Wachstum und Kapitalerhalt

Milliardäre haben eine einzigartige Denkweise, wenn es um den Umgang mit ihrem Vermögen geht. Sie verstehen, dass Vermögensaufbau und Vermögenserhalt zwei Seiten derselben Medaille sind. Beim Vermögensaufbau setzen Milliardäre gezielt auf Wachstumschancen. Sie investieren in vielversprechende Unternehmen, neue Technologien und aufstrebende Märkte. Ihr Ziel ist es, ihr Vermögen durch hohe Renditen kontinuierlich zu steigern. Doch sie tun dies mit Bedacht. Anstatt sich auf kurzfristige Gewinne zu fokussieren, wählen sie Investitionen, die über Jahre oder sogar Jahrzehnte wachsen können. Ein Beispiel ist Jeff Bezos, der früh in *Amazon* investierte und die Firma trotz anfänglicher Verluste weiter aufbaute. Dieser langfristige Fokus auf Wachstum hat ihm enorme Renditen eingebracht (Cochrane, 2022).

Gleichzeitig legen Milliardäre großen Wert auf den Kapitalerhalt. Sie wissen, dass es nicht nur darum geht, Vermögen zu schaffen, sondern es auch zu bewahren. Ein Totalverlust wäre verheerend, selbst für die Wohlhabendsten. Deshalb diversifizieren sie ihre Anlagen und setzen auf sichere Vermögenswerte wie Anleihen, Immobilien oder Gold. Diese Anlagen bieten zwar geringere Renditen, dafür aber eine stabile Basis. Besonders in wirtschaftlich unsicheren Zeiten sorgt diese Strategie dafür, dass ihr Vermögen geschützt bleibt. Ein gutes Beispiel ist der Hedgefonds-Manager Ray Dalio, der immer wieder betont, wie wichtig eine ausgewogene Allwetter-Strategie ist, um in jedem Marktumfeld bestehen zu können (Tamplin, 2024).

Ein zentraler Bestandteil der Denkweise von Milliardären ist ihre Fähigkeit, Risiken effektiv zu managen. Sie sind nicht risikoscheu, aber sie gehen Risiken immer kalkuliert ein. Anstatt blind in unsichere Investitionen zu springen, analysieren sie potenzielle Verluste im Detail und setzen nur einen Teil ihres Vermögens aufs Spiel. Der Rest wird in sichere Häfen investiert, um das Gesamtvermögen abzusichern. Diese Strategie stellt sicher, dass selbst bei einem Verlust in einem Bereich das gesamte Vermögen nicht gefährdet wird. **Warren Buffett** ist bekannt dafür, in seinen Investitionen stets einen **„Sicherheitsabstand"** einzuplanen. Diese Voraussicht ermöglicht es ihm, in Krisenzeiten ruhig zu bleiben und dennoch fundierte Entscheidungen zu treffen, ohne sich von Marktschwankungen treiben zu lassen.

Milliardäre legen auch großen Wert auf die Bewahrung ihrer Liquidität. Sie wissen, dass Cash-Reserven ihnen nicht nur Flexibilität verschaffen, sondern sie auch in die Lage versetzen, schnell auf neue Chancen zu reagieren oder in Krisenzeiten unterbewertete Vermögenswerte zu erwerben. Während der **Finanzkrise 2008** nutzten viele Wohlhabende ihre Liquidität, um günstig in unterbewertete Unternehmen zu investieren und so von der Marktpanik zu profitieren.

Diese Fähigkeit, auch in turbulenten Zeiten handlungsfähig zu bleiben, ist ein weiterer Unterschied zwischen Milliardären und Privatanlegern, die oft vollständig investiert sind und in schwierigen Phasen keine finanziellen Reserven haben (Ruozi & Ferrari, 2013).

Milliardäre denken nicht nur in Jahren, sondern in Generationen. Sie haben einen klaren Plan für die Nachfolge und die Vermögensübertragung, um sicherzustellen, dass ihr Vermögen auch über ihren Lebensabend hinaus geschützt bleibt und weiter wächst. Dafür setzen sie auf Stiftungen, Trusts und andere rechtliche Vehikel, die nicht nur dabei helfen, Steuern zu minimieren, sondern auch den langfristigen Erhalt des Vermögens gewährleisten. Diese Weitsicht ist entscheidend, um den Kapitalerhalt mit dem Fokus auf Wachstum zu kombinieren – eine Strategie, die sie zu den erfolgreichsten Investoren der Welt macht.

Fazit

Während viele Privatanleger ausschließlich auf Wachstum setzen, wissen die Reichen, dass langfristiger Erfolg nur durch eine ausgewogene Strategie erreicht wird. Diese Balance zwischen Wachstum und Kapitalerhalt ermöglicht es ihnen, in unterschiedlichen Marktbedingungen erfolgreich zu bleiben. Für Privatanleger bedeutet das: Es ist genauso wichtig, Kapital zu schützen, wie es zu vermehren. Anstatt sich nur auf das Wachstum zu konzentrieren, sollten auch Strategien zum Schutz des Vermögens entwickelt werden. Die richtige Mischung aus wachstumsorientierten und konservativen Anlagen sorgt für einen langfristigen Erfolg und schützt vor unnötigen Verlusten. Das Gleichgewicht zwischen Risiko und Sicherheit ist der Schlüssel für einen stabilen Vermögensaufbau, der die Basis für nachhaltigen Wohlstand bildet (Global, 2023).

2.3 Wohlhabende vs. Durchschnittsinvestoren

Im Folgenden erfährst du, welche Denkweisen und Methoden die Wohlhabenden von den Durchschnittsinvestoren abheben und wie diese Unterschiede langfristig den finanziellen Erfolg steuern.

2.3.1 Warum Kleinanleger oft in die Spekulationsfalle tappen

Kleinanleger geraten häufig in die Spekulationsfalle, angezogen von der Verlockung schneller Gewinne und vermeintlich sicheren Tipps. Sie lassen sich oft von kurzfristigen Marktbewegungen und Trends mitreißen, ohne die dahinterliegenden Risiken vollständig zu verstehen. In der Hoffnung, mit minimalem Aufwand maximale Renditen zu erzielen, setzen sie auf kurzfristige Gewinnmöglichkeiten, ohne eine fundierte Analyse oder eine langfristige Strategie zu verfolgen. Doch diese Gier nach schnellen Gewinnen führt sie dazu, in überbewertete Vermögenswerte zu investieren oder spekulative Trades einzugehen, die mehr auf Hoffnung als auf soliden Grundlagen basieren. Der Mangel an Disziplin und Weitblick kann dazu führen, dass diese Anleger ihre Ersparnisse auf riskante Weise gefährden (Meyer et al., 2014).

Ein klassisches Beispiel für riskantes Verhalten bei Kleinanlegern tritt während eines Marktbooms auf. In Zeiten steigender Kurse investieren viele vermehrt, oft in gehypte Aktien oder Märkte, ohne die zugrunde liegenden Risiken zu prüfen. Getrieben von der Angst, etwas zu verpassen – ein Phänomen, das als **„Fear of Missing Out“ (FOMO)** bekannt ist – neigen sie zu Panikkäufen. Diese Käufe erfolgen häufig ohne eine gründliche Untersuchung der Unternehmen oder Märkte, in die sie investieren. Wenn dann der unvermeidliche Marktrückgang eintritt, sind viele dieser Anleger nicht vorbereitet. In Panik verkaufen sie oft, um ihre Verluste zu begrenzen, und realisieren so tatsächlich Verluste, anstatt von einer möglichen Markterholung zu profitieren.

Ein weiteres häufiges Problem ist die übermäßige Abhängigkeit von sogenannten Geheimtipps. Kleinanleger folgen oft Ratschlägen aus Online-Foren, Social Media oder von Freunden, die häufig auf unzuverlässigen oder unvollständigen Informationen basieren. Diese Tipps versprechen schnelle Gewinne, aber sind selten fundiert. Ein bekanntes Beispiel dafür war der Hype um **Meme-Aktien,** die durch virale Online-Kampagnen in die Höhe getrieben wurden. Viele Kleinanleger, die auf diesen Zug aufsprangen, erlitten herbe Verluste, als die Kurse wieder einbrachen. Das Vertrauen in solche spekulativen Anlagen anstelle solider, langfristiger Strategien führt oft zu finanziellen Rückschlägen (Aggarwal et al., 2024).

Ein weiterer Grund, warum Kleinanleger in die Spekulationsfalle tappen, ist die mangelnde Diversifikation. Viele investieren einen Großteil ihres Kapitals in nur wenige, oft hochriskante Vermögenswerte. Diese Konzentration auf wenige Positionen erhöht das Risiko erheblich. Fällt eine dieser Anlagen stark im Wert, sind erhebliche Verluste vorprogrammiert. Wohlhabende Investoren hingegen streuen ihre Investitionen über verschiedene Anlageklassen und Märkte, um das Risiko zu minimieren. Kleinanleger hingegen unterschätzen häufig die Bedeutung der Diversifikation und setzen alles auf eine Karte.

Zudem fehlt es vielen Kleinanlegern an Geduld. Sie erwarten schnelle Erfolge und wechseln häufig ihre Strategien, wenn diese nicht sofort die gewünschten Ergebnisse liefern. Dieser Drang, ständig zu handeln, führt oft zu unnötigen Transaktionskosten und suboptimalen Ergebnissen. Statt ihre Anlagen in Ruhe wachsen zu lassen, reagieren sie auf jede Marktbewegung, was häufig zu unüberlegten Entscheidungen führt. Das Fehlen einer klaren, langfristigen Strategie ist ein Hauptgrund, warum Kleinanleger immer wieder in spekulative Anlagen verstrickt werden und am Ende enttäuscht aussteigen (Madaan & Singh, 2019).

2.3.2 Die Bedeutung kontinuierlichen Lernens und der Anpassung

Investieren ist ein dynamischer Prozess, der ständiges Lernen und die Fähigkeit zur Anpassung erfordert. Märkte verändern sich, neue Technologien entstehen, und wirtschaftliche Rahmenbedingungen können sich schnell wandeln. Erfolgreiche Anleger, insbesondere Milliardäre, wissen, dass das, was gestern funktioniert hat, morgen möglicherweise nicht mehr relevant ist. Daher legen sie großen Wert darauf, ihr Wissen kontinuierlich zu erweitern und ihre Strategien an die aktuellen Gegebenheiten anzupassen.

Ein anschauliches Beispiel ist die rasante Entwicklung im Technologiebereich. In den vergangenen Jahrzehnten haben sich die Technologiemärkte massiv verändert. Unternehmen wie *Apple*, *Amazon* und *Tesla* waren vor einigen Jahren noch kleine Akteure oder existierten gar nicht. Investoren, die damals die Zeichen der Zeit erkannt haben, konnten enorme Gewinne erzielen. Diese Entwicklungen zeigen, wie wichtig es ist, immer auf dem neuesten Stand zu bleiben und neue Trends frühzeitig zu erkennen. Wer sich auf veraltete Informationen verlässt oder nicht bereit ist, seine Strategie anzupassen, riskiert, Chancen zu verpassen oder sogar Verluste zu erleiden (Ma, 2013).

Ein weiteres Beispiel ist die Anpassung an makroökonomische Veränderungen. Die COVID-19-Pandemie hat viele traditionelle Investitionsstrategien auf den Kopf gestellt. Branchen wie die Luftfahrt und das Gastgewerbe wurden schwer getroffen, während Technologie- und Gesundheitsunternehmen florierten. Investoren, die flexibel waren und ihre Portfolios schnell umstrukturierten, konnten von diesen Veränderungen profitieren.

Diese Ereignisse unterstreichen die Bedeutung, sich nicht starr an eine Strategie zu klammern, sondern bereit zu sein, auf Veränderungen im Marktumfeld zu reagieren. Das kontinuierliche Lernen beinhaltet auch das Verstehen von Fehlern und das Ziehen von Lehren aus vergangenen Investitionen. Erfolgreiche Anleger reflektieren regelmäßig ihre Entscheidungen und passen ihre Herangehensweise entsprechend an. Sie erkennen, dass Verluste und Fehlentscheidungen Teil des Lernprozesses sind. Der legendäre Investor Ray Dalio hat wiederholt betont, wie wichtig es ist, aus Fehlern zu lernen und diese Erfahrungen in zukünftige Entscheidungen einfließen zu lassen. Diese Lernbereitschaft unterscheidet erfolgreiche Investoren von der breiten Masse (Reed, 2022).

Ein entscheidender Faktor für langfristigen Anlageerfolg ist der Austausch mit anderen Investoren und Experten. Wohlhabende Investoren nehmen regelmäßig an Konferenzen teil, lesen Fachliteratur und suchen aktiv den Dialog mit Branchenkennern. Denn sie wissen, dass kein einzelner Investor alle relevanten Informationen allein erfassen kann – die Perspektiven anderer liefern wertvolle Einblicke und helfen, fundierte Entscheidungen zu treffen.

Auch für dich als Privatanleger ist es sinnvoll, dich in Netzwerken zu engagieren oder Expertenmeinungen einzuholen, um deine Anlagestrategien zu verbessern und an neue Marktbedingungen anzupassen. Kontinuierliches Lernen und die Bereitschaft zur Anpassung sind wesentliche Faktoren für deinen nachhaltigen Erfolg.

Fazit
Märkte sind komplex und unvorhersehbar – nur diejenigen, die flexibel bleiben und sich weiterentwickeln, können langfristig bestehen. Für dich als Privatanleger bedeutet dies, offen für neue Informationen zu sein, deine Strategien regelmäßig zu überprüfen und bereit zu sein, Anpassungen vorzunehmen, wenn es die Marktlage erfordert. Nur so kannst du sicherstellen, dass deine Investitionen auch in einer sich ständig wandelnden Welt erfolgreich bleiben (Che Hassan et al., 2023).

2.3.3 Der Wert von Forschung und datengesteuerten Entscheidungen für die Superreichen

Superreiche Investoren verlassen sich nicht auf Glück oder bloße Intuition. Sie setzen auf gründliche Forschung und datengesteuerte Entscheidungen, um ihre Vermögenswerte zu schützen und zu vermehren. Diese systematische Herangehensweise verschafft ihnen einen klaren Vorteil gegenüber der Masse der Privatanleger, die oft auf Vermutungen oder emotionale Impulse reagieren. Daten bieten eine solide Grundlage für fundierte Entscheidungen, indem sie Trends, Risiken und Chancen aufzeigen, die andernfalls übersehen werden könnten. Ein herausragendes Beispiel ist die Anwendung von Big Data und Algorithmen, um Investitionsmöglichkeiten zu identifizieren. Viele Wohlhabende investieren in Fonds oder nutzen selbst fortschrittliche Analysetools, die riesige Datenmengen in Echtzeit verarbeiten. Diese Tools (z. B. *Bloomberg Terminal*, *FactSet* usw.) helfen, Marktbewegungen vorherzusagen, Unternehmen zu bewerten und mögliche Risiken früh zu erkennen. Hedgefonds wie *Renaissance Technologies* sind bekannt dafür, Milliarden in die Entwicklung von Algorithmen zu investieren, die auf Basis komplexer Datensätze handeln. Der Erfolg dieser Fonds zeigt, wie wichtig datengesteuerte Entscheidungen für hohe Renditen sein können (Sorathiya et al., 2024).

Wenn du glaubst, dass Milliardäre einfach nur Glück haben, liegst du also falsch. Superreiche sind Meister der Analyse – sie verlassen sich nicht auf Bauchgefühl oder fragwürdige Tipps aus dem Bekanntenkreis. Stattdessen studieren sie Finanzberichte, Marktanalysen und Branchentrends, um sich einen entscheidenden Wissensvorsprung zu verschaffen.

Daten statt Bauchgefühl

Investoren wie **Larry Fink von *BlackRock*** setzen verstärkt auf **ESG-Kriterien** (Environmental, Social, Governance). Der Grund? Unternehmen, die nachhaltig wirtschaften und soziale Verantwortung übernehmen, schneiden langfristig oft besser ab. Kurzfristige Profite sind zwar attraktiv, doch die wirklich großen Vermögen entstehen dort, wo Zukunftspotenzial und Stabilität aufeinandertreffen (Matos, 2020).

Stresstests für dein Portfolio – nicht nur für deine Nerven
Erfolgreiche Investoren überlassen nichts dem Zufall. Sie simulieren verschiedene Marktszenarien und analysieren historische Daten, um ihre Portfolios gegen wirtschaftliche Turbulenzen abzusichern. Ein bekanntes Beispiel ist **Ray Dalios „Allwetter-Portfolio“** (ab S. 200), das darauf ausgelegt ist, in jeder Marktlage Stabilität zu bieten – egal ob Boom oder Krise.

Was du daraus lernen kannst
Statt blind dem nächsten Hype zu folgen, solltest du wie ein Profi denken. Prüfe Zahlen, Trends und Geschäftsmodelle, bevor du investierst. Denn am Ende gewinnt nicht der Schnellste, sondern derjenige, der seine Entscheidungen auf fundierte Daten stützt (Matos, 2020).

Superreiche nutzen Forschung nicht nur, um Risiken zu minimieren, sondern vor allem, um zukünftige Chancen frühzeitig zu identifizieren. Sie beobachten Wirtschaftsdaten, geopolitische Entwicklungen und technologische Fortschritte, um ihr Kapital strategisch in aufstrebende Märkte oder innovative Branchen zu lenken.

Trends erkennen, bevor sie offensichtlich sind

Während viele Anleger warten, bis ein Trend in den Medien groß diskutiert wird, haben Superreiche bereits investiert. Ein anschauliches Beispiel dafür ist der Bereich der erneuerbaren Energien. Weit bevor die breite Masse das Potenzial erkannte, investierten kluge Anleger in Unternehmen wie *Tesla* oder *SolarCity*. Die eigene fundierte Marktanalyse zeigte ihnen, dass grüne Technologien eine entscheidende Rolle in der Zukunft spielen werden – und sie lagen richtig (Swindells, 2023).

Mein Profi-Tipp für dich

Beobachte nicht nur Aktienkurse, sondern versuche die größeren Zusammenhänge zu verstehen. Welche Technologien verändern gerade ganze Branchen? Welche globalen Entwicklungen beeinflussen die Märkte langfristig? Wer frühzeitig Forschung und Daten nutzt, kann nicht nur klügere Investmententscheidungen treffen, sondern auch langfristig überdurchschnittliche Renditen erzielen (Swindells, 2023). Auch als Privatanleger kannst du von der datengestützten Herangehensweise wohlhabender Investoren profitieren. Anstatt auf Hörensagen oder emotionale Impulse zu reagieren, solltest du fundierte Informationen nutzen, um deine Entscheidungen zu untermauern.

Im modernen Investmentumfeld sind fundierte Entscheidungen das A und O für nachhaltigen Erfolg. Erfolgreiche Anleger verlassen sich dabei nicht auf Zufall oder bloßes Bauchgefühl, sondern nutzen gezielt verfügbare Daten, um sich einen klaren Informationsvorsprung zu verschaffen. Unternehmensberichte, Markttrends und wirtschaftliche Kennzahlen sind dabei essenzielle Informationsquellen, die vor einer Investition sorgfältig analysiert werden sollten. Dank moderner Finanz-Apps und digitaler Analysetools ist es heute einfacher denn je, auf diese Daten zuzugreifen, sie zu verstehen und daraus konkrete Handlungsempfehlungen abzuleiten.

Besonders die Superreichen machen es vor: Ihre Entscheidungen basieren auf soliden Analysen und einer konsequenten Beobachtung langfristiger Marktentwicklungen. Diese datenbasierte Herangehensweise schützt nicht nur vor unnötigen Risiken, sondern eröffnet gleichzeitig Chancen für Wachstum, Innovation und Vermögensaufbau.

Wer bereit ist, kontinuierlich zu lernen und seine Entscheidungen auf Fakten statt auf Spekulation zu stützen, schafft damit eine stabile Grundlage für langfristigen Anlageerfolg. **Wissen wird so zum wertvollsten Vermögenswert** – nutze auch du diesen Schlüssel, um wie die Profis zu investieren (Baveja & Verma, 2024).

3 Die Grundlagen des Wohlstands: Aktien und Immobilien

In diesem Kapitel werde ich die wichtigsten Merkmale und Vorteile der beiden Anlageklassen Aktien und Immobilien aufzeigen, wobei verdeutlicht wird, wie sie eine wesentliche Rolle in den Portfolios der Wohlhabenden spielen. Von der Identifikation hochwertiger Aktien bis hin zur optimalen Nutzung von Immobilieninvestitionen erfährst du hier, wie diese bewährten Strategien dir helfen können. Mittels dieser beiden Anlageklassen kannst du dir ein solides Fundament für langfristigen Wohlstand legen.

3.1 Die Macht von Aktien beim Vermögensaufbau

Zunächst beschäftigen wir uns damit, warum Aktien eine so zentrale Rolle beim Aufbau von Wohlstand spielen. Zudem erläutere ich dir, wie Investoren ihre Chancen auf hohe Renditen maximieren, indem sie die richtigen Strategien und Ansätze verfolgen.

3.1.1 Was sind Blue-Chip- und Wachstumsaktien? Qualitätsunternehmen identifizieren

Blue-Chip-Aktien zählen zu den solidesten Bausteinen eines gut strukturierten Investmentportfolios. Es handelt sich dabei um Anteile an großen, etablierten Unternehmen mit ausgezeichneter Bonität und langfristigem wirtschaftlichem Erfolg. Diese Unternehmen – darunter bekannte Namen wie *Apple*, *Microsoft* oder *Coca-Cola* – haben sich über viele Jahre hinweg in ihren Branchen als Marktführer behauptet und zeichnen sich durch eine starke finanzielle Basis sowie stabile Geschäftsentwicklungen aus.

Was Blue-Chip-Aktien besonders attraktiv macht, ist ihre Widerstandsfähigkeit in Krisenzeiten. Auch in wirtschaftlich herausfordernden Phasen zeigen sie eine bemerkenswerte Stabilität und bleiben vergleichsweise unbeeindruckt von kurzfristigen Marktschwankungen. Ihre kontinuierlichen Gewinne und das verlässliche Geschäftsmodell bieten Anlegern ein hohes Maß an Sicherheit – ein nicht zu unterschätzender Vorteil in einem volatilen Marktumfeld. Langfristige Investoren profitieren zudem von einem weiteren Pluspunkt: der regelmäßigen Ausschüttung von Dividenden. Diese Unternehmen belohnen ihre Aktionäre häufig mit stabilen Erträgen, was Blue-Chips besonders für sicherheitsorientierte Anleger attraktiv macht. Zudem sind sie meist weniger volatil als kleinere, spekulative Aktien – ein entscheidender Faktor für all jene, die auf planbare und nachhaltige Renditen setzen. Wer sein Vermögen langfristig auf einem soliden Fundament aufbauen möchte, kommt an Blue-Chip-Aktien kaum vorbei. Sie vereinen Sicherheit, kontinuierliches Wachstum und passives Einkommen – genau die Eigenschaften, die erfahrene und erfolgreiche Investoren besonders schätzen (Shen, 2024).

Im Gegensatz dazu stehen **Wachstumsaktien**. Diese Aktien stammen von Unternehmen, die sich in einer starken Wachstumsphase befinden und oft überdurchschnittliche Umsatz- und Gewinnsteigerungen aufweisen. Beispiele für Wachstumsunternehmen sind Technologieunternehmen wie *Tesla*, *Amazon* oder *Nvidia*. Diese Firmen investieren intensiv in Forschung und Entwicklung, um neue Produkte und Märkte zu erschließen. Sie zahlen oft keine oder nur geringe Dividenden, da sie ihre Gewinne reinvestieren, um das Wachstum weiter zu fördern. Wachstumsaktien bieten das Potenzial für hohe Renditen, sind aber auch mit höheren Risiken verbunden. Die Kurse dieser Aktien können stark schwanken, da sie empfindlicher auf Marktveränderungen und wirtschaftliche Unsicherheiten reagieren. Investoren, die in Wachstumsaktien investieren, setzen darauf, dass das Unternehmen weiterhin rasant wächst und in Zukunft erhebliche Gewinne erzielt. Dies erfordert jedoch Geduld und eine hohe Risikobereitschaft, da solche Aktien oft kurzfristig sehr volatil sind (Beneda, 2002).

Egal, ob du in **Blue-Chip- oder Wachstumsaktien** investierst – eine gründliche Analyse ist der Schlüssel zum Erfolg. Hier muss darauf geachtet werden:

Blue-Chip-Aktien: Stabilität und Verlässlichkeit

Diese Unternehmen zeichnen sich durch finanzielle Stärke, Marktführerschaft und regelmäßige Dividenden aus. Wichtige Kennzahlen, die dir einen Einblick in ihre Stabilität geben, sind:

- **Eigenkapitalrendite (ROE):**
  Zeigt, wie effizient ein Unternehmen sein Kapital nutzt.
- **Verschuldungsgrad:**
  Gibt Aufschluss über die finanzielle Stabilität.
- **Dividendenrendite:**
  Ein Indikator für die Ausschüttungspolitik und Verlässlichkeit der Erträge.

Wachstumsaktien: Zukunftspotenzial und Innovation

Hier liegt der Fokus auf Unternehmen, die sich durch hohes Wachstum und Innovationskraft auszeichnen. Entscheidend sind:

- **Umsatzwachstum:**
  Zeigt, wie schnell das Unternehmen expandiert.
- **Gewinnmargen:**
  Hohe Margen deuten auf eine starke Marktposition hin.
- **Marktanteile & Branchenumfeld:**
  Unternehmen mit steigenden Marktanteilen haben oft langfristiges Potenzial.

Mein Profi-Tipp für dich

Indem du sowohl finanzielle Kennzahlen als auch das Marktumfeld analysierst, triffst du fundierte Entscheidungen und identifizierst

Unternehmen mit langfristiger Erfolgsperspektive. Auch erfolgreiche Investoren setzen auf eine Mischung aus Stabilität und Wachstum - und genau das kann auch deine Strategie werden (Goyal et al., 2001)! Ein starkes Managementteam kann der entscheidende Faktor zwischen einem mittelmäßigen und einem herausragenden Unternehmen sein. Doch worauf solltest du achten?

Blue-Chip-Unternehmen
Hier sind erfahrene Führungskräfte gefragt, die das Unternehmen **stabil durch wirtschaftliche Zyklen steuern** und langfristige Strategien erfolgreich umsetzen.

Wachstumsunternehmen
Bei jungen, dynamischen Unternehmen zählt vor allem **Innovationskraft und Vision**. Ein visionäres Management kann neue Marktchancen nutzen und das Unternehmen an die Spitze bringen.

Was bedeutet das für dich als Investor?

- **Blue-Chip-Aktien:**
  Sie bieten Stabilität und kontinuierliche Erträge - ideal für sicherheitsorientierte Anleger.
- **Wachstumsaktien:**
  Sie haben das Potenzial für überdurchschnittliche Gewinne, bergen jedoch ein höheres Risiko (Cella et al., 2010).

Fazit
Der Schlüssel liegt in einer sorgfältigen Analyse: Prüfe finanzielle Kennzahlen, Marktposition und Innovationskraft, um Unternehmen mit langfristigem Potenzial zu identifizieren. Eine kluge Mischung aus Stabilität und Wachstum kann dir dabei helfen, ein ausgewogenes und erfolgreiches Portfolio aufzubauen.

3.1.2 Dividendenwachstumsinvestitionen: Wie sich Dividenden auf Vermögen auswirken

Dividendenwachstumsinvestitionen zählen zu den wirkungsvollsten Strategien für den langfristigen Vermögensaufbau - und das aus gutem Grund. Im Zentrum dieser Herangehensweise stehen

Unternehmen, die nicht nur verlässlich Dividenden ausschütten, sondern diese Ausschüttungen Jahr für Jahr kontinuierlich erhöhen. Für Anleger bedeutet das eine doppelte Rendite: Einerseits profitieren sie von regelmäßigen Erträgen, andererseits von einem stetig wachsenden Kapital, das durch die steigenden Dividenden zusätzlich angetrieben wird.

Ein entscheidender Hebel dieser Strategie ist der Zinseszinseffekt. Wer die erhaltenen Dividenden nicht konsumiert, sondern konsequent reinvestiert, erwirbt dadurch automatisch weitere Aktienanteile. Diese neu erworbenen Anteile erzeugen wiederum eigene Dividenden, was den Vermögenszuwachs mit der Zeit deutlich beschleunigt. Über Jahre hinweg entsteht so ein wachsender Einkommensstrom, der sich immer weiter verstärkt – ganz ohne zusätzliches Kapital investieren zu müssen.

Dass diese Methode funktioniert, beweisen zahlreiche erfolgreiche Unternehmen. Konzerne wie Johnson & Johnson oder Procter & Gamble haben ihre Dividenden über Jahrzehnte hinweg kontinuierlich gesteigert. Solche Unternehmen gelten als besonders zuverlässig und attraktiv für langfristige Anleger, da sie Stabilität mit wachsender Ausschüttung verbinden – ein unschätzbarer Vorteil für alle, die auf eine solide und inflationsgeschützte Einkommensquelle setzen.

Wer sich für Dividendenwachstumsaktien entscheidet, setzt auf eine bewährte Strategie, die nicht nur laufende Erträge liefert, sondern auch durch den Zinseszinseffekt das Vermögen nachhaltig vermehrt. Ein wachsendes passives Einkommen und ein beschleunigter Portfolioaufbau machen diese Anlageform zu einem echten Favoriten unter erfahrenen Investoren (Clemens, 2012).

In Zeiten wirtschaftlicher Unsicherheit suchen viele Anleger nach stabilen Anlagemöglichkeiten, die auch in Krisen dauerhaft verlässlich funktionieren. Dividendenwachstumsaktien erweisen sich dabei als besonders robuste und langfristig attraktive Option. Während Aktienkurse in turbulenten Marktphasen stark schwanken können, bleiben die Dividenden vieler solider Unternehmen stabil – oder steigen sogar weiter an. Das bedeutet: Anleger erhalten ein kontinuierliches Einkommen, unabhängig davon, wie sich die Kurse entwickeln.

Ein Blick in die Vergangenheit unterstreicht die Widerstandsfähigkeit dieser Strategie. Während der Finanzkrise 2008 beispielsweise brachen viele Wachstumsaktien dramatisch ein. Im Gegensatz dazu konnten zahlreiche Dividendenaktien ihre Ausschüttungen aufrechterhalten oder sogar leicht erhöhen. Gerade für sicherheitsorientierte Investoren, die Wert auf Planbarkeit und Krisenfestigkeit legen, ist das ein entscheidender Vorteil.

Ein weiterer Pluspunkt von Dividendenwachstumsaktien ist ihr potenzieller Schutz vor Inflation. Während festverzinsliche Anlagen wie Anleihen in Zeiten steigender Preise an Kaufkraft verlieren, passen viele Unternehmen ihre Dividenden regelmäßig an die wirtschaftliche Entwicklung an. Das sorgt dafür, dass dein passives Einkommen nicht nur stabil bleibt, sondern auch langfristig seinen realen Wert behält.

Insgesamt bieten Dividendenwachstumsaktien eine überzeugende Kombination aus Stabilität, planbarem Einkommen und wachstumsorientierter Wertentwicklung. Unternehmen, die über Jahre hinweg steigende Dividenden zahlen, beweisen nicht nur wirtschaftliche Stärke, sondern auch ein nachhaltiges Geschäftsmodell – eine wertvolle Grundlage für jedes zukunftssichere Portfolio (Arnott & Asness, 2003).

Bei der Auswahl von Dividendenwachstumsaktien sollten Anleger auf einige zentrale Kennzahlen achten. Ein wichtiger Faktor ist die Ausschüttungsquote, also der Anteil des Gewinns, der als Dividende ausgezahlt wird. Eine moderate Ausschüttungsquote zeigt, dass das Unternehmen genügend Gewinne reinvestieren kann, um weiter zu wachsen, während es gleichzeitig eine stabile Dividende zahlt. Auch die Dividendenrendite in Relation zum historischen Wachstum der Dividende sollte berücksichtigt werden. Eine hohe, aber stagnierende Dividendenrendite kann auf ein Unternehmen hinweisen, dessen Geschäft stagniert. Im Gegensatz dazu ist eine moderate Rendite mit starkem Dividendenwachstum langfristig oft die bessere Wahl (Slack, 2024).

Ein gut diversifiziertes Dividendenwachstumsportfolio ist der Schlüssel zu stabilen und wachsenden Erträgen. Wer ausschließlich in eine einzige Branche investiert, setzt sich unnötigen Risiken aus. Unterschiedliche Sektoren reagieren unterschiedlich auf wirtschaftliche Zyklen – und genau das können sich kluge Anleger zunutze machen.

Warum ist Diversifikation wichtig?

- **Risikoreduzierung:**
  Eine breite Streuung schützt vor starken Einbußen bei Dividendeneinnahmen.
- **Stabile Erträge:**
  Während manche Branchen leiden, bleiben andere stabil.
- **Bessere Renditechancen:**
  Langfristiges Wachstum durch intelligente Auswahl.

Um die Wichtigkeit von Diversifikation im Portfolio zu unterstreichen, können zwei Beispiele angeführt werden: Versorger und Gesundheitsunternehmen zahlen oft weiter verlässliche Dividende und sind damit auch in Krisen stabil. Dagegen unterliegen zyklische Branchen wie die Automobil- oder Rohstoffindustrie stärkeren Schwankungen: In konjunkturellen Abschwüngen können diese Unternehmen ihre Ausschüttungen reduzieren oder ganz aussetzen.

Die Vorteile der Dividenden-Wachstumsstrategie

- **Regelmäßige Einkünfte:**
  Ein kontinuierlicher Geldfluss – unabhängig von Marktphasen.
- **Kapitalwachstum:**
  Mit steigenden Dividenden wächst auch das investierte Vermögen.
- **Schutz vor Inflation:**
  Dividenden steigen oft mit der Inflation und erhalten die Kaufkraft.
- **Krisensicherheit:**
  Breite Diversifikation sorgt für weniger Schwankungen im Portfolio.

Fazit
Ein breit gestreutes Dividendenwachstumsportfolio bietet Stabilität, Wachstum und Sicherheit. Wer klug investiert und verschiedene Branchen kombiniert, kann langfristig von einem soliden und wachsenden Einkommensstrom profitieren (Koumou, 2020).

3.1.3 Aktienrückkäufe und wie sie langfristige Aktionäre begünstigen

Aktienrückkäufe sind eine effektive Möglichkeit, den Wert für Aktionäre langfristig zu steigern. Dabei kauft ein Unternehmen eigene Aktien vom Markt zurück, wodurch die Anzahl der im Umlauf befindlichen Anteile reduziert wird. Das Ergebnis? Der Unternehmensgewinn verteilt sich auf weniger Aktien – und der Wert der verbleibenden Anteile steigt (Middleton et al., 2019).

Warum profitieren Aktionäre von Rückkäufen?

» Wenn weniger Aktien im Umlauf sind, bedeutet das, dass sich der Wert pro Aktie erhöht und damit eine direkte Wertsteigerung für langfristige Investoren stattfindet. Weiterhin vermitteln Aktienrückkäufe ein Vertrauen des Unternehmens in die eigene Zukunft.

Der Einfluss auf den Gewinn pro Aktie (EPS)

Ein entscheidender Vorteil von Aktienrückkäufen ist die Steigerung des Gewinns pro Aktie (Earnings per Share – EPS). Wie funktioniert das? Während der Gesamtgewinn des Unternehmens gleich bleibt, sinkt die Anzahl der Aktien. Damit steigt der EPS, da sich der Gewinn auf weniger Aktien verteilt.

Ein steigender EPS gilt als Zeichen für ein gesundes, wachsendes Unternehmen. Investoren interpretieren dies oft positiv, was zu einer höheren Bewertung der Aktie führen kann. Aktienrückkäufe sind mehr als nur ein Finanzinstrument – sie stärken das Vertrauen in das Unternehmen, verbessern die Kennzahlen und sorgen langfristig für eine Wertsteigerung der Aktien.

Aktienrückkäufe steigern nicht nur den Gewinn pro Aktie (EPS), sondern senden auch ein starkes Vertrauenssignal an den Markt.

Unternehmen, die eigene Aktien zurückkaufen, zeigen damit, dass sie finanziell stabil sind und überschüssige Mittel haben – Mittel, die weder für Investitionen noch zur Schuldenrückzahlung benötigt werden.

Warum sind Aktienrückkäufe ein positives Signal?

- Zeigen finanzielle Stärke und effizientes Management
- Unterstreichen stabile Einnahmen und nachhaltige Gewinne
- Stärken das Vertrauen der Investoren

Apple zum Beispiel hat in den vergangenen Jahren umfangreiche Rückkaufprogramme durchgeführt. Das Unternehmen reduzierte damit die Anzahl der ausstehenden Aktien und stärkte das Vertrauen der Aktionäre – was langfristig zu einer positiven Kursentwicklung beitrug (Dobbs, 2005).

Steuerliche Vorteile für Aktionäre

Ein weiterer Vorteil von Aktienrückkäufen liegt in der steuerlichen Behandlung. Während Dividenden als Einkommen versteuert werden müssen, profitieren Anleger bei Rückkäufen von einer anderen Mechanik:

- **Dividenden:**
  sofortige Besteuerung als Einkommen
- **Rückkäufe:**
  steigender Aktienwert, Besteuerung erst bei Verkauf
- In vielen Ländern sind **Kapitalertragssteuern niedriger** als die Steuerlast auf Dividenden

Langfristige Investoren können so ihre Nettorendite steigern und von einer effizienteren Steuerstruktur profitieren. Welche Vorteile bieten Aktienrückkäufe noch?

Mehr Flexibilität als Dividenden
Während Dividenden eine langfristige Verpflichtung darstellen, bieten Aktienrückkäufe Unternehmen eine größere finanzielle Flexibilität. Rückkaufprogramme können je nach wirtschaftlicher Lage angepasst oder pausiert werden.

Nutzen in Zeiten niedriger Bewertungen
Unternehmen setzen Rückkäufe oft dann ein, wenn ihre Aktien unterbewertet sind. So können sie von günstigen Marktbedingungen profitieren und gleichzeitig das Unternehmen sowie die Aktionäre vor unnötigen finanziellen Verpflichtungen in wirtschaftlich schwierigen Zeiten schützen.

Steigerung der Eigenkapitalrendite (ROE)

Ein weiterer Vorteil von Rückkäufen ist die Erhöhung der **Eigenkapitalrendite** (Return on Equity – ROE):

- **Weniger Eigenkapital:**
  Durch den Rückkauf reduziert sich die Eigenkapitalbasis.
- **Gleicher oder steigender Gewinn:**
  Verbleibender Gewinn verteilt sich auf weniger Eigenkapital.
- **Höherer ROE:**
  Das Unternehmen erscheint effizienter und wirtschaftlich stärker.

Fazit
Aktienrückkäufe sind eine strategische Maßnahme, um Kapital optimal einzusetzen, das Vertrauen der Aktionäre zu stärken und langfristig den Aktienwert zu steigern (Dobbs, 2005).

Unternehmen bieten Aktienrückkäufe nicht nur Flexibilität, sondern helfen auch, die Kapitalrendite zu optimieren. Ein steigender ROE sendet ein positives Signal an Investoren und stärkt das Vertrauen in die finanzielle Stärke des Unternehmens (Jamadar et al., 2024). Langfristige Aktionäre profitieren nicht nur von steigenden Kursen, sondern auch von der Stabilisierung des Aktienkurses durch Rückkäufe. In schwachen Marktphasen wirken Rückkäufe wie ein Sicherheitsnetz: Unternehmen stützen den Kurs, wodurch die Volatilität sinkt. Das schafft Vertrauen und hilft Investoren, auch in turbulenten Zeiten ruhig zu bleiben, statt panisch zu verkaufen.

Ein stabilerer Aktienkurs hat zudem einen positiven Nebeneffekt: Er zieht neue Investoren an. Wenn weniger Schwankungen auftreten und das Unternehmen kontinuierlich Aktien zurückkauft, entsteht ein attraktives Bild für langfristige Anleger. Eine starke und konstante Kursentwicklung kann die Marktposition des Unternehmens weiter festigen.

Dass Aktienrückkäufe ein wertvolles Mittel für langfristige Aktionäre sind, ist längst kein Geheimnis mehr. Sie steigern den EPS, signalisieren das Vertrauen des Managements, bieten steuerliche Vorteile und verbessern Kennzahlen wie die Eigenkapitalrendite (ROE). Gleichzeitig geben sie Unternehmen Flexibilität in der Kapitalallokation und sorgen für mehr Stabilität an der Börse (Manconi et al., 2018).

Mein Profi-Tipp für dich

Für Anleger bedeutet das: Wer langfristig investiert, kann durch Rückkäufe von der positiven Entwicklung eines Unternehmens profitieren – und sein Vermögen nachhaltig wachsen lassen.

3.2 Immobilien als Pfeiler des Wohlstands

Dieser Abschnitt beschäftigt sich damit, wie Immobilien zum Wohlstand beitragen und welche Strategien erfolgreiche Investoren anwenden, um maximale Renditen zu erzielen.

Immobilienzyklen sind ein entscheidender Faktor, den jeder Investor verstehen sollte, wenn er erfolgreich in den Immobilienmarkt einsteigen möchte. Diese Zyklen bestehen aus wiederkehrenden Phasen: Wachstum, Stagnation und Rückgang. Jede Phase bringt eigene Chancen und Risiken mit sich, die es zu erkennen und strategisch zu nutzen gilt. Ein klares Verständnis dieser Zyklen ermöglicht es, den richtigen Zeitpunkt für den Kauf oder Verkauf von Immobilien zu finden und fundierte Entscheidungen zu treffen.

Der Immobilienzyklus startet in der Regel mit der Expansionsphase. Hier steigen sowohl die Nachfrage nach Immobilien als auch die Preise kontinuierlich. Das wirtschaftliche Wachstum, niedrige Zinssätze und ein allgemeiner optimistischer Marktausblick treiben diesen Aufschwung voran. Investoren, die in dieser Phase einsteigen, können von steigenden Preisen und zunehmenden Mieteinnahmen profitieren.

Ein Beispiel für eine Expansionsphase sind die Immobilienmärkte in Städten wie Berlin und München, wo die Nachfrage nach Wohnraum in den vergangenen Jahren stark gewachsen ist. Doch Vorsicht: Die Herausforderung in dieser Phase besteht darin, überhitzte Märkte frühzeitig zu erkennen und nicht zu überhöhten Preisen zu investieren (Leccis, 2017).

Nach der Expansionsphase folgt häufig eine Plateau- oder Sättigungsphase. In dieser Phase beginnen sich die Preise zu stabilisieren, und das Wachstum verlangsamt sich. Es können Überkapazitäten entstehen, insbesondere wenn zu viele neue Immobilien gebaut wurden. Für Investoren bedeutet das eine vorsichtige Herangehensweise: Die Renditen stagnieren und die Marktbedingungen sollten genau beobachtet werden (Dokko et al., 2001).

Worauf sollten Investoren achten?

- **Verlässliche Standorte:**
  Auch in Zeiten der Stagnation gibt es Märkte, die stabil bleiben.
- **Strategische Renovierungen oder Modernisierungen:**
  Diese können helfen, den Wert der Immobilien zu erhalten oder sogar zu steigern.

Kommt es dann zu einer Rezession oder einem Abschwung, sinken die Immobilienpreise, und die Nachfrage nimmt ab. Wirtschaftliche Unsicherheiten, steigende Zinssätze oder ein Überangebot an Immobilien können die Preise weiter unter Druck setzen.

Doch für Investoren mit ausreichender Liquidität bietet diese Phase durchaus Chancen: Immobilien sind oft unterbewertet, und kluge Investoren können Vermögenswerte zu einem Bruchteil ihres tatsächlichen Wertes erwerben. Geduldige Anleger, die bereit sind, in dieser schwierigen Phase zu kaufen, können sich später auf hohe Renditen freuen, wenn sich der Markt erholt (Dokko et al., 2001).

Nach der Rezession beginnt der Zyklus erneut mit der Erholungsphase. Die Nachfrage nach Immobilien steigt wieder, die Preise stabilisieren sich, und der Markt zeigt erste Anzeichen eines Aufschwungs. Investoren, die frühzeitig in diese Phase einsteigen, können von den ersten Preissteigerungen profitieren.

Ein gutes Beispiel dafür ist der **Immobilienmarkt in den USA nach der Finanzkrise 2008**. Investoren, die während der Krise gekauft haben, konnten erhebliche Gewinne erzielen, als sich der Markt in den folgenden Jahren erholte. Doch um erfolgreich in Immobilien zu investieren, müssen Investoren nicht nur die Zyklen verstehen, sondern auch wissen, wie sie die jeweiligen Marktbedingungen optimal nutzen können.

- In der **Expansionsphase** ist es entscheidend, auf wachsende Märkte mit stabiler Nachfrage zu setzen.
- In der **Sättigungsphase** sollten Investoren ihr Portfolio diversifizieren und in wertstabile Lagen investieren.
- Während der **Rezession** bieten sich Chancen für Schnäppchenkäufe, während die Erholungsphase der richtige Moment für den Wiederverkauf oder die langfristige Vermietung sein kann (Akehurst, 2024).

Ein weiterer wichtiger Aspekt ist die **regionale Variation** von Immobilienzyklen. Märkte entwickeln sich nicht überall gleichzeitig oder in derselben Geschwindigkeit. Eine Region kann von einer Rezession betroffen sein, während eine andere Region sich bereits in der Erholungsphase befindet. Investoren sollten daher die lokalen Marktbedingungen und wirtschaftlichen Indikatoren genau analysieren.

Bevölkerungswachstum, Arbeitsplatzentwicklung und **Infrastrukturprojekte** sind wesentliche Faktoren, die den optimalen Zeitpunkt für Investitionen in bestimmte Regionen festlegen. Das Verständnis von Immobilienzyklen, eine sorgfältige Beobachtung der Märkte und die Fähigkeit, in jeder Phase die richtigen Entscheidungen zu treffen, entscheiden über Erfolg oder Misserfolg. Erfolgreiche Investoren nutzen die Phasen des Zyklus gezielt, um Vermögenswerte zu erwerben, zu halten oder zu verkaufen. Sie wissen, dass die Immobilie ein langfristiges Investment ist, das von geduldiger Analyse und strategischem Handeln profitiert. Wer die Zyklen versteht und entsprechend agiert, kann in jeder

Marktlage Chancen nutzen und langfristig solide Renditen erzielen (Edelstein & Tsang, 2007).

Fazit

Wenn du erfolgreich in Immobilien investieren möchtest, ist das Verständnis der Immobilienzyklen unerlässlich. Jeder Zyklus – ob Expansion, Sättigung, Rezession oder Erholung – bringt eigene Chancen und Risiken mit sich. Wer diese Phasen erkennt und gezielt handelt, kann Immobilien strategisch kaufen, halten oder verkaufen und damit nachhaltigen Vermögensaufbau betreiben. Besonders wichtig ist dabei die Berücksichtigung regionaler Unterschiede, da sich Märkte nicht synchron entwickeln. Erfolgreiche Investoren beobachten diese Entwicklungen genau, setzen auf wertstabile Lagen und handeln mit Weitblick – nicht aus Emotion, sondern aus Strategie. Wenn du bereit bist, geduldig zu analysieren und in jeder Marktphase klug zu agieren, hast du die besten Voraussetzungen, um mit Immobilien langfristig Wohlstand aufzubauen.

3.2.1 Wesentliche Unterschiede zwischen Wohn- und Gewerbeimmobilien

Wohn- und Gewerbeimmobilien unterscheiden sich in vielerlei Hinsicht – vom Nutzungszweck bis hin zu den Ertragsmöglichkeiten. Während Wohnimmobilien wie Wohnungen, Häuser und Mehrfamilienhäuser vorwiegend für den privaten Markt bestimmt sind, dienen Gewerbeimmobilien wie Büros, Einzelhandelsflächen oder Lagerhallen geschäftlichen Zwecken (Marta, 2023).

Diese Unterschiede haben große Auswirkungen **auf die Investitionsstrategien, Renditeerwartungen und das Risiko**.

Ein zentraler Unterschied liegt in der Stabilität der Einnahmen. Wohnimmobilien bieten in der Regel stabilere und vorhersehbare Mieteinnahmen. Der Grund? **Menschen brauchen immer Wohnraum**, was die Nachfrage konstant hält – selbst in wirtschaftlich schwierigen Zeiten. Mietverträge sind oft langfristig, was eine gleichmäßige Einkommensquelle garantiert. Dies macht Wohnimmobilien besonders attraktiv für Investoren, die auf regelmäßige und sichere Einnahmen angewiesen sind. Ein anschauliches Beispiel hierfür ist die hohe Nachfrage nach Wohnungen in Städten wie Berlin oder München, wo das stetige Bevölkerungswachstum die Mietmärkte stabil hält (Marta, 2023).

Gewerbeimmobilien bieten ein gewisses **Potenzial für höhere Renditen**, doch sie sind häufig mit **größeren Risiken** verbunden. Die Mietverträge in diesem Sektor sind oft kürzer und können stark von der wirtschaftlichen Lage abhängen. Während eines wirtschaftlichen Abschwungs können Unternehmen etwa dazu neigen, ihre Büroflächen zu verkleinern oder sogar komplett aufzugeben. Das Resultat? Leerstände, die für Investoren natürlich problematisch sind.

Doch, und das ist der spannende Teil: Gewerbeimmobilien haben auch ihre Stärken! Sie bieten oft höhere Mieteinnahmen und langfristige Leasingverträge mit etablierten Unternehmen. Besonders bei erstklassigen Bürogebäuden oder Top-Lagen im Einzelhandel sorgen solche Verträge für stabile, langfristige Erträge – auch wenn die Wirtschaft mal ins Stottern gerät.

Das macht Gewerbeimmobilien zu einer interessanten Option für Investoren, die bereit sind, das Risiko einzugehen, aber dafür auch mit attraktiven Renditen belohnt werden (Merrill, 2020).

Ein weiterer wichtiger Unterschied zwischen Wohn- und Gewerbeimmobilien betrifft die Verwaltung und die Betriebskosten. Bei Wohnimmobilien ist der Verwaltungsaufwand in der Regel höher. Vermieter müssen sich regelmäßig um Mieterwechsel, Reparaturen und die Einhaltung gesetzlicher Vorschriften kümmern. Dazu kommt die Mieterfluktuation, die in Wohnimmobilien häufig höher ist und zusätzliche Verwaltungskosten verursacht.

Gewerbeimmobilien hingegen haben den Vorteil, dass ihre Verwaltung oft spezialisierter und weniger arbeitsintensiv ist. Gewerbliche Mieter kümmern sich in der Regel selbst um die Instandhaltung ihrer Flächen, und die Mietverträge beinhalten häufig Vereinbarungen, die Betriebskosten direkt an die Mieter weitergeben. Das reduziert die laufenden Kosten für den Eigentümer und vereinfacht die Verwaltung erheblich.

Für Investoren bedeutet das: **Wohnimmobilien erfordern mehr Aufwand, bieten dafür aber auch oft eine stabilere Einkommensquelle**. Gewerbeimmobilien sind dagegen weniger arbeitsintensiv, können aber mitunter höhere Anfangsinvestitionen und Risiken mit sich bringen (Hayes, 2024).

Kriterium	Wohnimmobilien	Gewerbeimmobilien
Nutzungszweck	Privatnutzung (z. B. Wohnungen, Häuser, MFHs)	Geschäftliche Nutzung (z. B. Büros, Einzelhandel, Lagerhallen)
Stabilität der Einnahmen	Hoch – stabile Nachfrage auch in Krisenzeiten	Schwankend – stark abhängig von der Wirtschaftslage
Renditechancen	Solide, eher moderat	Potenziell höher, jedoch mit erhöhtem Risiko
Mietverträge	Meist langfristig mit Privatpersonen	Kürzer, aber oft mit verlässlichen Unternehmen möglich
Risiko bei Leerstand	Gering – schnelle Neuvermietung möglich	Hoch – längere Leerstände bei Konjunkturschwächen
Verwaltungsaufwand	Höher – Mieterwechsel, Instandhaltung, gesetzliche Auflagen	Geringer – Mieter übernehmen oft Instandhaltung & Nebenkosten
Betriebskosten	Liegen meist beim Vermieter	Häufig umlagefähig auf den Mieter
Einstiegskosten	Geringer – oft geeignet für Privatanleger	Höher – häufiger institutionellen oder erfahrenen Investoren vorbehalten
Zielgruppe	Sicherheitsorientierte Anleger	Renditeorientierte Anleger mit Risikobereitschaft

Tab. 3.1: Vergleich von Wohn- und Gewerbeimmobilien (Quelle: eigene Darstellung)

3.2.2 Hebelwirkung von Hypotheken und Schulden: Wie die Reichen Schulden nutzen, um Vermögen aufzubauen

Die Reichen wissen etwas, das viele nicht verstehen: Schulden können, wenn sie richtig eingesetzt werden, ein kraftvolles Werkzeug zum Vermögensaufbau sein. Dieses Konzept – bekannt als **Hebelwirkung oder Leverage** – erlaubt es, mit relativ wenig Eigenkapital größere Investitionen zu tätigen. Wie funktioniert das? Ganz einfach: Durch den Einsatz von Fremdkapital (wie Hypotheken) können Immobilien erworben werden, die man sich sonst nicht leisten könnte. Die Gewinne, die hier erzielt werden, kommen nicht nur aus dem eigenen Kapital, sondern auch aus dem geliehenen Geld.

Beispiel: Stell dir vor, ein Investor kauft eine Immobilie im Wert von 500.000 Euro, setzt 100.000 Euro Eigenkapital ein und finanziert den Rest mit einer Hypothek. Wenn der Wert der Immobilie um 10 % steigt, also um 50.000 Euro, dann hat der Investor auf sein Eigenkapital eine Rendite von 50 % erzielt – ein ziemlich beeindruckendes Ergebnis! Ohne die Hebelwirkung hätte er diesen Gewinn nie realisieren können.

Warum ist das so attraktiv für wohlhabende Investoren? Weil sie es verstehen, wie sie mit wenig Eigenkapital große Gewinne erzielen können. Die Fähigkeit, **hohe Renditen auf das eingesetzte Kapital** zu erzielen, macht die Hebelwirkung zu einer bevorzugten Strategie für wohlhabende Investoren (Giacomini et al., 2015).

Die Hebelwirkung ist ein mächtiges Werkzeug, aber sie kommt nicht ohne Risiken. Wenn der Wert der Immobilie sinkt, können die Verluste ebenfalls multipliziert werden. Reiche Investoren wissen das und gehen vorsichtig damit um. Sie minimieren das Risiko durch gründliche Marktanalysen, wählen hochwertige Immobilien aus und sichern sich gegen mögliche Wertverluste ab. Sie sehen Hebelwirkung nicht als spekulative Wette, sondern als strategischen Plan, um ihre Investitionen zu maximieren.

Ein weiterer entscheidender Punkt in dieser Strategie ist das Management der Schuldenlast. Investoren müssen sicherstellen, dass sie auch in wirtschaftlich schwierigen Zeiten fähig sind, ihre Schulden zu bedienen. Diese Vorsicht ist es, die den Unterschied zwischen erfolgreichen und gescheiterten Hebelwirkungen ausmacht.

Doch nicht nur das Risiko wird kontrolliert – auch die Steuervorteile sprechen für die Nutzung von Hypotheken und Schulden. In vielen Ländern können Zinszahlungen auf Hypotheken steuerlich abgesetzt werden, was die Finanzierungskosten deutlich reduziert. Diese Einsparungen steigern die Nettorendite der Investition erheblich. Reiche Investoren nutzen diese Steuervergünstigungen geschickt, um ihre finanzielle Belastung zu verringern und gleichzeitig mehr Kapital für weitere Investitionen freizusetzen. Die clevere Nutzung von Schulden hilft ihnen, ihre Portfolios schneller auszubauen und den Vermögensaufbau zu beschleunigen (Istiak & Serletis, 2020).

Hebelwirkung eröffnet Zugang zu größeren und wertvolleren Immobilien, die potenziell höhere Einnahmen generieren. Während kleinere Investoren oft durch ihr Eigenkapital limitiert sind, können wohlhabende Investoren durch Fremdfinanzierung in hochpreisige Märkte einsteigen, die nicht nur höhere Mietrenditen, sondern auch wertsteigernde Potenziale bieten. Das bedeutet für sie, dass sie in lukrative Gewerbeimmobilien oder erstklassige Wohnimmobilien in begehrten Lagen investieren können, die langfristig erhebliche Gewinne versprechen. Diese Strategie ist ein Schlüssel zum Vermögensaufbau für Reiche.

Fazit

Schulden, wenn sie intelligent eingesetzt werden, erweitern nicht nur das Investitionspotenzial, sondern maximieren auch die Rendite auf das eingesetzte Kapital. Durch gründliche Risikobewertung, Schuldenmanagement und die Verwendung von steuerlichen Vorteilen nutzen sie die Hebelwirkung geschickt, um ihr Vermögen kontinuierlich zu steigern. Du kannst viel von dieser Strategie lernen, indem du verstehst, wie Hebelwirkung funktioniert und sie auf deine eigenen Investitionen anwenden – natürlich mit der nötigen Vorsicht und Planung (Bhabra et al., 2010).

3.3 Vergleich von Aktien und Immobilien

In diesem Abschnitt geht es darum, wie sich Aktien und Immobilien in Bezug auf Rendite, Volatilität und Diversifikation unterscheiden und wie sie gemeinsam ein ausgewogenes Portfolio bilden können.

3.3.1 Historische Renditen: Ein detaillierter Blick auf die letzten 50 Jahre

Die letzten fünf Jahrzehnte haben eines eindeutig gezeigt: **Aktien und Immobilien bieten jeweils beeindruckende Renditen**, auch wenn sie unterschiedliche Wege dorthin nehmen. Der Aktienmarkt, gemessen an bekannten Indizes wie dem *S&P 500* oder dem *MSCI World*, hat in diesem Zeitraum jährliche Renditen von 7 bis 10 % nach Inflation erzielt. Diese Renditen kommen nicht nur durch Kurssteigerungen, sondern auch durch Dividendenzahlungen. Besonders aufsehenerregend waren die Wachstumsphasen in den 1980er und 1990er Jahren. In dieser Zeit wurden die Märkte von technologischen Innovationen und einer expansiven Geldpolitik regelrecht beflügelt. Unternehmen wie *Microsoft* und *Apple*, die damals noch als Start-ups galten, verzeichneten enorme Kursgewinne und halfen dabei, den gesamten Markt nach oben zu ziehen. Dieser Technologieboom hat nicht nur den Aktienmarkt angekurbelt, sondern auch gezeigt, wie startende Unternehmen das Potenzial haben, den Markt in beachtliche Höhen zu katapultieren (Routley, 2024).

Trotz all der beeindruckenden Wachstumsphasen war der Aktienmarkt alles andere als frei von Turbulenzen. Ein Paradebeispiel dafür ist die **Dotcom-Blase** Ende der 1990er Jahre. In dieser Zeit erlebten viele Technologieaktien massive Kursverluste – und das im Akkord. Unternehmen, die vorgeblich das nächste große Ding waren, verloren binnen kürzester Zeit den Großteil ihres Marktwerts. Investoren, die auf diese überbewerteten Technologie-Riesen gesetzt hatten, sahen nur noch rote Zahlen. Nicht weniger dramatisch war die **Finanzkrise von 2008**, die durch den Zusammenbruch des Immobilienmarktes in den USA ausgelöst wurde. Der *S&P 500* stürzte innerhalb weniger Monate um über 50 % ab

– eine Schockwelle, die weltweit die Märkte erschütterte. Diese Krisen zeigen klar die inhärente Volatilität des Aktienmarktes und machen deutlich, warum ein diversifiziertes Portfolio unverzichtbar ist. Es ist der Schutzschild, der hilft, solche Achterbahnfahrten zu überstehen und langfristig auf Kurs zu bleiben (Dwyer, 2009).

Immobilien haben in den vergangenen 50 Jahren eine stabilere und deutlich weniger volatile Rendite geliefert als Aktien. In vielen entwickelten Ländern sind die Immobilienpreise stetig gestiegen – und das besonders in den städteübergreifenden Hotspots. In Deutschland sind Städte wie München, Berlin und Hamburg in den letzten zwei Jahrzehnten regelrecht durch die Decke gegangen.

Aber was hat das Ganze angeheizt? Nun, es war eine Mischung aus **starkem Bevölkerungswachstum**, der zunehmenden **Urbanisierung** und natürlich den **historisch niedrigen Zinsen**, die den Zugang zu Hypotheken für viele immer erleichterten. In vielen Regionen lagen die durchschnittlichen jährlichen Renditen für Wohnimmobilien zwischen 3 und 5 %, wobei in den begehrtesten Lagen und den Top-Städten deutlich höhere Zuwächse zu verzeichnen waren (Bundesbank, 2021).

Neben der Wertsteigerung bieten Immobilien eine zusätzliche Einkommensquelle in Form von regelmäßigen Mieteinnahmen. Diese regelmäßigen Zahlungen sind besonders wertvoll in Phasen, in denen die Immobilienpreise stagnieren oder nur langsam steigen. Auch hier kann wieder die globale Finanzkrise im Jahr 2008 als Beispiel herangezogen werden, als die Immobilienpreise in einigen Regionen fielen, die Mieteinnahmen jedoch in vielen Märkten stabil blieben. Dies zeigt, dass Immobilien eine gewisse Sicherheit bieten können, die Aktien in volatilen Zeiten oft nicht liefern. Ein weiteres Beispiel ist die **COVID-19-Pandemie**, während der viele Immobilienwerte und Mieteinnahmen in zahlreichen Regionen stabil blieben, während die Aktienmärkte zu Beginn der Krise dramatische Einbrüche erlebten (Balemi et al., 2021).

Ein weiterer **Vorteil von Immobilien** ist ihre geringere Abhängigkeit von kurzfristigen Marktschwankungen. Während Aktienmärkte oft schon innerhalb weniger Tage oder Wochen starke

Schwankungen erleben, sind Immobilienpreise in der Regel stabiler und reagieren langsamer auf wirtschaftliche Veränderungen. Das macht Immobilien zu einer bevorzugten Wahl für Investoren, die auf langfristige Stabilität und kontinuierliche Einkünfte setzen. Ein anschauliches Beispiel dafür ist die Situation in deutschen Metropolen: Trotz wirtschaftlicher Unsicherheiten blieben die Immobilienmärkte in Städten wie München robust. Dies wird durch eine anhaltend hohe Nachfrage und ein begrenztes Angebot unterstützt (Asadov et al., 2023).

Zusätzlich profitieren Immobilieninvestoren von steuerlichen Vorteilen, wie der Abschreibung von Gebäudewerten und der Möglichkeit, Hypothekenzinsen steuerlich abzusetzen. Diese steuerlichen Anreize erhöhen die Nettorendite und machen Immobilien zu einer besonders attraktiven Anlageklasse für langfristige Investoren. Die Reichen nutzen diese Vorteile gezielt, um ihre Renditen zu maximieren und ihr Vermögen über Generationen hinweg zu sichern.

Aktien und **Immobilien** bieten unterschiedliche **Renditeprofile**, die sich je nach Marktlage und Anlageziel hervorragend ergänzen können. Während Aktien höhere Wachstumschancen und Liquidität bieten, punkten Immobilien mit Stabilität und kontinuierlichen Einkünften. Die historischen Daten der letzten 50 Jahre zeigen, dass eine diversifizierte Anlagestrategie, die beide Anlageklassen berücksichtigt, den Investoren hilft, sowohl von hohen Renditen als auch von langfristiger Sicherheit zu profitieren (Bhuyan et al., 2015).

3.3.2 Was ist stabiler? Die Volatilität von Aktien im Vergleich zu Immobilien

Aktien sind berühmt – oder berüchtigt – für ihre Volatilität. Ihre Kurse können innerhalb weniger Tage stark schwanken, beeinflusst durch Unternehmensnachrichten, Marktstimmungen oder geopolitische Ereignisse. Zwei Paradebeispiele: **die Finanzkrise 2008 und die COVID-19-Pandemie**. Innerhalb weniger Wochen stürzten Aktienmärkte weltweit um bis zu 30 % ab – nur um sich danach wieder rasant zu erholen.

Diese extremen Kursbewegungen sind typisch für Aktienmärkte und können für Anleger sowohl Chancen als auch Risiken bedeuten. Wer kurzfristige Gewinne anstrebt, setzt sich dem Risiko aus, genau zur falschen Zeit zu kaufen oder zu verkaufen. Doch langfristig orientierte Investoren wissen: **Marktschwankungen sind kein Grund zur Panik – sondern eine Gelegenheit, strategisch zu investieren** (Gunay & Can, 2022).

Immobilien – Die Felsen in der Brandung der Märkte. Während Aktienkurse innerhalb von Minuten abstürzen oder explodieren können, bewegen sich Immobilienpreise deutlich langsamer. Der Grund? **Der Immobilienmarkt ist weniger liquide**. Ein Verkauf dauert Wochen oder Monate – mit Verhandlungen, Finanzierungsprüfungen und rechtlichen Schritten. Diese Trägheit schützt Immobilien vor plötzlichen Kurseinbrüchen. Selbst in Krisenzeiten bleiben die Preise oft stabil oder sinken nur moderat. Mitten in der Finanzkrise stürzten Aktienmärkte weltweit ab, doch die Immobilienwerte in vielen europäischen Städten blieben vergleichsweise konstant – auch wenn weniger Verkäufe stattfanden. **Diese Stabilität macht Immobilien zur perfekten Wahl für Investoren, die langfristige Sicherheit schätzen** (Milcheva, 2022).

Während Aktienkurse von Angst und Euphorie der Anleger abhängen, basiert der Immobilienmarkt auf einem fundamentalen Bedürfnis: Wohnraum. Menschen brauchen immer ein Dach über dem Kopf – egal, ob die Wirtschaft boomt oder schwächelt. Selbst in Krisenzeiten bleibt die Nachfrage nach Mietwohnungen hoch, wodurch Mietpreise stabil bleiben und Investoren weiterhin verlässliche Einnahmen erzielen. Immobilieninvestoren profitieren von dieser Stabilität. Obgleich Aktienmärkte von Emotionen dominiert werden, basieren Immobilieninvestitionen meist auf langfristigen Entscheidungen – und das zahlt sich aus (Voigtländer, 2014).

Wenngleich Aktienanleger in Krisenzeiten oft Dividendenkürzungen oder -streichungen hinnehmen müssen, bieten Immobilieninvestitionen einen entscheidenden Vorteil: **Mieteinnahmen bleiben in der Regel stabil**. Besonders Wohnimmobilien sind krisenresistent, da Menschen immer ein Zuhause brauchen – unabhängig von der wirtschaftlichen Lage. Diese verlässliche Einkommensquelle hilft Investoren, ihre laufenden Kosten zu decken und sorgt für finanzielle Stabilität, selbst wenn die Immobilienpreise kurzfristig stagnieren oder leicht nachgeben. Wer auf regelmäßige Einnahmen und langfristige Sicherheit setzt, findet in Immobilien eine robuste Alternative zu den schwankenden Aktienmärkten (Norris & Byrne, 2018).

Fazit

Während Aktien oft von globalen Marktbewegungen abhängig sind, folgen Immobilien lokalen Entwicklungen. Arbeitsmarkt, Infrastruktur und Bevölkerungswachstum bestimmen maßgeblich die Wertentwicklung einer Immobilie. Das bedeutet: Selbst wenn internationale Börsen abstürzen, können Immobilien in gefragten Lagen stabil bleiben oder sogar an Wert gewinnen. Ein Finanzcrash in den USA oder eine Krise in Asien können Aktien weltweit mitreißen. Doch eine Immobilie in einer boomenden Stadt bleibt gefragt – ganz egal, was an den Börsen passiert. Diese regionale Stabilität macht Immobilien zu einem wertvollen Schutzschild gegen globale wirtschaftliche Schocks (Lehkonen, 2015).

3.3.3 Ein Portfolio mit beiden aufbauen: Diversifikation über verschiedene Anlageklassen

Aktien	Immobilien	Gemeinsam
	Ertragsquellen	
Hohe Renditechancen durch Kursgewinne und Dividenden	Liefern stabile Mieteinnahmen und langfristige Wertsteigerung	Kombination aus Wachstum und Sicherheit
	Risikominimierung durch Diversifikation	
Schwankend, reagieren sensibel auf Wirtschaftsnachrichten	Bleiben stabil, da Wohnraum immer gefragt	Ausgleichseffekt: Immobilien gleichen Schwankungen der Aktien aus
	Mehrere Einkommensquellen für Stabilität	
Dividendenerträge: variabel, abhängig von Unternehmen & Markt	Konstante, planbare Mieteinnahmen	Zuverlässige Cashflow-Basis & finanzielle Flexibilität
	Stabilität durch unterschiedliche Marktreaktionen	
Reagieren schnell auf Wirtschaftsnachrichten: Einbrüche möglich	Märkte bewegen sich langsamer, stark lokal beeinflusst	Wenn Aktienkurse schwanken, können Immobilien konstante Einnahmen liefern

Tab. 3.2: Vergleich von Aktien, Immobilien und deren Kombination im Portfolio (Quelle: eigene Darstellung)

Fazit
Wer beide Anlageklassen klug kombiniert, kann Schwankungen besser ausgleichen und profitiert von einem soliden Einkommensmix (Melser & Hill, 2019).

Ein weiterer Vorteil der Diversifikation über Aktien und Immobilien ist der Zugang zu unterschiedlichen Märkten und Sektoren. **Aktien ermöglichen Investitionen in eine Vielzahl von Branchen**, darunter Technologie, Gesundheitswesen oder Konsumgüter. Dadurch können Anleger von Wachstumschancen in dynamischen Wirtschaftszweigen profitieren.

Immobilien bieten ebenfalls eine breite Streuung, da Investitionen auf verschiedene Typen wie Wohn-, Gewerbe- oder Industrieimmobilien verteilt werden können. Während Wohnimmobilien oft stabile Mieteinnahmen liefern, bieten Gewerbe- und Industrieimmobilien Potenzial für höhere Renditen – allerdings mit anderen Risikoprofilen.

Diese Vielfalt hilft, das Risiko durch eine gezielte Streuung zu minimieren. Ein gut durchdachtes Portfolio, das verschiedene Anlageklassen und Sektoren umfasst, ist widerstandsfähiger gegenüber wirtschaftlichen Unsicherheiten und kann langfristig stabile sowie attraktive Renditen liefern (Conover et al., 2024).

4
Wie Wohlhabende Aktien und Immobilien auswählen

In diesem Kapitel zeige ich dir, wie wohlhabende Investoren Aktien und Immobilien auswählen. Dabei stehen die Analyse von Finanzkennzahlen, die Identifikation von Wettbewerbsvorteilen und die Auswahl wertstabiler Immobilien, um langfristigen Erfolg und nachhaltigen Vermögensaufbau zu sichern, im Vordergrund. Du erfährst, welche Kriterien bei der Auswahl entscheidend sind, wie professionelle Investoren Chancen erkennen – und warum Substanz oft wichtiger ist als kurzfristiger Hype.

4.1 Wichtige Faktoren bei der Aktienauswahl

Im ersten Schritt werden die wichtigsten Kennzahlen und Kriterien beleuchtet, die bei der Auswahl von Qualitätsaktien von großer Bedeutung sind.

4.1.1 Finanzkennzahlen, auf die die Reichen achten

Erfolgreiche Investoren verlassen sich nicht auf Bauchgefühl – sie analysieren Finanzkennzahlen bis ins Detail. Eine der wichtigsten Kennzahlen, die sie genau im Blick haben, ist das **Kurs-Gewinn-Verhältnis** (KGV). Das KGV zeigt, wie viel Geld Anleger bereit sind, für jeden Euro Gewinn eines Unternehmens zu zahlen. Ein niedriges KGV kann auf eine unterbewertete Aktie hinweisen –

eine potenzielle Kaufchance. Ein hohes KGV deutet hingegen oft auf eine Überbewertung oder hohe Wachstumserwartungen hin. Doch kluge Investoren betrachten das KGV nie isoliert, sondern setzen es in den Kontext der Branche und der aktuellen Marktlage.

Beispielsweise könnte eine Aktie mit einem niedrigen KGV aus einer Branche stammen, die gerade unter Druck steht, aber langfristig ein enormes Erholungspotenzial besitzt. Reiche Investoren erkennen solche Gelegenheiten und nutzen sie gezielt für ihre Investmentstrategie (Blystone, 2024). Ein entscheidender Faktor bei der Bewertung eines Unternehmens ist der Verschuldungsgrad – also das Verhältnis von Fremd- zu Eigenkapital.

Ein **hoher Verschuldungsgrad** bedeutet, dass ein Unternehmen stark auf Kredite angewiesen ist. Das kann riskant sein, besonders in wirtschaftlich unsicheren Zeiten, wenn die Zinskosten steigen oder Umsätze einbrechen. Reiche Investoren setzen daher auf Unternehmen mit einer soliden Finanzstruktur, die Schulden verantwortungsvoll managen. Dabei gilt: Ein gewisses Maß an Verschuldung kann Wachstum fördern, solange das Unternehmen die Kredite clever einsetzt und sie problemlos bedienen kann. Investorenlegenden wie Warren Buffett achten gezielt auf Unternehmen mit starken Bilanzen, die auch in Krisenzeiten finanziell stabil bleiben (Dada & Ghazali, 2016).

Ein weiteres wichtiges Kriterium ist die **Eigenkapitalrendite** (ROE), die zeigt, wie effizient ein Unternehmen das investierte Kapital nutzt, um Gewinne zu erzielen. Ein hoher ROE ist oft ein Indikator für ein profitables und gut geführtes Unternehmen. Wohlhabende Investoren betrachten den ROE nicht nur als absoluten Wert, sondern auch im Vergleich zur Konkurrenz und zur Historie des Unternehmens. Sie bevorzugen Unternehmen, die über viele Jahre hinweg eine stabile oder steigende Eigenkapitalrendite aufweisen. Dies zeigt nicht nur operative Exzellenz, sondern auch die Fähigkeit des Managements, konstant Werte für die Aktionäre zu schaffen. Unternehmen wie *Apple* oder *Microsoft* sind Beispiele für Unternehmen mit konstant hoher Eigenkapitalrendite, die sie zu Favoriten unter wohlhabenden Investoren machen (Ichsani & Suhardi, 2015).

Die **freien Cashflows** sind eine weitere wichtige Kennzahl. Sie zeigen, wie viel Bargeld ein Unternehmen nach Abzug aller Betriebskosten und Investitionen generiert. Ein starker freier Cashflow zeigt an, dass das Unternehmen in der Lage ist, seine Geschäfte zu finanzieren. Außerdem kann es Dividenden ausschütten oder Aktienrückkäufe durchführen, ohne auf externe Finanzierung angewiesen zu sein. Wohlhabende Investoren bevorzugen Unternehmen mit stabilen oder wachsenden freien Cashflows, da dies ein Zeichen für finanzielle Gesundheit und Flexibilität ist. Unternehmen wie *Alphabet* und *Berkshire Hathaway* sind bekannt für ihre starken Cashflows, die es ihnen ermöglichen, in schwierigen Zeiten flexibel zu agieren und strategische Investitionen zu tätigen. Diese Kennzahl gibt auch Aufschluss über die Fähigkeit des Unternehmens, in Zukunft Wachstum zu generieren und Shareholder-Value zu schaffen (Richardson, 2006).

Mein Profi-Tipp für dich

Verlasse dich nicht auf einzelne Kennzahlen – kombiniere KGV, Verschuldungsgrad, Eigenkapitalrendite und freien Cashflow zu einem ganzheitlichen Bild. Erfolgreiche Investoren erkennen Muster und Zusammenhänge, wo andere nur Zahlen sehen. Wenn du lernst, diese Kennzahlen im richtigen Kontext zu interpretieren, verschaffst du dir einen echten Vorsprung gegenüber der breiten Masse.

4.1.2 Wettbewerbsvorteile und „Moats“: Wie Milliardäre Marktführer erkennen

Milliardäre wie Warren Buffett schwören auf einen entscheidenden Faktor, wenn sie in Unternehmen investieren: den **„Burggraben“** – oder wie Buffett es nennt, den **„Moat“**. Stell dir ein mittelalterliches Schloss vor, umgeben von einem tiefen, wassergefüllten Graben, der feindliche Angreifer fernhält. Genauso schützt ein wirtschaftlicher Burggraben ein Unternehmen vor der Konkurrenz! Diese Gräben können auf unterschiedliche Weise entstehen: **Eine starke Marke**, etwa *Apple* oder *Coca-Cola*, **Netzwerkeffekte**, wie bei *Facebook* oder *Amazon*, **niedrigere Pro-**

duktionskosten, beispielsweise *IKEA*, oder **hohe Wechselkosten** für Kunden, wie bei *Netflix*-Kunden, denn Abonnenten kündigen nicht so schnell, weil all ihre Lieblingsserien dort sind. Investoren lieben Unternehmen mit solchen Schutzmechanismen, weil sie langfristig höhere Gewinne erzielen – egal ob die Märkte turbulent sind oder ein neuer Wettbewerber auftaucht. Wer also nach nachhaltigem Wachstum sucht, sollte Unternehmen mit einem soliden Burggraben ins Portfolio holen (Manditch, 2018).

Markenstärke: Der unsichtbare Kundenmagnet

Ein anderes Beispiel: Stell dir vor, du stehst vor dem gekühlten Getränkeregal im Supermarkt. Links eine Dose *Cola-Mix 3000* für 50 Cent, rechts eine *Coca-Cola* für das Dreifache. Welche Dose wählst du aus? Genau, die gekühlte *Coca-Cola*. Und warum? Weil *Coca-Cola* über Jahrzehnte hinweg eine starke Marke aufgebaut hat, greifen wir oft instinktiv zu ihr – im Glauben, das bessere Produkt vor uns zu haben. Markenstärke wirkt wie ein unsichtbarer Magnet: Sie macht aus gewöhnlichen Produkten wahre Kultobjekte. *Apple* verkauft keine Handys – es verkauft einen Lifestyle. *Nike* verkauft nicht einfach nur Sportschuhe, sondern das Gefühl, dass du morgen einen Marathon gewinnen könntest (ob das realistisch ist, lassen wir mal dahingestellt).

Investoren schätzen solche Unternehmen, weil sie eine Art finanziellen Schutzschild besitzen: Sie können Premiumpreise verlangen, während No-Name-Konkurrenten mit Rabatten um Kunden kämpfen. Das bedeutet: höhere Margen, stabile Gewinne und weniger Preisdruck. Deshalb wissen kluge Investoren: **Eine starke Marke ist wie ein Magnet für Geld** – und nein, leider zieht der Magnet am Kühlschrank keine Euros an (Hoeffler & Keller, 2003).

Netzwerkeffekte: Der VIP-Club der Wirtschaft

Beginnen wir erneut mit einem Beispiel: Stell dir vor, du erfindest eine neue Social-Media-Plattform: *FacegramTok*. Die Features sind revolutionär, das Design umwerfend – aber keiner ist da. Blöd. Denn genau hier greifen die Netzwerkeffekte: **Eine Plattform ist nur so wertvoll wie die Anzahl ihrer Nutzer.** Unternehmen wie *Meta* oder *Amazon* haben diesen Effekt perfektioniert. Je mehr

Menschen dabei sind, desto attraktiver wird es für andere. Wer möchte schon auf einem leeren Marktplatz einkaufen oder in einem sozialen Netzwerk posten, in dem nur die eigene Oma aktiv ist? Und selbst die ist nur da, um zu fragen, warum du nie anrufst.

Was bedeutet das für Investoren?

» Netzwerkeffekte schaffen quasi **unsichtbare Burgmauern gegen die Konkurrenz**. Ein neuer Player müsste Millionen investieren, um auch nur ansatzweise mithalten zu können – und selbst dann bleiben die meisten Nutzer doch lieber beim Altbewährten.

Kostenvorteile: Das Geheimnis der Discount-Könige

Neben Netzwerkeffekten gibt es eine weitere Superkraft erfolgreicher Unternehmen: **unschlagbare Preise dank Skaleneffekten**. *Walmart* und *Ryanair* sind Meister darin: Während andere noch über hohe Produktionskosten klagen, drücken diese Giganten ihre Ausgaben so weit, dass sie die Konkurrenz förmlich aus dem Markt preisen können.

Das Prinzip ist einfach: Wer billiger produziert, kann billiger verkaufen – und dabei trotzdem noch mehr verdienen als alle anderen. Milliardäre lieben solche Unternehmen, weil sie krisenfester sind und schwächere Konkurrenten einfach „auspreisen“. Und das Beste? Je größer sie werden, desto unschlagbarer werden ihre Vorteile (Cabral, 2011).

Fazit

Unternehmen mit Netzwerkeffekten oder massiven Kostenvorteilen sind wie ein Buffet mit unbegrenztem Nachschlag für Investoren – die Konkurrenz hingegen steht draußen und schaut durch die Scheibe.

Hohe Wechselkosten: Das digitale Äquivalent zu Superkleber

Ein neues Beispiel: Stell dir vor, du müsstest mitten in der Steuererklärung von Windows zu einem anderen Betriebssystem wechseln – wer würde sich das freiwillig antun? Genau das ist der Trick hinter hohen Wechselkosten: Unternehmen wie *Microsoft* oder *SAP* bauen ihre Software so in den Alltag von Unternehmen ein, dass ein Wechsel genauso aufwendig ist wie der Versuch, Spaghetti mit einer Gabel aus einer Steckdose zu holen – möglich, aber extrem schmerzhaft.

Warum lieben Milliardäre solche Unternehmen? Weil sie wissen, dass Kunden nicht einfach abspringen können. Wechseln bedeutet: teure Schulungen, komplizierte Migrationen und das Risiko, dass das neue System nicht reibungslos läuft. Also bleiben die meisten doch lieber bei dem, was sie kennen – und zahlen weiterhin brav ihre Gebühren (Lam et al., 2004).

Fazit
Ein Unternehmen mit hohen Wechselkosten ist wie ein Hotel mit unsichtbaren Mauern – die Gäste können zwar rein, aber der Check-out-Prozess ist so mühsam, dass sie lieber für immer bleiben. Genau diese Unternehmen sind für Investoren besonders attraktiv, denn sie garantieren planbare, langfristige Einnahmen und einen tiefen, sicheren „Burggraben".

4.1.3 Unternehmensführung und Management recherchieren

Sind Top-Manager Visionäre oder Blender? Milliardäre wissen: **Ein Unternehmen ist nur so gut wie sein Kapitän**. Deshalb achten sie genau darauf, wer das Steuer in der Hand hält – und ob dieser Kapitän sein Schiff schon einmal erfolgreich durch einen Sturm manövriert hat oder bloß ein guter Geschichtenerzähler ist.

Ein Beispiel? Steve Jobs. Als er zu *Apple* zurückkehrte, war der Konzern ein Schatten seiner selbst. Doch Jobs hatte nicht nur eine Vision – er wusste auch, wie man sie in geniale Produkte umsetzt. Vom *iMac* über das *iPhone* bis hin zum *iPad* – alles bahnbrechende Innovationen, die *Apple* an die Spitze der Tech-Welt katapultieren.

Was analysieren Investoren genau?

- Hat das Management in der Vergangenheit bewiesen, dass es Wachstum und Innovation liefern kann?

- Wie werden Krisen gemeistert? Ein guter CEO zeigt seine wahre Stärke erst, wenn es brenzlig wird.
- Ist die Führung authentisch oder nur ein Marketingprodukt? Charisma ist schön und gut – aber nur, wenn es auch durch Ergebnisse untermauert wird.

Denn am Ende zählt nicht, wie gut jemand PowerPoint-Folien präsentieren kann – sondern wie nachhaltig das Unternehmen wächst und Gewinne generiert (J. Chen, 2024).

Strategie: Plan oder bloß heiße Luft?

Milliardäre wissen: Ohne eine klare Strategie ist ein Unternehmen wie ein Schiff ohne Kompass – irgendwann knallt es gegen einen Eisberg. Deshalb analysieren sie genau, ob das Management langfristig denkt oder nur von Quartalsbericht zu Quartalsbericht taumelt.

Ein Paradebeispiel? Satya Nadella und *Microsoft*. Als Nadella 2014 das Ruder übernahm, war *Microsoft* zwar groß, aber irgendwie … langweilig. Nadella erkannte früh das Potenzial von **Cloud-Computing**, setzte alles auf diese Karte – und plötzlich war *Microsoft* nicht mehr bloß ein Office- und Windows-Gigant, sondern ein führender Player in der Tech-Welt.

Was analysieren Investoren genau?

- Gibt es eine klare Vision oder nur leere Phrasen?
- Gibt es einen echten Plan für Innovation und Wachstum?
- Wie reagiert das Management auf Veränderungen? Flexibel oder wie ein Öltanker?

Mein Profi-Tipp für dich

Kurzfristige Gewinne sind schön – **aber echte Milliardäre setzen auf CEOs mit Weitblick**, nicht auf Manager, die nur das nächste Quartal überleben wollen (O’brien, 2024).

Reden ist Gold – wenn es ehrlich ist

Milliardäre lieben Unternehmen, die nicht nur Gewinne, sondern auch klare Worte liefern. Denn **Transparenz ist das Schmieröl des Vertrauens**.

- Wird offen über Erfolge UND Fehler gesprochen – oder nur Schönwetter-PR?
- Gibt es ehrliche Berichte oder nur undurchsichtige Zahlenakrobatik?
- Wie geht das Management mit Krisen um – Kopf in den Sand oder klare Lösungen?

Ein Meister der Transparenz? Warren Buffett. Jedes Jahr legt er in seinem Brief an die Aktionäre nicht nur Zahlen auf den Tisch, sondern auch seine Gedanken, Fehler und Lektionen. Kein Bullshit-Bingo, sondern echte Einsichten – und genau das schafft Vertrauen. Investoren wissen: Schwammige Kommunikation deutet oft auf Chaos im Maschinenraum hin. Wer sein Geld langfristig anlegt, setzt deshalb auf ehrliche und offene Unternehmen – nicht auf Marketingmärchen (Christensen, 2002).

Motivation à la Elon Musk: Arbeiten fürs eigene Geld!

Gute Manager sollten nicht nur für ihr Monatsgehalt arbeiten, sondern für den Erfolg des Unternehmens. Deshalb setzen kluge Investoren auf Unternehmen, deren Führungskräfte auch eigenes Geld im Spiel haben. Was sind die Vorteile dabei?

- **Performance-abhängige Boni**
  statt garantierter Millionen
- **Langfristige Aktienoptionen**
  statt kurzfristiger Cash-Prämien
- **Eigene Unternehmensanteile**
  statt „Ich bin nur angestellt“-Mentalität

Das perfekte Beispiel ist hier Elon Musk. Sein Tesla-Gehalt? Null. Sein Vergütungsmodell? 100 % erfolgsabhängig! Heißt: Steigt *Teslas* Wert, verdient er Milliarden. Fällt *Tesla*, verdient er nichts. Genial – denn so arbeitet er nicht für schnelle Gewinne, sondern für langfristiges Wachstum. Top-Investoren achten genau darauf:

Hat das Management echtes Skin in the Game – oder nur ein gut gefülltes Firmenkonto (Parthasarathy et al., 2006)?

4.1.4 Bewertungsverfahren für Aktien

DCF-Modell: Die Glaskugel der Investoren

Wenn du wissen möchtest, was eine Aktie wirklich wert ist, brauchst du kein Tarot-Deck, sondern das **Discounted-Cashflow-Modell** (DCF). Es zeigt dir, ob eine Aktie gerade ein Schnäppchen oder ein überteuertes Luftschloss ist. Wie funktioniert's?

1. **Prognose:**
   Wie viel Cash verdient das Unternehmen in den nächsten Jahren?
2. **Abzinsung:**
   Diese zukünftigen Gewinne werden auf den heutigen Wert umgerechnet – denn ein Euro heute ist mehr wert als ein Euro in zehn Jahren.
3. **Bewertung:**
   Herauskommt der faire Aktienkurs. Liegt der Marktpreis darunter? Kaufen! Liegt er weit darüber? Finger weg!

Besonders nützlich ist das DFC-Modell bei stabilen Unternehmen mit gut vorhersagbaren Cashflows (z. B. *Coca-Cola* oder Versicherungen) sowie in reifen Branchen, wo die Gewinne nicht von heute auf morgen explodieren oder einstürzen. Aber Vorsicht: Falsche Annahmen führen zu Fantasiebewertungen! Auch Start-up-Bewertungen sind extrem schwierig, denn wer weiß schon, was sie in zehn Jahren verdienen?

Kurz gesagt: Das DCF-Modell ist das Navi für Value-Investoren – aber nur, wenn die Koordinaten stimmen (Steiger, 2010).

DCF und KGV im Vergleich

Schauen wir uns das Ganze mithilfe eines Beispiels genauer an. Nehmen wir *Alphabet* oder *Amazon* – Tech-Giganten mit hohen Wachstumsraten und ordentlichen Cashflows. Hier hilft das DCF-Modell, um die Zukunft zu durchleuchten.

Dafür nimmt man die erwarteten Cashflows und rechnet sie auf den heutigen Wert um. Dabei dürfen Optimismus und Realitätssinn nicht fehlen:

„Wird *Amazon* wirklich für immer zweistellig wachsen?"

Das DCF-Modell ignoriert Marktpanik und Hypes, sondern zeigt, was die Aktie langfristig wert ist.

Wie verhält es ich mit dem KGV?
Das KGV zeigt, wie viele Euro man pro Euro Gewinn bezahlt. Niedriges KGV? Vielleicht unterbewertet. Hohes KGV? Eventuell ein Wachstumsstar. Aber: **In Krisen kann das KGV täuschen**, denn zyklische Unternehmen sehen teuer aus, wenn ihre Gewinne temporär abstürzen. Peter Lynch zum Beispiel schwört darauf, solche Aktien genau dann zu kaufen.

Fazit
Das DCF-Modell eignet sich hervorragend, um langfristige Cashflow-Prognosen zu erstellen und den fundamentalen Wert eines Unternehmens zu ermitteln. Es bietet eine tiefergehende Analyse und berücksichtigt zukünftige Zahlungsströme – ideal für strategische Investitionen mit Weitblick. Im Gegensatz dazu ist das Kurs-Gewinn-Verhältnis (KGV) eine schnelle und unkomplizierte Kennzahl, die eine grobe Einschätzung zur Bewertung einer Aktie liefert. Allerdings kann es in bestimmten Marktsituationen oder Branchen zu Fehlinterpretationen führen und ist daher nicht immer aussagekräftig. Wer wirklich smart investieren möchte, kombiniert beide Ansätze: Nutze die Stärken des DCF-Modells für eine fundierte Langfristbewertung und das KGV als pragmatischen Vergleichsmaßstab. Entscheidend ist jedoch, immer über den nächsten Quartalsbericht hinauszudenken und das große Ganze im Blick zu behalten (Damodaran, 2009).

Das KBV: Der „Second-Hand-Laden" der Aktienbewertung?

Während das **KGV** den Gewinn betrachtet, interessiert sich das **Kurs-Buchwert-Verhältnis** (KBV) mehr für das, was ein Unternehmen *physisch* auf die Waage bringt. Das KBV zeigt, wie viel Investoren für jeden Euro Eigenkapital zahlen. Besonders nützlich ist dies in kapitalintensiven Branchen wie Banken, Versicherungen oder Industrieunternehmen – also überall, wo viel Beton, Geld oder Maschinen im Spiel sind.

Ein **niedriges KBV** kann bedeuten: „Hey, hier gibt's mehr Substanz als der Preis vermuten lässt!" Aber Vorsicht: Manchmal ist eine Aktie nicht „günstig", sondern einfach ein Rohrkrepierer.

Beispiel: Stell dir eine Bank vor, deren Buchwert solide aussieht, aber deren Kreditportfolio faul ist – dann hilft selbst ein niedriges KBV wenig. **Nicht jede billige Aktie ist ein Schnäppchen!**

Fazit

Das KBV ist wie der Preiszettel eines Second-Hand-Ladens: Manche Dinge sind unterbewertet und ein Glücksgriff, andere sind einfach zu Recht im Ausverkauf (Nezlobin et al., 2016).

Das DDM: Aktienbewertung für Dividendenjäger

Du liebst passives Einkommen? Dann ist das **Dividendendiskontierungsmodell** (DDM) vielleicht dein neuer bester Freund. Während sich andere Investoren um Wachstumsaktien streiten, genießen DDM-Anhänger lieber ihren nächsten Dividenden-Scheck. Es berechnet den **heutigen Wert einer Aktie**, indem es alle zukünftigen **Dividendenzahlungen** abzinst und ist dabei besonders wertvoll für Unternehmen, die zuverlässig und langfristig Dividenden ausschütten.

Das DDM ergibt vor allem bei **Dividenden-Aristokraten** wie *Procter & Gamble*, *PepsiCo* oder *Johnson & Johnson Sinn*, die ihre Ausschüttungen seit Jahrzehnten steigern und ist perfekt für **Einkommensinvestoren**, die sich lieber auf **verlässliche Cashflows** als auf spekulative Kursgewinne verlassen.

Aber Vorsicht: Es funktioniert schlecht bei Unternehmen, die keine oder stark schwankende Dividenden zahlen (z. B. Tech-Wachstumswerte). Zudem wird das Potenzial von Reinvestitionen, die den Kurs langfristig treiben können, häufig unterschätzt.

Fazit

Das DDM ist wie ein **Mietpreisschild für Aktien:** Ein Anleger zahlt heute einen fairen Preis, basierend auf den zukünftigen „Mieteinnahmen“ in Form von Dividenden. Wer stabile Erträge liebt, sollte diesen Bewertungsansatz auf dem Radar haben (D'Amico & Blasis, 2020).

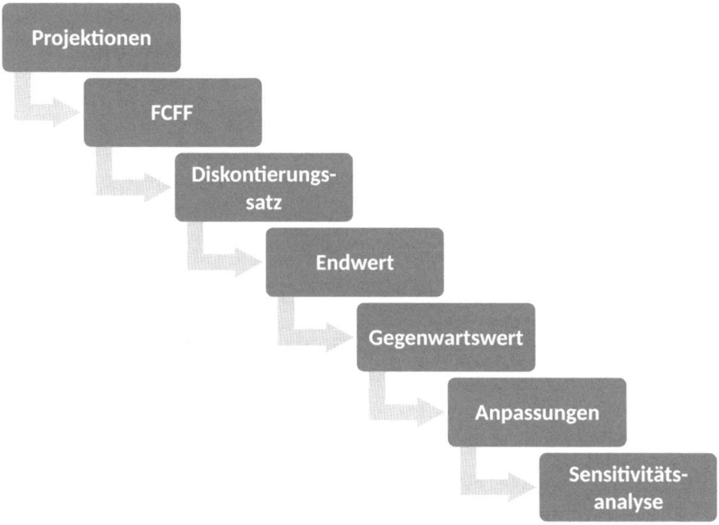

Abb. 4.1: Sieben Schritte des Discounted-Cashflow-Bewertungsmodells (Quelle: Choubey, 2018)

4.1.5 Kapitalrenditen oberhalb der Kapitalkosten: Erfolgreiche Compounding-Strategien

ROIC: Die versteckte Zutat für langfristigen Erfolg

Langfristige Investoren haben ein scharfes Auge für Unternehmen mit einer hervorragenden **Kapitalrendite** (ROIC – Return on Invested Capital). Warum? Weil ein Unternehmen, das konstant mehr aus seinem investierten Kapital herausholt, als es kostet, sich selbst zu einer Wachstumsmaschine macht.

Compounding – das geheime Superkraft-Feature

Ein Unternehmen mit hohem ROIC kann seine Gewinne reinvestieren – und genau hier entfaltet sich der Zinseszinseffekt. Wie wäre es, du hättest eine magische Geldmaschine: Jedes Mal, wenn du einen Euro hineingibst, kommt mehr als ein Euro wieder heraus. Je länger dieses Spiel läuft, desto größer wird der Ertrag – genau das macht Unternehmen wie *Apple* oder *Microsoft* so wertvoll. Peter Mallouk sagte schon, dass „der Aktienmarkt das Gegenteil eines Kasinos ist. Je länger man spielt, desto besser stehen die Gewinnchancen." Langfristig folgt die Marktkapitalisierung eines Unternehmens seinen Gewinnen.

Wie wird der Unternehmenswert gesteigert?

- **Innovation:**
  Apple investiert Milliarden in neue Technologien und sorgt dafür, dass Kunden immer wieder zum iPhone greifen.
- **Strategische Übernahmen:**
  Microsoft stärkt seine Marktstellung durch gezielte Firmenkäufe, zuletzt mit *Activision Blizzard*.
- **Aktienrückkäufe:**
  Indem Unternehmen eigene Aktien zurückkaufen, verringern sie die Anzahl der ausgegebenen Anteile und erhöhen damit automatisch den Wert jeder verbleibenden Aktie.

Warum ist ein hoher ROIC so wichtig?

Nicht jedes Unternehmen kann mit seinen Investitionen mehr erwirtschaften, als sie kosten. Wenn der ROIC jedoch nachhaltig über den Kapitalkosten liegt, entsteht ein natürlicher Wettbewerbsvorteil – und genau das suchen smarte Investoren. Wer früh erkennt, welche Unternehmen den Zinseszinseffekt zu ihrem Vorteil nutzen, kann langfristig überdurchschnittliche Renditen erzielen (Hayes, 2024).

Kennst du den Unterschied zwischen stabilen Wachstumsunternehmen und schwächelnden Firmen? Ihr ROIC – also die Fähigkeit, aus jedem investierten Euro deutlich mehr herauszuholen, als er gekostet hat.

Unternehmen mit einem nachhaltig hohen ROIC brauchen keine teuren Bankkredite oder verzweifelte Investorenrunden, um zu wachsen – sie finanzieren sich einfach selbst. Das bedeutet: mehr Kontrolle, weniger Abhängigkeit von Banken oder Kapitalmärkten und vor allem eine stärkere Marktposition.

Beispiel: Ein Unternehmen hat einen ROIC = 15 % und Kapitalkosten = 8 %. Das Unternehmen verdient also 7 % mehr, als es für sein eingesetztes Kapital bezahlen muss. Das ist wie ein Unternehmen mit einer permanent laufenden Gelddruckmaschine!

Wozu nutzen erfolgreiche Firmen diesen Vorteil?

- **Expansion:**
  Unternehmen können ohne große Fremdfinanzierung in neue Märkte oder Produkte investieren.
- **Forschung & Entwicklung:**
  Ständige Innovation sichert den Wettbewerbsvorteil (siehe *Apple* oder *Tesla*).
- **Krisenfestigkeit:**
  In wirtschaftlich schwierigen Zeiten bleiben solche Unternehmen stabil, da sie keine hohen Schuldenberge abbauen müssen.

Fazit
Ein Unternehmen mit hohem ROIC und geringen Kapitalkosten ist wie ein Spitzensportler, der mit wenig Aufwand überragende Leistungen erbringt. Investoren lieben solche Unternehmen, weil sie langfristig Wert generieren, unabhängig von der Wirtschaftslage. Wer die richtigen Kandidaten mit starkem ROIC findet, hat einen entscheidenden Vorteil an der Börse (Damodaran, 2007).

Warum übersteht *Coca-Cola* Marktkrisen?
Warum überlebt *Coca-Cola* seit Jahrzehnten jede Marktkrise, während andere Firmen kommen und gehen? Ganz einfach: **Ein nachhaltiger Wettbewerbsvorteil ist wie ein unsichtbarer Schutzschild**, der das Unternehmen vor Preiskriegen, Margendruck und disruptiven Innovationen schützt. Was ist die Geheimzutat erfolgreicher Unternehmen?

Es gibt verschiedene „Burggräben", die Unternehmen langfristig verteidigungsfähig machen:

- *Coca-Cola* hat eine **starke Marke** und kann seine Preise erhöhen, ohne Kunden zu verlieren – weil niemand eine No-Name Cola will.
- Discounter wie *Walmart* schlagen die Konkurrenz, weil sie günstiger einkaufen und effizienter arbeiten, das bringt **Kostenvorteile**.
- Unternehmen wie *ASML* dominieren die Halbleiterproduktion und haben einen **technologischen Vorsprung** – weil sie Maschinen herstellen, die niemand sonst bauen kann.

Unternehmen mit starken Wettbewerbsvorteilen zeichnen sich dadurch aus, dass sie ihre Kapitalrenditen auch in wirtschaftlich schwierigen Zeiten stabil halten können. Selbst wenn die Märkte einbrechen oder Konkurrenten versuchen, Marktanteile zu gewinnen, bleiben diese Unternehmen profitabel. Dies ist für Anleger von besonderer Bedeutung, da es eine langfristige Stabilität gewährleistet. Der entscheidende Vorteil solcher Unternehmen liegt im Compounding-Effekt: Gewinne werden kontinuierlich reinvestiert, wodurch der Unternehmenswert langfristig steigt. Aktionäre profitieren dabei, denn während sich das Unternehmen stetig weiterentwickelt, wächst auch ihr Vermögen – ein Prozess, der es ermöglicht, sich entspannt zurückzulehnen (Tarnovskaya, 2023).

Doch warum explodieren einige Unternehmen förmlich im Wert, während andere stagnieren? Die Antwort liegt in der Fähigkeit zur Skalierung und im Compounding-Effekt. Unternehmen mit hoher Kapitalrendite besitzen den besonderen Vorteil, ihre Gewinne immer wieder in neue, profitable Projekte zu investieren. Diese kontinuierliche Wiederholung führt zu einem exponentiellen Wachstum des Unternehmenswerts – ein Prinzip, das die Basis langfristiger finanzieller Erfolge bildet.

***Amazon* als Paradebeispiel**

Anstatt die Gewinne einfach auszuschütten, investierte *Amazon* jahrzehntelang in **Logistikzentren** für schnellere Lieferungen, **Technologien** wie Cloud-Computing (AWS) sowie **Neue Märkte**, von Streaming bis hin zu Künstlicher Intelligenz. Das Ergebnis? Ein unaufhaltsamer Wachstumszyklus, der den Aktienwert vervielfacht hat.

Wie profitieren Anleger davon?

» Der Compounding-Effekt ist wie ein Schneeball, der immer größer wird. Ein Euro, der heute in ein skalierbares Unternehmen investiert wird, kann über Jahre hinweg ein Vielfaches an Wert generieren – wenn das Unternehmen seine Gewinne klug reinvestiert.

Mein Profi-Tipp für dich

Langfristig denken zahlt sich aus! Geduldige Investoren, die auf skalierbare Geschäftsmodelle setzen, profitieren enorm – denn mit der Zeit entfaltet sich die volle Kraft dieses Wachstumselixiers (TipRanks, 2024).

4.1.6 Sondersituationen und Marktverzerrungen: Chancen durch Fehlbewertungen

Es gibt Zeiten, in denen der Markt vollkommen irrational reagiert – und genau dann öffnen sich für kluge Investoren außergewöhnliche Gelegenheiten. Sondersituationen entstehen oft durch plötzliche Kursstürze nach schlechten Nachrichten, vorübergehende Unternehmenskrisen oder eine allgemeine Panik an den Märkten. Während die Mehrheit der Anleger in solchen Momenten reflexartig verkauft, sehen erfahrene Investoren eine Chance, unterbewertete Unternehmen zu erwerben.

Ein klassisches Beispiel ist Warren Buffett, der in Krisenzeiten gezielt Unternehmen mit soliden Fundamentaldaten aufgekauft hat, die lediglich durch kurzfristige Marktängste abgestraft wurden. **Der Schlüssel liegt darin, zwischen echten Problemen und temporären Turbulenzen zu unterscheiden.** Ist ein Unternehmen strukturell gesund und langfristig wettbewerbsfähig, kann eine Marktkorrektur eine seltene Gelegenheit bieten, zu einem günstigen Preis einzusteigen.

Diese Strategie erfordert allerdings Nerven aus Stahl und eine gründliche Analyse. Wer sich von der allgemeinen Panik mitreißen lässt, verkauft oft zu Tiefstpreisen – wer hingegen den wahren Wert eines Unternehmens erkennt, kann von der irrationalen Angst anderer profitieren (Fischer et al., 2013).

Ein klassisches Beispiel für eine solche Sondersituation ist die **übertriebene Marktreaktion auf schlechte Nachrichten**. Man stelle sich folgendes Szenario vor: Ein etabliertes Unternehmen mit solider Marktstellung veröffentlicht eine schwache Quartalsbilanz oder gerät in einen vorübergehenden Skandal. Panik bricht aus, Anleger verkaufen hektisch, und der Aktienkurs fällt wie ein Stein. Doch erfahrene Investoren wissen: **Nicht jede Krise ist existenzbedrohend.** Häufig sind solche Kursstürze reine Übertreibungen, da kurzfristige Marktteilnehmer emotional reagieren, anstatt rational zu bewerten. Wer stattdessen ruhig bleibt und die Fundamentaldaten analysiert, erkennt schnell, ob das Unternehmen strukturell gesund ist oder ob es sich wirklich um eine langfristige Bedrohung handelt.

Das Erfolgsrezept?
Geduld und eine antizyklische Denkweise. Während andere noch in Panik verkaufen, kaufen clevere Investoren Qualitätsaktien mit einem satten Abschlag. Sobald sich die Lage beruhigt und das Unternehmen seinen Wert zurückgewinnt, profitieren sie von einer starken Erholung – oft mit einer beachtlichen Rendite.

Das ist, als würde man eine Luxusjacht zu einem Bruchteil ihres Wertes erwerben, nur weil sie einen Kratzer im Lack hat. **Wichtig ist, den Unterschied zwischen einer kosmetischen Delle und einem leckgeschlagenen Schiff zu erkennen** (Zakamulin, 2023).

Unternehmensübernahmen: Wenn der Markt zu nervös wird

Eine Fusion oder Übernahme kann den Aktienkurs eines Unternehmens auf den Kopf stellen – oft ohne echten Grund. Anleger geraten in Aufruhr, weil sie sich vor hohen Kosten, Integrationsproblemen oder regulatorischen Hürden fürchten. Doch während die Masse zweifelt, erkennen schlaue Investoren die Chancen:

- **Synergieeffekte**
- **Marktanteilsgewinne**
- **langfristige Skalierungsmöglichkeiten**

Ein berühmtes Beispiel ist *Amazons* Übernahme von *Whole Foods*. Viele zweifelten daran, dass der Tech-Gigant sich erfolgreich im traditionellen Einzelhandel etablieren könnte. Kritiker warnten vor unvereinbaren Unternehmenskulturen und einer zu teuren Expansion. Doch wer das große Ganze sah – *Amazons* Strategie, den Lebensmittelmarkt zu digitalisieren – konnte früh erkennen, dass dieser Deal langfristig enorme Vorteile bringen würde.

Der Schlüssel ist, **rationale Marktübertreibungen zu durchschauen.** Oft ist die anfängliche Unsicherheit größer als die tatsächlichen Risiken. Wer Unternehmen mit kluger Übernahmestrategie identifiziert, kann profitieren, lange bevor der Markt realisiert, dass der Zusammenschluss nicht das Ende, sondern der Beginn von etwas Größerem ist (Community, 2024).

Spin-offs: Wenn Ausgliederungen zum Goldschatz werden

Manchmal ist es für ein Unternehmen besser, sich zu teilen, als zusammenzubleiben – und genau hier entstehen oft riesige Chancen für Investoren. Spin-offs sind abgespaltene Unternehmensteile, die aus einem Mutterkonzern herausgelöst und als eigenständige Firmen an die Börse gebracht werden. Der Markt beachtet diese Neulinge zunächst oft kaum, weil sie nicht mehr unter dem bekannten Namen des Mutterkonzerns laufen. Doch genau hier liegt das Potenzial.

Diese frisch ausgegliederten Unternehmen sind häufig agiler, innovativer und fokussierter als zuvor. Ohne die starren Strukturen des Mutterkonzerns können sie sich gezielt auf ihr Kerngeschäft konzentrieren – und das kann ihr Wachstum regelrecht beflügeln. Ein berühmtes Beispiel ist die Abspaltung von *PayPal* durch *eBay*. Während viele Anleger die neue Eigenständigkeit skeptisch betrachteten, erkannten kluge Investoren die riesigen Chancen im boomenden digitalen Zahlungsverkehr – und wurden später für ihre Weitsicht belohnt.

Das Erfolgsgeheimnis bei Spin-offs? **Die richtigen Kandidaten finden.** Unternehmen, die bereits profitabel sind, einen klaren Wachstumspfad haben und von der Eigenständigkeit profitieren, können echte Renditebringer sein. Wer hier früh investiert, bevor der Markt das Potenzial erkennt, kann mitunter große Gewinne einfahren (McConnell & Ovtchinnikov, 2004).

Konträre Investitionen: Die besten Deals lauern dort, wo niemand hinsieht

An der Börse gibt es ein ungeschriebenes Gesetz: **Das beste Geschäft macht man dort, wo alle anderen Angst haben.** Während die breite Masse reflexartig vor bestimmten Aktien zurückschreckt, wittern kluge Investoren gerade dann ihre Chance. Dieses Prinzip des „konträren Denkens" – also bewusst gegen den Mainstream zu investieren – hat bereits so manche Erfolgsgeschichten geschrieben.

Ein Unternehmen wird von schlechten Nachrichten getroffen, der Kurs bricht ein, Analysten senken ihre Prognosen – und plötzlich will niemand mehr die Aktie haben. Doch genau hier lohnt sich ein zweiter Blick. Ist das Geschäftsmodell intakt? Sind die Probleme temporär? Falls ja, könnte sich hier ein echtes Schnäppchen verbergen.

Peter Lynch, einer der erfolgreichsten Fondsmanager aller Zeiten, setzte bewusst auf solche vernachlässigten Aktien. Während andere verkauften, kaufte er gezielt Unternehmen, die zu Unrecht abgestraft wurden. Sein Erfolgsrezept? Geduld und ein Blick für das langfristige Potenzial. Was heute eine „Problem-Aktie" ist, kann sich in ein paar Jahren als Wachstumsrakete entpuppen (Rovetta, 2006).

Mein Profi-Tipp für dich

Investieren gegen den Strom erfordert Mut – doch wer sich traut, kann Renditen erzielen, von denen andere nur träumen.

4.1.7 Fine-to-Great Unternehmen: Die Transformation zum Marktführer

An der Börse gibt es Unternehmen, die lange unter dem Radar fliegen – solide, aber unspektakulär. Und dann: Neue Führungsebene mit Visionen, ein kluger Strategiewechsel, ein bahnbrechendes Produkt oder eine clevere Übernahme – **plötzlich wird aus Durchschnitt Exzellenz.** Diese Fine-to-Great-Transformationen sind keine Zufälle. Oft stecken gezielte Investitionen in Innovation, neue Märkte oder effizientere Strukturen dahinter.

Neues Management, neue Chancen: Wenn frischer Wind den Kurs verändert

Es gibt Momente, in denen ein einziges Gesicht die Zukunft eines Unternehmens umkrempelt – der Moment, wenn ein neuer CEO oder ein erneuertes Führungsteam das Ruder übernehmen.

Warum ist das so spannend für Investoren? Weil genau hier oft der Wendepunkt beginnt. **Ein Wechsel an der Spitze bringt neue Ideen, mutige Strategien und manchmal sogar eine komplette Neuausrichtung mit sich.** Alte Zöpfe werden abgeschnitten, unrentable Geschäftsbereiche abgestoßen und Innovationen mit neuem Elan vorangetrieben.

Mit seiner visionären Führung, einem radikalen Produktfokus und einer Prise Genie machte Steve Jobs *Apple* in wenigen Jahren zum wertvollsten Unternehmen der Welt. Aber auch weniger spektakuläre Fälle haben großes Potenzial: *Starbucks* unter Howard Schultz, *Microsoft* unter Satya Nadella oder *Disney* mit Bob Iger – alles Fälle, in denen ein Managementwechsel frischen Wind brachte und den Unternehmenswert vervielfachte.

Was bedeutet das für Investoren?

» Wer früh erkennt, dass ein neuer CEO mit einer klaren Strategie das Ruder übernimmt, kann an der Börse oft satte Gewinne einfahren. Natürlich gibt es keine Garantie für Erfolg – aber wenn ein erfahrener Turnaround-Manager oder ein visionärer Unternehmer das Zepter übernimmt, lohnt es sich, genauer hinzusehen (Vozza, 2013).

Innovation als Wachstumsmotor: Wenn Unternehmen mutig in die Zukunft investieren

Stillstand ist Rückschritt – das gilt besonders in der Wirtschaft. Die erfolgreichsten Unternehmen sind nicht die, die nur auf Bewährtes setzen, sondern die, die den Mut haben, neue Wege zu gehen.

Zielgerichtete Investitionen in Innovation und Forschung sind oft der Schlüssel, um aus einem soliden Unternehmen einen Marktführer zu machen. Wer frühzeitig auf neue Technologien oder disruptive Geschäftsmodelle setzt, kann der Konkurrenz einen entscheidenden Schritt voraus sein. Ein Paradebeispiel? *Netflix*. Ursprünglich als einfacher DVD-Verleih gestartet, erkannte das Unternehmen früh das Potenzial von Streaming. Statt sich auf das bestehende Geschäft zu verlassen, investierte *Netflix* massiv in Technologie und eigene Inhalte – und wurde damit zur unangefochtenen Nummer eins im Markt.

Was bedeutet das für Investoren?

» Wer Unternehmen erkennt, die gezielt in die Zukunft investieren – und das richtige Gespür für Timing hat – kann von diesen Innovationen enorm profitieren. Die Herausforderung? Herauszufinden, welche Firmen echte Visionäre sind und welche nur Trends hinterherlaufen (Agazu & Kero, 2024).

Der Kunde als Wachstumstreiber: Warum Zuhören den Unterschied macht

Es gibt eine einfache Wahrheit, die oft unterschätzt wird: **Unternehmen, die ihre Kunden wirklich verstehen, wachsen schneller und nachhaltiger als ihre Konkurrenz.**

Was du daraus lernen kannst
Die erfolgreichsten Firmen sind nicht unbedingt die mit der besten Technologie oder den tiefsten Taschen – sondern die, die ihre Produkte und Dienstleistungen konsequent an den Wünschen ihrer Kunden ausrichten.

Ein Inbegriff dessen? *Amazon*. Anfangs nur ein einfacher Online-Buchhändler, erkannte das Unternehmen früh, dass Kunden vor allem Bequemlichkeit, schnelle Lieferung und eine große Auswahl schätzen. *Amazon* setzte genau hier an:

- **Personalisierte Empfehlungen** auf Basis von Kaufverhalten
- **Ein-Klick-Bestellungen**, um den Kaufprozess zu vereinfachen
- ***Prime*-Mitgliedschaft**, die Kunden durch exklusive Vorteile langfristig bindet

Das Ergebnis? Eine Marktdominanz, die auf **extremer Kundenorientierung** basiert. Aber *Amazon* ist nicht allein: ***Apple*** perfektionierte sein Ökosystem, indem es Nutzerfeedback nutzte, um *iPhones*, *iPads* und *MacBooks* nahtlos miteinander zu verknüpfen. ***Netflix*** analysiert Zuschauergewohnheiten und produziert Serien, die genau den Geschmack seines Publikums treffen. ***Starbucks*** hört auf seine Kunden und passt Angebote sowie das Filialdesign regelmäßig an deren Wünsche an.

Für Investoren heißt das: **Firmen, die aktiv zuhören und sich flexibel anpassen, haben einen klaren Vorteil.** Sie schaffen langfristige Kundenloyalität – und genau das ist eine der stärksten Wachstumsstrategien überhaupt (Alumni, 2016).

Wachstum durch clevere Übernahmen: Das Geheimnis der „Bolt-on-Akquisition"

Manche Unternehmen setzen nicht auf revolutionäre Innovationen oder aggressive Expansion, sondern wachsen Schritt für Schritt – durch **gezielte Übernahmen.**

Das Prinzip der „**Bolt-on-Akquisition**": Statt riesige Fusionen mit hohen Risiken einzugehen, werden kleinere, perfekt passende Unternehmen übernommen. Diese werden nahtlos ins bestehende Geschäftsmodell integriert, ohne große Umstrukturierungen. Auf diese Weise wächst das Unternehmen organisch, indem es kontinuierlich neue Märkte, Technologien oder Produkte erschließt.

Ein Meister dieser Strategie? *Berkshire Hathaway*. Unter Warren Buffett wurden über Jahrzehnte hinweg hunderte Unternehmen gekauft, von Versicherungen bis hin zu Eisenbahngesellschaften - alle sorgfältig ausgewählt, um das Konglomerat zu stärken. Weitere erfolgreiche Beispiele:

- ***Facebook (Meta):***
  Durch den Kauf von *Instagram* und *WhatsApp* hat *Meta* seine Social-Media-Dominanz gesichert.
- ***Microsoft:***
  Der Zukauf von *LinkedIn*, *GitHub* und *Activision Blizzard* stärkte *Microsofts* Position in den Bereichen Business, Software und Gaming.
- ***Disney***:
  Die Übernahme von *Pixar*, *Marvel* und *Lucasfilm* machte *Disney* zur unangefochtenen Macht im Entertainment-Sektor.

Was bedeutet das für Investoren?

» Unternehmen, die dieses Akquisitionsmodell erfolgreich umsetzen, bieten langfristige Wachstumschancen. Sie gewinnen stetig an Marktanteilen, ohne sich in riskante Umstrukturierungen zu verstricken - ein echter „Fine-to-Great“-Pfad (Shawhan, 2022).

Für Investoren, die ein Gespür für diese Wandelprozesse haben, sind solche Unternehmen wahre Goldgruben. Wer das Potenzial erkennt, bevor der breite Markt es realisiert, kann an einer der profitabelsten Phasen eines Unternehmens teilhaben: dem Moment, in dem sich solide Fundamentaldaten mit exponentiellem Wachstum vereinen.

Doch der Schlüssel ist das richtige Timing. Wer zu früh investiert, braucht Geduld - wer zu spät kommt, verpasst den größten Teil des Aufschwungs. Deshalb gilt: **Augen offen halten, Entwicklungen genau verfolgen und bei den ersten Anzeichen von Fine-to-Great mutig zugreifen** (Hunter et al., 2018).

4.2 Wichtige Faktoren bei der Immobilienauswahl

In diesem Abschnitt werden die wesentlichen Kriterien beleuchtet, die ein solides Immobilieninvestment auszeichnen.

4.2.1 Der Standort und seine Rolle beim Immobilienwert

„Lage, Lage, Lage" – so abgedroschen es klingt, so wahr ist es auch. Der Standort ist der Königsmacher jeder Immobilie. Noch bevor jemand die Tür öffnet oder die Raumaufteilung begutachtet, zählt nur eins: Wo steht das Gebäude? Ein erstklassiger Standort kann eine durchschnittliche Immobilie in eine Goldgrube verwandeln. Eine schicke Villa im Nirgendwo? Kaum gefragt. Eine sanierungsbedürftige Altbauwohnung mitten in einer boomenden Stadt? Ein Volltreffer für Investoren.

Aber warum spielt der Standort eine so große Rolle?

» **Angebot & Nachfrage:**
In begehrten Lagen bleibt die Nachfrage hoch, während das Angebot begrenzt ist – und das treibt die Preise nach oben.

» **Infrastruktur & Wirtschaft:**
Gute Verkehrsanbindung, Schulen, Geschäfte und Arbeitsplätze in der Nähe steigern die Attraktivität.

» **Entwicklungspotenzial:**
Wer frühzeitig in eine aufstrebende Lage investiert, kann vom Wertzuwachs profitieren, wenn der Stadtteil an Beliebtheit gewinnt.

Beispiel: Ein kleines Apartment in München-Schwabing kann mehr wert sein als ein ganzes Haus in einer schrumpfenden Kleinstadt. Warum? München wächst und die Nachfrage enorm ist.

Zentrale Stadtlagen sind für Immobilien-Investoren

Je kürzer der Weg, desto wertvoller die Immobilie. Menschen wollen nicht stundenlang pendeln – sie suchen nach Orten, an denen sie wohnen, arbeiten und leben können, ohne wertvolle Zeit zu verlieren.

Warum sind zentrale Lagen so wertvoll?

- **Nähe zu Arbeitsplätzen:**
  Je kürzer der Arbeitsweg, desto attraktiver die Wohnung.
- **Gute Infrastruktur:**
  Öffentliche Verkehrsmittel, Schulen und Supermärkte direkt vor der Tür.
- **Lebensqualität:**
  Restaurants, Parks und Freizeitangebote machen das Wohnen angenehmer.
- **Wertstabilität:**
  Selbst in wirtschaftlich schwierigen Phasen bleiben zentrale Immobilien gefragt.

Deshalb sind Immobilien in zentralen Stadtlagen immer gefragt. Wer in Berlin-Mitte, München-Schwabing oder Hamburg-Eppendorf investiert, kann sicher sein, dass die Nachfrage stabil bleibt – selbst in Krisenzeiten.

Das Ergebnis: **Selbst kleine Wohnungen erzielen in Top-Lagen Höchstpreise.** Investoren profitieren von steigenden Mieten und langfristiger Wertsteigerung.

Mein Profi-Tipp für dich

Ein guter Standort ist der beste Schutz gegen Wertverluste. In zentralen Lagen steigt der Wert oft „wie von allein“ (Laziou et al., 2024).

Zukunftsaussichten

Nicht nur die zentrale Lage in der Stadt, sondern auch die **Zukunftsaussichten** des Standorts haben einen starken Einfluss auf den Immobilienwert. Oftmals sind Standorte, die auf den ersten Blick vielleicht nicht viel hergeben, das perfekte Investment, weil sie in einer aufstrebenden Gegend liegen. Solche Viertel werden oft unterschätzt, aber sobald eine Gegend durch Infrastrukturprojekte oder eine wachsende Kulturszene aufgewertet wird, schießen die Preise in die Höhe. In Städten wie Leipzig oder

Frankfurt wurden frühzeitig entdeckte Viertel später zu echten Goldgruben. Wer solche aufstrebenden Orte findet, bevor die Massen es tun, kann eine Wertsteigerung erleben, die andere nur erträumen können. Hier zeigt sich erneut, dass **Geduld die beste Freundin des Investors** ist (Nocca, 2017).

Umfeld und demografischer Wandel

Auch das **soziale Umfeld** und die **demografischen Faktoren des Standorts** spielen eine große Rolle. Familien achten auf Sicherheit und gute Schulen, junge Berufstätige suchen trendige Cafés und Freizeitmöglichkeiten. **Jeder Standort hat sein eigenes Profil**, das zu bestimmten Zielgruppen passt. Diese Nachfrage beeinflusst den Wert. Ein Viertel mit guter Infrastruktur und geringem Kriminalitätsaufkommen zieht beispielsweise Familien an, was die Preise stabil und oft höher hält. Dagegen können Gegenden mit sozialem Abstieg, hoher Arbeitslosigkeit oder wenig Infrastruktur den Wert einer Immobilie negativ beeinflussen. Hier ist es klug, sich nicht nur auf den aktuellen Zustand, sondern auch auf die Zukunftsaussichten zu konzentrieren. Investoren, die das soziale Potenzial eines Standorts erkennen, können langfristig Gewinne erzielen (De Vries & Voß, 2018).

Umwelteinflüsse

Zusätzlich prägen **Umwelteinflüsse** den Standortwert. Regionen mit viel Grün, Parks und einer guten Luftqualität sind für Bewohner anziehend. Niemand möchte neben einer lauten Autobahn oder einem Industriegebiet wohnen. Der Wert einer Immobilie kann durch natürliche Schönheit oder attraktive Landschaften immens gesteigert werden. Seeblick, Strandnähe oder einfach eine ruhige, grüne Lage haben einen hohen Reiz und locken zahlungskräftige Käufer an. Auch die Nähe zu wichtigen Verkehrsverbindungen wie Autobahnen oder Flughäfen wirkt sich positiv auf den Standort aus – vorausgesetzt, es kommt nicht zur Lärmbelästigung (Cellmer et al., 2012).

Fazit
Die schönste Immobilie verliert ihren Wert, wenn sie am falschen Ort steht. Wer in Immobilien investieren will, sollte zuerst den Standort analysieren – und dann erst über Grundrisse und Ausstattung nachdenken (Kucklick & Müller, 2020).

4.2.2 Markttiming: Wie Milliardäre von Wirtschaftstrends profitieren

Warum Milliardäre beim Immobilienmarkt auf Timing setzen

Der Unterschied zwischen einem guten Deal und einem spektakulären Gewinn? Das richtige Timing. Milliardäre überlassen nichts dem Zufall. Sie analysieren Wirtschaftstrends, beobachten Zinssätze, Beschäftigungsquoten und Konsumverhalten – und schlagen erst dann zu, wenn die Zeichen auf Gewinn stehen. Die goldene Regel des Markttimings lautet: Märkte bewegen sich in Zyklen. Hierbei kann man zwei Phasen ausmachen:

In der Boomphase steigen die Preise, und das Konsumentenvertrauen erreicht einen Höhepunkt. Viele Anleger nutzen diese positive Stimmung, um ihre Investments gewinnbringend zu verkaufen. In Zeiten wirtschaftlicher Euphorie sind die Bewertungen hoch, und es scheint, als könne der Aufwärtstrend ewig anhalten.

Doch die nächste Phase lässt nicht lange auf sich warten: der Abschwung. Wenn der Markt korrigiert und die Preise – insbesondere im Immobiliensektor – deutlich sinken, wird es ruhig um viele Privatanleger. Milliardäre hingegen erkennen gerade jetzt die Chance und kaufen gezielt ein. Während die breite Masse aufgrund von Unsicherheit und Verlustängsten zurückschreckt, nutzen diese erfahrenen Investoren die gesunkenen Bewertungen, um ihr Vermögen strategisch auszubauen.

Welchen Vorteil hast du als Investor?

» Du bleibst geduldig, während andere in Panik verkaufen.

Fazit
Wer Immobilien strategisch kauft und verkauft, maximiert langfristig seinen Gewinn. Die besten Deals entstehen dabei jedoch nicht in wirtschaftlichen Boomzeiten – sondern gerade in Krisenphasen, wenn die meisten Anleger aus Angst vor weiteren Verlusten verkaufen (Weaver, 2024).

Milliardäre haben längst erkannt, dass Krisen nicht als Bedrohung, sondern als einzigartige Gelegenheit betrachtet werden sollten. Während die Mehrheit der Investoren in Panik verfällt und ihre Immobilien abstößt, nutzen kluge Investoren genau diese Momente, um zuzuschlagen. Sie wissen: Wenn die Nachfrage sinkt und die Preise fallen, entstehen die besten Schnäppchen.

Ein eindrucksvolles Beispiel hierfür lieferte Warren Buffett nach dem **Immobiliencrash 2008**: Während viele Marktteilnehmer Verluste hinnehmen mussten und verunsichert waren, kaufte Buffett massiv vergünstigte Immobilienpakete auf. Die Strategie zahlte sich aus – Jahre später erzielte er damit Milliardengewinne.

Wer also den Mut hat, in Abschwungphasen zu investieren, wird in der nächsten Boomphase die Früchte seiner Weitsicht ernten – mit immensen Renditen als Belohnung (Doyle, 2018).

Milliardäre investieren nicht einfach blindlings in den Markt – sie setzen gezielt auf Makrotrends, die das Potenzial haben, über Jahre hinweg Werte zu steigern. Diese Strategie beruht nicht auf kurzfristigen Spekulationen, sondern auf fundierter Analyse und Weitsicht. Ein herausragendes Beispiel dafür ist die fortschreitende Urbanisierung: Immer mehr Menschen ziehen in Metropolen und Großstädte, was die Nachfrage nach Wohnraum kontinuierlich steigen lässt. Diese Entwicklung führt zu einem langfristigen Anstieg der Immobilienpreise – eine Dynamik, die vorausschauende Investoren frühzeitig erkennen und nutzen.

Erfolgreiche Investoren wissen: **Weitsicht ist ihre Geheimwaffe**. Während die Mehrheit noch zögert oder abwartet, positionieren sich kluge Anleger rechtzeitig in wachstumsstarken Regionen. Sie erkennen aufkommende Trends bereits, bevor sie für die breite Masse offensichtlich werden, und sichern sich dadurch strategische Vorteile. Langfristiges Denken zahlt sich dabei besonders aus: Wer heute die Städte identifiziert, die in zehn Jahren boomen werden, investiert nicht nur in eine einzelne Immobilie – sondern in die Zukunft. Dieses vorausschauende Handeln sichert nachhaltige Wertsteigerungen und eröffnet attraktive Renditechancen (Dasgupta et al., 2014).

Milliardäre spielen nicht nach den Regeln der Masse – sie lesen zwischen den Zeilen der Wirtschaft und setzen auf langfristige Strategien, die für andere oft unsichtbar bleiben.

Fazit

Erfolgreiche Immobilieninvestoren wissen genau, welche unsichtbaren Markttreiber den Markt beeinflussen – und sie nutzen dieses Wissen clever für sich. Ein entscheidender Faktor sind die Zinsen: Wenn die Zinsen niedrig sind, steigen die Immobilienpreise, weil günstige Kredite viele Käufer anlocken. Doch sobald die Zinsen wieder steigen, wird das Kapital teurer und die Märkte kühlen schnell ab. Während viele in Boomzeiten teuer einkaufen, investieren die richtigen Vermögenden in Abschwungphasen – genau dann, wenn die Konkurrenz schläft.

Ein weiterer Schlüssel zum langfristigen Erfolg ist die Demografie. Wenn du heute in Immobilien investierst, solltest du dir genau überlegen, wer sie in Zukunft bewohnen wird. Junge Berufstätige suchen moderne City-Apartments, während eine älter werdende Gesellschaft barrierefreie Wohnräume braucht. Wer frühzeitig erkennt, wo die Nachfrage von morgen entsteht, sichert sich wertvolle Chancen.

Der entscheidende Unterschied zwischen Spekulanten und visionären Investoren liegt in ihrer Denkweise. Während die einen auf schnelle Gewinne hoffen, bauen die anderen mit klarem Blick auf fundamentale Entwicklungen ihr Vermögen auf. Investiere nicht einfach blind in Immobilien – gestalte die Märkte der Zukunft aktiv mit (Tripathi, 2024).

4.2.3 Immobilienverwaltung und der Einfluss auf langfristige Renditen

Der wahre Unterschied: Besitz vs. Management

Eine Immobilie kann ein Goldesel sein – oder eine endlose Baustelle. Der Schlüssel liegt nicht nur im Besitz, sondern in der richtigen Verwaltung. Gut geführte Immobilien generieren stabile Mieteinnahmen, steigern ihren Wert und sparen langfristig Kosten. Schlechte Verwaltung hingegen kann jede noch so lukrative Investition ruinieren.

Die Kunst, den perfekten Mieter zu finden

Der richtige Mieter ist Gold wert: pünktliche Zahlungen, respektvoller Umgang mit der Immobilie und langfristige Stabilität. Doch solche Mieter kommen nicht von allein – sie müssen gezielt gefunden werden. Profis nehmen sich Zeit für Bonitätsprüfungen, Referenzen und persönliche Gespräche. Milliardäre wissen: Ein kurzzeitig leer stehendes Apartment ist oft besser als ein Mieter, der nicht zahlt oder Schäden hinterlässt.

Wertsteigerung durch kluge Verwaltung

Eine gut verwaltete Immobilie ist nicht nur eine Einnahmequelle, sondern auch eine Wertanlage. Regelmäßige Instandhaltung, moderne Ausstattung und zufriedene Mieter sorgen dafür, dass der Marktwert steigt. Erfolgreiche Investoren kümmern sich um ihre Immobilien wie um ihr eigenes Geschäft – mit System, Strategie und Weitblick (Digital, 2023).

Instandhaltung: Der unterschätzte Schlüssel zum Erfolg

Eine Immobilie ist kein Selbstläufer – wer sie vernachlässigt, verliert. Erfolgreiche Investoren wissen: Wer regelmäßig in Wartung und Pflege investiert, spart langfristig Geld und steigert den Wert der Immobilie. Kleinere Reparaturen, wie ein undichter Wasserhahn oder abgenutzte Wände, sollten sofort erledigt werden. Wartet man zu lange, kann aus einem kleinen Problem schnell eine kostspielige Baustelle werden.

Wer spart, zahlt später doppelt

Billige Instandhaltung führt oft zu teuren Schäden. Eine defekte Heizung, ein undichtes Dach oder Feuchtigkeit in den Wänden – solche Probleme eskalieren schnell und mindern den Immobilienwert. Außerdem schrecken schlecht gepflegte Objekte solvente Mieter ab. Investoren, die frühzeitig handeln, können hingegen höhere Mieten verlangen und erstklassige Mieter anziehen.

Vorsorge ist besser als Nachsorge

Das Prinzip ist simpel: Eine gut gepflegte Immobilie bleibt langfristig wertstabil und profitabel. Erfolgreiche Immobilienbesitzer denken wie Unternehmer – sie warten nicht auf Probleme, sondern beugen aktiv vor. Wer diese Strategie ignoriert, merkt oft erst zu spät, dass sein vermeintliches Schnäppchen zu einem Fass ohne Boden geworden ist (Intempus, 2024).

Der geheime Hebel für mehr Rendite: Cleveres Kostenmanagement in der Immobilienverwaltung

Eine Immobilie kann noch so gut gelegen sein – wenn die Kosten außer Kontrolle geraten, schmelzen die Gewinne dahin wie Schnee in der Sonne. Versicherungen, Nebenkosten, Maklergebühren – all das summiert sich schneller, als vielen bewusst ist.

Erfolgreiche Investoren wissen: Jedes gesparte Prozent geht direkt in die eigene Tasche. Deshalb überlassen sie nichts dem Zufall. Spezialisierte Verwaltungsfirmen helfen, unnötige Ausgaben zu identifizieren und Sparpotenziale konsequent zu nutzen. Beispielsweise lassen sich durch kluge Wartungsverträge mit Handwerkern oder effizientere Betriebskostenmodelle jährlich Tausende Euro sparen. Denn am Ende des Tages zählt nur eines: Der Nettoertrag. Und der wächst mit jedem clever eingesparten Euro (Straub, 2009).

Der unterschätzte Erfolgsfaktor: Mieter als Partner statt Kostenfaktor

Viele sehen Mieter nur als Einkommensquelle – clevere Investoren jedoch als Schlüssel zu langfristiger Rentabilität. Denn ein zufriedener Mieter bleibt, zahlt pünktlich und schont dein Budget, indem er teure Leerstände und Neuvermietungskosten vermeidet.

Der geheime Trick? Kommunikation und Wertschätzung

Regelmäßige Gespräche oder kleine Umfragen zeigen, was verbessert werden kann. Ein freundliches Wort, schnelle Reparaturen oder ein kleiner Bonus für langjährige Mieter können Wunder wirken. Wer auf diese Weise eine starke Bindung aufbaut, hält seine Immobilie nicht nur voll vermietet, sondern steigert auch langfristig den Wert. **Kurzfristiges Denken kostet Geld – langfristige Mieterbindung bringt Vermögen** (D. Sanderson, 2018).

4.3 Sektorspezifische Einblicke

In diesem Abschnitt geht es darum, wie die spezifischen Eigenschaften verschiedener Branchen genutzt werden können, um kluge Entscheidungen zu treffen und langfristig erfolgreich zu investieren.

4.3.1 Technologiewerte vs. Konsumgüter: Wichtige Kennzahlen für jeden Sektor

Tech-Aktien: Der Hochgeschwindigkeitszug zum Vermögen – aber ohne Notbremse?

Wer in Tech-Werte investiert, steigt in eine Rennmaschine auf der Überholspur – aber nicht jeder kommt heil ins Ziel. Hier zählt Wachstum um jeden Preis: Wer seinen Marktanteil nicht ausbaut, wird überrollt. Das Umsatzwachstum ist der Pulsschlag eines Tech-Unternehmens – schlägt es nicht stark genug, ist schnell Game over. *Amazon*, *Google* & Co. haben es vorgemacht: Sie erobern neue Märkte, skalieren blitzschnell und erweitern ständig ihre Einnahmequellen. Doch Wachstum allein reicht nicht. Die Bruttogewinnmarge entscheidet, ob das Unternehmen nur Umsatz „verbrennt" oder tatsächlich Profitabilität in Sicht ist.

Investoren müssen wachsam sein: **Bei Tech-Aktien geht es nicht um langsame, sichere Renditen – es geht um den nächsten**

großen Sprung. Wer die Zeichen der Zeit erkennt, kann vom nächsten *Amazon* profitieren. Wer sie ignoriert, verliert – und zwar schnell (Rao, 2023).

Bruttogewinnmarge

Wer wirklich wissen will, wie profitabel ein Unternehmen arbeitet, muss einen Blick auf die Bruttogewinnmarge werfen. Sie zeigt, wie viel von jedem verdienten Euro übrig bleibt, nachdem die direkten Kosten gedeckt sind. Und genau hier trennt sich in der Tech-Branche die Spreu vom Weizen: Es ist ihr geheimes Erfolgsrezept.

Apple ist das perfekte Beispiel: Während andere Hersteller um jeden Cent kämpfen, verkauft *Apple* seine Produkte mit einer der höchsten Margen der gesamten Branche. Warum? Weil ihre Geräte nicht nur Technik, sondern ein Statussymbol sind – und Millionen von Kunden bereit sind, Premiumpreise zu zahlen. Gleichzeitig hält *Apple* die Produktionskosten unter Kontrolle, was die Marge zusätzlich stärkt.

Für Investoren ist eine hohe Bruttogewinnmarge ein starkes Signal für Rentabilität und Marktmacht. Sie zeigt, dass ein Unternehmen entweder ein begehrtes Produkt oder eine extreme Effizienz in der Kostenstruktur hat. In einer Branche, in der Innovationen Milliarden kosten, kann genau das den Unterschied zwischen einer Kursrakete und einem sinkenden Schiff ausmachen (Tarver, 2021).

Forschung & Entwicklung

In der Tech-Welt bedeutet Stillstand Rückschritt. Nur Unternehmen, die massiv in Forschung und Entwicklung (F&E) investieren, bleiben an der Spitze. Genau deshalb pumpen Tech-Giganten wie *Tesla* und *Microsoft* jedes Jahr Milliarden in neue Technologien, um nicht nur mitzuhalten, sondern die Konkurrenz abzuhängen.

Tesla perfektioniert seine Batterietechnologie, ***Microsoft*** setzt auf Künstliche Intelligenz – und beide wissen: **Wer heute nicht innoviert, ist morgen irrelevant.** Ein hohes F&E-Budget ist für Investoren daher ein starkes Zeichen für Zukunftsfähigkeit. Denn Unternehmen, die in die nächste Produktgeneration investieren, bauen sich einen uneinholbaren Vorsprung auf.

Aber Vorsicht: **Geld allein garantiert keinen Erfolg.** Entscheidend ist, **wie effizient ein Unternehmen seine F&E-Ausgaben nutzt**. Wer es schafft, Forschung in profitable Produkte umzuwandeln, wird nicht nur Innovationstreiber – sondern auch langfristig ein Gewinner an der Börse (Rao, 2024).

Konsumgüteraktien: Stabilität statt Speed

Während Tech-Unternehmen mit Innovationen und rasantem Wachstum glänzen, setzen Konsumgüterkonzerne auf Beständigkeit und Verlässlichkeit. Hier zählen nicht die neuesten Trends, sondern **solide Gewinne und stabile Ausschüttungen**.

Dividendenrendite
Ein Unternehmen, das zuverlässig Dividenden zahlt, beweist: Die Geschäfte laufen, die Gewinne sind stabil. Giganten wie *Procter & Gamble* oder *Unilever* haben über Jahrzehnte hinweg ihre Dividenden stetig erhöht – ein Traum für Investoren, die auf verlässliche Einkommensströme setzen.

Das KGV
Das Kurs-Gewinn-Verhältnis (KGV) verrät, **ob eine Aktie über- oder unterbewertet ist**. Ein niedriges KGV kann eine Kaufchance bedeuten – sofern das Unternehmen stabile Gewinne und Cashflows liefert. Für Langfrist-Investoren sind **defensive Konsumgüteraktien** deshalb eine sichere Bank in turbulenten Marktphasen. Sie sind die Felsblöcke im Portfolio, die auch in stürmischen Zeiten nicht ins Wanken geraten (Arhinful et al., 2024).

Markentreue und Marktanteil
Während Tech-Firmen ständig neue Innovationen liefern müssen, setzen Konsumgüterunternehmen auf etwas, das noch wertvoller ist: Kundenloyalität. Wer einmal eine starke Marke etabliert hat, kann sich selbst in wirtschaftlich schwierigen Zeiten auf stabile Einnahmen verlassen.

***Coca-Cola*: Eine Marke, die Generationen überdauert**
Niemand muss sich jedes Jahr fragen, ob *Coca-Cola* „noch relevant" ist. Die Marke ist so tief in den Konsumgewohnheiten der Menschen verankert, dass ihre Produkte weltweit gefragt bleiben – egal ob Krise oder Boom. Investoren wissen: Ein Unter-

nehmen mit hohem Marktanteil und starker Kundenbindung ist ein verlässlicher Gewinnbringer.

Kostenstruktur: Wer sie meistert, bleibt profitabel
Nicht nur die Marke zählt – auch die Effizienz hinter den Kulissen entscheidet über langfristigen Erfolg. Giganten wie *Nestlé* und *Unilever* haben bewiesen, dass sie auch bei steigenden Rohstoffpreisen ihre Margen verteidigen können. Wer seine Lieferketten im Griff hat und Kosten strategisch optimiert, bleibt selbst in unsicheren Zeiten ein Fels in der Brandung (Tulabandhula et al., 2022).

Fazit
Wenn du in Tech-Aktien investierst, setzt du auf Wachstum und Innovation – aber auch auf ein hohes Risiko. Die großen Gewinner sind die Unternehmen, die nicht nur ihren Umsatz steigern, sondern auch eine solide Bruttogewinnmarge vorweisen können. Achte darauf, welche Firmen ihre Gewinne effizient reinvestieren und ständig an neuen Technologien arbeiten. Gleichzeitig solltest du nicht unterschätzen, dass Konsumgüteraktien eine wertvolle Stabilität ins Portfolio bringen können. Unternehmen mit starker Markenbindung und effizienter Kostenstruktur bleiben auch in Krisenzeiten profitabel und bieten zuverlässige Dividenden.

Kurz gesagt: Setze auf Tech-Aktien, wenn du Wachstumspotenzial nutzen willst – aber sichere dein Depot mit bewährten Konsumgüterwerten ab, um langfristig die Balance zu halten.

4.3.2 Gewerbe- vs. Wohnimmobilien: Was wohlhabende Investoren beachten

Wohlhabende Investoren wissen, dass Gewerbe- und Wohnimmobilien zwei völlig verschiedene Spielarten des Immobilienmarktes sind – beide können profitabel sein, doch auf ganz eigene Weise.

Warum sind Wohnimmobilien so stabil?

- Wohnimmobilien punkten mit Planbarkeit und Krisenresistenz. Menschen brauchen immer ein Dach über dem Kopf – egal ob Boom oder Rezession. Besonders in Städten, wo

Wohnraum knapp ist, bleiben die Mietnachfrage und die Renditen konstant.

Ein cleverer Investor mit gut verwalteten Wohnungen in Top-Lagen sichert sich dadurch eine zuverlässige Einkommensquelle, die sich auch in turbulenten Zeiten bewährt. Denn während Unternehmen in wirtschaftlichen Krisen ihre Büros verkleinern oder Standorte schließen, bleibt Wohnraum gefragt – ein Vorteil, der Wohnimmobilien unschlagbar macht (Czerniak & Rubaszek, 2018).

Gewerbeimmobilien: Höhere Risiken, höhere Chancen

Hier geht es nicht um gemächliche Mieteinnahmen – Gewerbeimmobilien sind das Spielfeld der risikofreudigen Investoren. Von Bürogebäuden über Einzelhandelsflächen bis hin zu Logistikzentren: Diese Objekte boomen im Aufschwung, aber schwanken in der Krise.

Wachstum und Einbrüche: Das Konjunktur-Spiel
Wenn die Wirtschaft floriert, schießen neue Büros, Shops und Lagerhallen aus dem Boden. Unternehmen expandieren, mieten größere Flächen, stellen mehr Mitarbeiter ein – die Mieten steigen. Doch das Blatt kann sich schnell wenden: In Rezessionen bleiben Büros leer, Ladenflächen stehen verwaist, und Vermieter müssen umdenken.

Deshalb sind Flexibilität und Timing entscheidend. Wer Gewerbeimmobilien besitzt, muss die Wirtschaft im Blick haben und seine Strategie anpassen. **Mit den richtigen Mietern, flexiblen Mietverträgen und klugen Standorten lassen sich jedoch beeindruckende Renditen erzielen** – wenn man bereit ist, das Risiko einzugehen (Peng, 2010).

Lage, Lage, Lage – bei Gewerbeimmobilien noch entscheidender
Bei Wohnimmobilien ist die Lage wichtig – bei Gewerbeimmobilien kann sie alles entscheiden. Während eine Wohnung in einer ruhigen Wohngegend gefragt sein kann, müssen Einzelhandelsflächen, Büros und Lagerhallen strategisch positioniert sein, um erfolgreich zu sein.

- **Einzelhandel:**
  Hier zählt Sichtbarkeit. Innenstädte, Einkaufszentren oder hochfrequentierte Straßen sorgen für Laufkundschaft und stabile Mieteinnahmen. Ein Geschäft an der falschen Stelle? Ein Rezept für Leerstand.
- **Bürogebäude:**
  Erreichbarkeit ist alles. Unternehmen suchen nach zentral gelegenen Geschäftsvierteln mit guter Verkehrsanbindung. Eine Top-Adresse kann die Mieten in die Höhe treiben – eine schlechte Anbindung kann potenzielle Mieter abschrecken.
- **Logistik & Industrie:**
  Hier geht es um Nähe zu Autobahnen, Häfen oder Bahnknotenpunkten. Eine schlecht angebundene Lagerhalle bedeutet höhere Transportkosten – und das kann den Wert der Immobilie schmälern.

Erfolgreiche Investoren wissen: Die perfekte Lage ist nicht nur eine Frage der Attraktivität, sondern oft der Schlüssel zur langfristigen Rentabilität (Rymarzak & Siemińska, 2012).

Wohn- oder Gewerbeimmobilien? Die Entscheidung, die über Millionen bestimmt Während Wohnungen oft kürzere Mietverträge haben, die regelmäßige Mietanpassungen ermöglichen, bedeutet das auch: häufiger Wechsel, potenzielle Leerstände und ein höherer Verwaltungsaufwand.

Gewerbeimmobilien: Stabilität und steuerliche Vorteile

Gewerbeimmobilien spielen in einer eigenen Liga, denn langfristige Mietverträge von zehn Jahren oder mehr sind hier keine Seltenheit. Genau diese Stabilität macht sie für vermögende Investoren so attraktiv: Planbare Einnahmen und ein minimiertes Leerstandsrisiko schaffen eine zuverlässige Cashflow-Maschine. Doch Mieter dieser Art sind rar und begehrt – wer es schafft, einen langfristigen Gewerbemieter zu sichern, hat einen wertvollen Trumpf in der Hand.

Auch steuerlich bieten Gewerbeimmobilien Vorteile: Oft lassen sich Abschreibungen großzügiger gestalten, was zu erheblichen Steuererleichterungen führt. Wohnimmobilien hingegen profitieren in vielen Ländern von günstigeren Regelungen beim Verkauf und der Vermietung. Letztlich entscheidet die richtige Strategie darüber, wie effektiv die steuerlichen Vorteile genutzt werden – und wie profitabel die Immobilie langfristig bleibt (Shemesh, 2023).

Fazit
Nicht jede Immobilie ist gleich – und die Wahl kann über Millionen entscheiden.

4.3.3 Hohe Risiken, hohe Belohnungen: Investitionen in Start-ups und Risikokapital

Investitionen in Start-ups und Risikokapital bieten die Chance auf enorme Renditen, gehen jedoch mit erheblichen Risiken einher. Während einige Beteiligungen zu Millionengewinnen führen können, scheitern viele junge Unternehmen und führen zu Totalverlusten. Erfolgreiche Investoren setzen daher auf eine breite Diversifikation und fundierte Marktanalysen.

Start-ups: Hochrisiko oder Goldgrube? Die Jagd nach dem nächsten Einhorn Investieren in Start-ups ist wie Fallschirmspringen, ohne zu wissen, ob der Schirm aufgeht. Es ist der ultimative Adrenalinkick im Investmentuniversum. Während Immobilien und Blue-Chip-Aktien Stabilität bieten, kann ein Start-up entweder durch die Decke gehen oder mit einem lauten Knall implodieren. Doch genau darin liegt die Faszination – und die Chance auf atemberaubende Renditen.

Vom Garagenprojekt zum Milliardenimperium

Jeder kennt die Geschichten: *Amazon*, *Tesla*, *Airbnb* – einst kleine Ideen, heute globale Giganten. Frühzeitige Investoren haben sich hier eine goldene Nase verdient. Doch für jeden Erfolg stehen unzählige gescheiterte Startups, die nie den Durchbruch geschafft haben. Wer hier investiert, braucht starke Nerven – und einen scharfen Blick für Potenziale.

Due Diligence: Die Kunst, den Jackpot zu finden

Profis werfen kein Geld blind auf coole Ideen. Sie graben tief: Wie sieht das Geschäftsmodell aus? Gibt es eine echte Marktchance? Und vor allem – wer steht dahinter? Denn eine geniale Idee allein reicht nicht. Es braucht Gründer, die auch in Stürmen das Steuer fest in der Hand halten. Ihr Durchhaltevermögen, ihre Integrität und ihre Erfahrung entscheiden oft darüber, ob ein Start-up abhebt oder abstürzt.

Fazit
Start-ups sind kein Investment für Zögerliche. Doch wer die richtigen Gründer erkennt, investiert nicht nur in ein Unternehmen – sondern in die Zukunft (Blank & Carmeli, 2021).

Timing ist alles: Warum der richtige Markt über Start-up-Erfolg entscheidet

Eine brillante Idee allein reicht nicht – sie muss zur richtigen Zeit auf den Markt kommen. Zu früh, und niemand versteht das Produkt. Zu spät, und die Konkurrenz hat sich längst etabliert. **Timing ist der unsichtbare König im Start-up-Spiel.**

Boom-Industrien: Wo das große Geld hinfließt

Investoren setzen bevorzugt auf Branchen mit steilem Wachstumspotenzial. Künstliche Intelligenz, erneuerbare Energien oder digitale Gesundheitslösungen – hier sind die Märkte in Bewegung, und Kapital fließt in Milliardenhöhe. Doch Trends sind launisch. **Nicht jede gehypte Branche ist ein Garant für Erfolg.**

Hype oder echter Wandel?

Die Kunst liegt darin, zu unterscheiden, welche Innovationen nur kurz aufblitzen – und welche langfristig den Markt prägen. Wer 1999 in Dotcom-Blasen investierte, verlor oft alles. Wer stattdessen früh auf *Amazon* oder *Google* setzte, wurde reich. **Wirklicher Weitblick erkennt, wo die Zukunft wirklich entsteht** (Berre & Pendeven, 2022).

Fazit
Der Markt entscheidet mit. Wer nur auf die Idee schaut, aber nicht auf den richtigen Zeitpunkt und das Umfeld, spielt mit dem Feuer. Erfolgreiche Investoren haben das Gespür dafür, wo echtes Wachstum wartet – und wo nur heiße Luft verkauft wird.

Risikokapital: Das Spiel mit den Wahrscheinlichkeiten

Wenn du in Start-ups investierst, suchst du nicht nach Sicherheit – du setzt auf Statistik. Denn ein einziger Volltreffer kann reichen, um alle Verluste auszugleichen. Deshalb investieren smarte Anleger nie in nur ein einziges Start-up, sondern streuen ihr Kapital breit über viele junge Unternehmen.

Trefferquote: Warum nur wenige Start-ups durchstarten

Die Faustregel? Von zehn Start-up-Investments scheitern sechs komplett, zwei dümpeln jahrelang vor sich hin – und zwei gehen durch die Decke. Doch genau diese zwei Gewinner machen oft das gesamte Portfolio profitabel. Denk an *Airbnb*, *Uber* oder *SpaceX*: Wer früh dabei war, hat Renditen im vier- bis fünfstelligen Prozentbereich kassiert.

Der Exit: Der Moment, auf den alle warten

Der „Exit“ ist das große Ziel – entweder durch einen Börsengang (IPO) oder durch eine Übernahme, etwa durch Tech-Giganten wie *Google* oder *Amazon*. In diesem Moment vervielfacht sich oft der Wert deines Investments – vorausgesetzt, du hast das richtige Start-up erwischt. Bis dahin brauchst du Geduld, Ausdauer und starke Nerven. Denn der Weg zum Exit ist selten gerade.

Fazit
Risikokapital ist Hochrisiko mit High-Reward-Potenzial. Wer diversifiziert, erhöht seine Chancen auf einen Jackpot – aber ohne Exit bleibt es ein reines Geduldsspiel (Cressy et al., 2014).

5
Fortgeschrittene Strategien der Superreichen

Die Reichen spielen nach anderen Regeln. Während Durchschnittsanleger auf Aktienkurse starren, von kurzfristigen Trends mitgerissen werden und sich auf klassische Anlageformen verlassen, verfolgen die Superreichen einen ganz anderen Ansatz. **Sie denken in Generationen, nicht in Quartalen.** Sie wissen, dass der wahre Wohlstand nicht durch Glück oder Zufall entsteht, sondern durch **clevere Strategien, knallharte Disziplin und eine Denkweise, die jenseits des Mainstreams liegt.**

In diesem Kapitel tauchen wir tief in die Strategien ein, die für Außenstehende oft unsichtbar bleiben – Methoden, die nicht in Zeitungsartikeln oder Finanzratgebern zu finden sind. Von konträren Investments, die in Krisenzeiten Milliarden bringen, über perfektionierte Steuerstrukturen, die Millionen sparen, bis hin zu strategischen Beteiligungen an Unternehmen, die exponentiell wachsen – hier geht es um das Wissen, das die Elite von allen anderen unterscheidet.

Doch Vorsicht: **Wer hier mitspielen will, muss bereit sein, umzudenken.** Die Regeln, die für die breite Masse gelten, werden von den Superreichen oft umgedreht. Während die meisten verkaufen, wenn die Märkte einbrechen, kaufen sie. Während die meisten auf schnelle Gewinne hoffen, bauen sie langfristige Vermögensfestungen. Dieses Kapitel enthüllt, was wirklich hinter den Kulissen der Finanzwelt passiert – und warum einige wenige ihren Reichtum über Generationen hinweg vermehren, während andere sich von Krise zu Krise hangeln. Willkommen in der Welt der fortgeschrittenen Strategien der Superreichen.

5.1 Value Averaging (VA): Eine kluge Art, Aktien zu kaufen

Die meisten Anleger kennen den bereits vorgestellten Klassiker: **Cost Averaging** – regelmäßiges Investieren einer festen Summe in den Markt, unabhängig davon, ob Kurse steigen oder fallen. Die Strategie schützt vor falschem Markttiming und hilft, das Risiko zu streuen. Doch Superreiche und institutionelle Investoren gehen einen Schritt weiter. Sie nutzen VA – eine Methode, die nicht nur stabilisiert, sondern aktiv Chancen in der Volatilität sucht.

Der Kern dieser Strategie wurde auf Seite 25 bereits genau erläutert. Noch einmal kurz zusammengefasst bedeutet es, nicht einfach blind jeden Monat die gleiche Summe investieren, sondern das Investment dynamisch anpassen. Wenn die Kurse fallen, wird mehr gekauft. Wenn sie steigen, wird weniger investiert – oder sogar Gewinne realisiert. Dadurch werden die Positionen automatisch in Schwächephasen ausgebaut und in Hochphasen abgeschwächt. **Das Ziel: Immer den maximalen Vermögenszuwachs bei optimalem Kapitaleinsatz.**

Beispiel: Stell dir vor, der Aktienmarkt ist wie ein Supermarkt. Ein normaler Investor kauft jedes Mal für 100 Euro ein – egal, ob die Preise hoch oder niedrig sind. Der VA-Investor hingegen kauft mehr, wenn die Preise niedrig sind, und weniger, wenn sie hoch sind. Er maximiert seine Rendite, indem er bewusst Marktbewegungen nutzt, anstatt sich ihnen auszuliefern.

Superreiche und Hedgefonds-Manager verwenden diese Strategie, weil sie wissen, dass Märkte nicht linear verlaufen. Sie schwanken, und genau diese Schwankungen sind das Spielfeld für VA. Langfristig führt das zu einem besseren Risiko-Rendite-Verhältnis als stumpfes, gleichmäßiges Investieren. Doch Achtung: VA erfordert Disziplin und Kapitalreserven. Wer während eines Crashs aggressiv nachkauft, muss das nötige Kapital haben – und die Nerven, wenn alle anderen in Panik verkaufen. Doch genau hier zeigt sich, wer das Spiel wirklich beherrscht.

Mein Profi-Tipp für dich

VA ist mehr als nur eine Strategie – es ist eine Denkweise. Wer es meistert, kann langfristig **überdurchschnittliche Gewinne erzielen – genau wie die Superreichen.**

5.1.1 Value Averaging vs. Dollar-Cost Averaging

Dollar-Cost Averaging (DCA) ist wie Autofahren mit Tempomat. Einmal eingestellt, läuft es von allein – immer die gleiche Geschwindigkeit, egal ob es bergauf oder bergab geht. Diese Methode ist bei Privatanlegern beliebt, weil sie einfach und emotionslos ist: Monat für Monat wird ein fester Betrag investiert, ohne sich um Marktbewegungen zu kümmern. Höhere Kurse? Man kauft weniger Anteile. Niedrigere Kurse? Man bekommt mehr.

Das klingt solide – und das ist es auch. DCA ist perfekt für Anleger, die langfristig Vermögen aufbauen wollen, ohne sich um Marktschwankungen zu sorgen. Es nimmt Emotionen aus dem Spiel und verhindert, dass man in Panik verkauft, wenn die Kurse einbrechen. Besonders in volatilen Märkten hilft diese Strategie, das Risiko zu reduzieren und nicht zum Opfer von irrationalem Verhalten zu werden. Doch hier kommt der Haken: DCA nutzt die Volatilität nicht aktiv – es gleicht sie nur aus.

Superreiche denken anders. Sie spielen nicht einfach mit – sie nutzen das Spielfeld zu ihrem Vorteil. Und genau hier kommt VA ins Spiel. Während DCA stur nach Schema F investiert, passt VA das Investment dynamisch an die Marktbedingungen an. Die entscheidende Frage lautet: Will man den Markt nur mitlaufen oder ihn aktiv zu seinem Vorteil nutzen? (Brennan et al., 2005).

Fazit

Während DCA wie ein gleichmäßiger Regenschauer ist, der sanft über das Portfolio tröpfelt, ist VA der gezielte Wasserstrahl eines Gärtners, der genau weiß, wo und wann gegossen werden muss.

Dabei wird nicht stumpf Monat für Monat der gleiche Betrag investiert. Stattdessen setzt der Anleger ein klares Ziel für das Portfolio – ein Wert, der mit der Zeit wachsen soll. Zum **Beispiel**: 1.000 Euro im ersten Monat, 2.000 Euro im zweiten, 3.000 Euro im dritten – und so weiter.

Der Clou? **Das investierte Kapital wird flexibel angepasst.**

- **Läuft der Markt gut?**
  Das Portfolio wächst schneller als geplant? Dann wird weniger investiert oder sogar Gewinne mitgenommen.
- **Bricht der Markt ein?**
  Dann wird gezielt nachgekauft, um das Ziel zu erreichen – und zwar zu Schnäppchenpreisen.

Das macht VA zur ultimativen Strategie für antizyklisches Investieren. Während die Masse in Panik verkauft, stockt der Value Averager seine Positionen auf. Und wenn die Kurse überhitzen, nimmt er Gewinne mit, während andere blind weiter kaufen. Es ist das Investment-Pendant zum Schachspielen: klug, vorausschauend und immer einen Zug voraus.

Die Superreichen setzen genau auf solche Prinzipien. Sie wissen: **Nicht der, der am meisten investiert, gewinnt – sondern der, der am klügsten investiert** (Beattie, 2024). VA klingt wie die perfekte Strategie – und das ist sie auch, aber nur für diejenigen, die bereit sind, sich den Regeln des Spiels zu stellen.

Der größte Vorteil? Maximale Flexibilität. Während starre Sparpläne unbeirrt weitermachen – egal ob der Markt heiß läuft oder einbricht –, passt sich VA den Gegebenheiten an. Das bedeutet: **Wer in schwachen Märkten mutig ist, wird langfristig belohnt.** Doch genau hier liegt die Herausforderung.

- Wenn die Kurse abstürzen, verlangt VA, dass mehr investiert wird – und zwar oft deutlich mehr. Ein Anleger, der nicht genug Liquidität in der Hinterhand hat, kann in schwierigen Marktphasen ins Straucheln geraten. Wer sich auf VA einlässt, muss daher finanziell flexibel bleiben und immer genügend Kapitalreserven halten.

Doch wer diese Disziplin mitbringt, wird langfristig profitieren. Denn in Crash-Phasen kauft der clevere Investor nicht nur nach – er kauft zu absoluten Tiefstpreisen. Es ist, als würde man bei einem gigantischen Schlussverkauf einkaufen, während alle anderen panisch den Laden verlassen. Und genau hier zeigt sich, warum die Superreichen so erfolgreich sind: Sie haben den Mut, dann zu investieren, wenn andere Angst haben – und VA gibt ihnen das perfekte Werkzeug dafür an die Hand (Hayes, 2023).

Investieren ist nicht nur eine Frage der Strategie – es ist ein Spiel der Emotionen. **DCA ist der ruhige Begleiter für alle, die Stress vermeiden wollen.** Kein Grübeln, keine Angst vor falschen Entscheidungen – einfach regelmäßig investieren und den Rest dem Markt überlassen. Diese Gelassenheit ist ein Segen für Anfänger und sicherheitsbewusste Investoren.

Doch VA spielt in einer anderen Liga. Es fordert den Mut, in den Sturm zu gehen, wenn andere fliehen. Wenn die Märkte abstürzen und Panik ausbricht, zwingt VA dazu, beherzt nachzulegen – genau dann, wenn es sich am unangenehmsten anfühlt. Das widerspricht dem natürlichen Instinkt vieler Anleger, die in unsicheren Zeiten am liebsten alles verkaufen würden. Aber darin liegt das Geheimnis der Superreichen: **Sie handeln nicht nach Angst, sondern nach Logik.**

- Während die Masse panisch flüchtet, erkennen sie die Gelegenheit. Value Averaging zwingt zur Disziplin – und diese Disziplin wird langfristig mit überdurchschnittlichen Renditen belohnt (MacKillop, 2024).

Fazit
Wer den Mut hat, in schwierigen Zeiten zu investieren, wird am Ende am meisten profitieren.

Ein **Beispiel** zeigt, warum VA langfristig mehr Rendite bringt als DCA. Stell dir vor, du investierst in einen Fonds: Im ersten Monat liegt der Kurs bei 50 Euro pro Anteil. Im zweiten Monat fällt er auf 40 Euro. Im dritten Monat steigt er auf 60 Euro. Mit DCA investierst du jeden Monat den gleichen Betrag. Mal bekommst du mehr Anteile, mal weniger – am Ende gleicht sich der Durchschnittspreis aus.

Mit VA sieht es anders aus: Bei 40 Euro kaufst du aggressiv mehr Anteile, weil der Markt gerade im „Ausverkauf“ ist. Bei 60 Euro investierst du weniger oder verkaufst sogar einen Teil, um Gewinne mitzunehmen.

Das Ergebnis: Du hast mehr Anteile zu niedrigeren Preisen erworben – und damit eine deutlich bessere Rendite erzielt.

Dieser gezielte, strategische Ansatz macht **VA zur bevorzugten Wahl für erfahrene Investoren**, die bereit sind, mehr Zeit und Planung in ihre Investments zu stecken. Während DCA eine solide Strategie für Einsteiger ist, nutzen die Superreichen die Vorteile von VA, um in Krisen zuzuschlagen und in Boomphasen abzukassieren (Watchman, 2024).

5.1.2 Wie man VA in sein eigenes Portfolio implementiert

VA mag auf den ersten Blick kompliziert wirken, doch mit einem klaren Plan ist es überraschend einfach umzusetzen. Der Schlüssel? Disziplin und ein klares Ziel. Der Fahrplan für VA:

1. **Ziel definieren:**
   Anleger bestimmen, wie hoch der Wert ihres Portfolios in regelmäßigen Abständen (z. B. monatlich oder vierteljährlich) sein soll.
2. **Vergleichen:**
   Der aktuelle Portfolio-Wert wird mit dem Ziel abgeglichen.
3. **Strategisch reagieren:**
   Liegt der Wert unter dem Ziel? Zukaufen! Ist er darüber? Verkaufen oder weniger investieren!

Das Beste daran ist, dass diese Methode den Anleger zwingt, genau das zu tun, was langfristig am profitabelsten ist – günstig kaufen, teuer verkaufen. Während die Masse in Panik gerät und bei fallenden Kursen flüchtet, investiert ein VA-Anleger dann, wenn die Preise am attraktivsten sind. Und wenn der Markt heiß läuft, wird nicht blind weiter investiert, sondern gezielt Gewinne mitgenommen. Diese Strategie macht sich einen simplen, aber oft ignorierten Börsen-Grundsatz zunutze: „Die besten Deals macht man in Krisenzeiten" (Panyagometh, 2013).

So funktioniert's: Lege fest, wie hoch der Wert deines Portfolios zu bestimmten Zeitpunkten sein soll – etwa monatlich oder quartalsweise. Das Ziel sollte realistisch sein und zu deinem finanziellen Spielraum passen.

Beispiel:

1. Im ersten Monat setzt du dir ein Ziel von **1.000 Euro**.
2. Im zweiten Monat wächst das Ziel auf **2.000 Euro**.
3. Im dritten Monat steigt es auf **3.000 Euro**.

Nun kommt die Magie von VA ins Spiel:

- **Dein Portfolio liegt im zweiten Monat bei 2.100 Euro?** Du investierst **weniger** oder verkaufst sogar Anteile, um das Ziel von 2.000 Euro einzuhalten.
- **Im dritten Monat ist dein Portfolio nur 2.800 Euro wert?** Du kaufst **für 200 Euro nach**, um das Ziel von 3.000 Euro zu erreichen.

Das Ergebnis: Mehr Investitionen in schwachen Märkten, weniger Risiko in starken Phasen – genau das, was smarte Investoren tun, um den Markt zu schlagen (Das et al., 2018).

Eine der größten Herausforderungen beim VA ist die **Sicherstellung ausreichender Liquidität**. Anleger müssen darauf vorbereitet sein, in Zeiten fallender Kurse zusätzliche Mittel bereitzustellen – und genau hier scheitern viele. Wenn der Markt einbricht und plötzlich größere Investitionen nötig werden, kann es schnell eng werden, wenn keine Reserven vorhanden sind.

Eine kluge Lösung besteht darin, **ein separates Liquiditätskonto** einzurichten, das ausschließlich für solche Nachkäufe reserviert ist. So bleibt sichergestellt, dass jederzeit Kapital zur Verfügung steht, um günstig einzusteigen.

Wohlhabende Investoren setzen zudem häufig auf konservativere Anlageklassen wie Staatsanleihen oder Geldmarktfonds. Diese bieten eine gewisse Rendite, während das Kapital flexibel bleibt – ein entscheidender Vorteil, wenn sich plötzlich günstige Kaufgelegenheiten bieten.

Letztlich ist VA nicht nur eine Strategie, sondern auch ein Test für finanzielle Disziplin. Wer vorbereitet ist, kann Schwankungen aktiv nutzen, anstatt ihnen ausgeliefert zu sein (Morbee, 2023).

VA ist keine Strategie für passive Anleger – es erfordert aktive Überwachung und Anpassung. Im Gegensatz zum DCA, bei dem Investitionen einfach automatisiert ablaufen, müssen Anleger beim VA regelmäßig prüfen, wie sich ihr Portfolio im Vergleich zum Zielwert entwickelt.

Der Prozess ist simpel, aber entscheidend: **In festgelegten Intervallen** – sei es monatlich oder quartalsweise – wird der aktuelle Portfolio-Wert mit dem angestrebten Wert verglichen. Die Differenz bestimmt, ob investiert oder verkauft wird. Liegt das Portfolio unter dem Zielwert, wird Kapital nachgeschossen. Ist es darüber, werden Gewinne realisiert oder Neuinvestitionen reduziert (Ruiz-Roqueñi, 2022).

Fazit

VA ist eine der spannendsten Strategien, um von Marktschwankungen zu profitieren – besonders durch gezieltes Nachkaufen bei Kursrückgängen. Doch auch sie hat ihre Schwächen: In seitwärts laufenden Märkten bleibt der Effekt oft aus, und ohne ausreichende Liquidität kann dich ein starker Bärenmarkt schnell an deine Grenzen bringen. Wenn du aber langfristig denkst, diszipliniert investierst und genug Puffer für schwache Phasen einplanst, kann VA eine starke Waffe sein – gegen den Markt, aber auch gegen deine eigenen Emotionen (Hayley, 2013).

5.1.3 Erfolgsbeispiele von Value Averaging

Wer antizyklisch investiert, braucht Mut, Disziplin – und oft auch ein gutes Gespür für Timing. Die folgenden Beispiele zeigen, wie einige der erfolgreichsten Investoren unserer Zeit genau diese Prinzipien genutzt haben, um in Krisenzeiten enorme Gewinne zu erzielen.

Ein herausragendes Beispiel ist **Warren Buffett**, der Inbegriff des antizyklischen Investierens. Auch wenn er den Begriff Value Averaging selbst nicht explizit verwendet, spiegelt sein Ansatz genau diese Prinzipien wider: **Er kauft aggressiv, wenn die Märkte fallen, und nimmt Gewinne mit, wenn sie überhitzt sind.**

Ein Blick auf die Finanzkrise 2008 zeigt, wie effektiv diese Strategie in den Händen eines Meisters sein kann: Während Panikverkäufe den Markt erschütterten, schlug Buffett gezielt zu. Er kaufte große Anteile an der *Bank of America* und *Goldman Sachs* zu Spottpreisen, während andere Anleger in Angst erstarrten oder ihre Verluste realisierten.

Der Grund? **Buffett wusste, dass diese Unternehmen fundamental gesund waren – nur der Markt hatte irrational überreagiert.** Als sich die Wirtschaft erholte, stiegen die Werte dieser Investments rasant, und Buffett sicherte sich Milliarden-Gewinne (Lobello, 2013).

Mein Profi-Tipp für dich

Wer den Mut hat, antizyklisch zu investieren, wird langfristig belohnt. Die Superreichen wissen, dass wahres Vermögen nicht in Boomphasen entsteht – sondern in Krisenzeiten, wenn die besten Deals auf dem Tisch liegen.

Ein weiteres beeindruckendes Beispiel ist **Peter Lynch**, der legendäre Manager des *Fidelity Magellan Funds*. Während seiner Zeit an der Spitze erzielte der Fonds eine der höchsten Renditen aller Zeiten – und das nicht durch blindes Investieren, sondern durch **strategische Käufe in schwachen Märkten**.

Lynch wusste: **Wenn die Masse in Panik verkauft, bieten sich die besten Gelegenheiten.** Statt hektisch auf kurzfristige Marktbewegungen zu reagieren, nutzte er gezielt Korrekturen, um mehr in Unternehmen mit starkem Wachstumspotenzial zu investieren. Sein Ansatz war es, nicht nur gute Unternehmen zu identifizieren, sondern auch **zum richtigen Zeitpunkt mehr Kapital nachzulegen – genau dann, wenn sie unterbewertet waren**.

Lynchs Erfolgsgeheimnis? Rational bleiben, wenn andere emotional handeln. Lynch erkannte, dass Angst und Unsicherheit an den Märkten oft zu irrational niedrigen Bewertungen führen. **Wer den Mut hat, in solchen Momenten strategisch nachzukaufen, kann langfristig gigantische Renditen erzielen.**

Fazit
Große Gewinne entstehen nicht, wenn alle optimistisch sind – sondern wenn kluge Investoren bereit sind, in Phasen der Unsicherheit zuzugreifen (Chen, 2024).

Ray Dalio: Meister der datengetriebenen Strategie

Ein weiteres herausragendes Beispiel für die Prinzipien von **Value Averaging** ist **Ray Dalio**, Gründer von *Bridgewater Associates*, einem der größten und einflussreichsten Hedgefonds der Welt. Dalio setzt auf **einen analytischen, regelbasierten Ansatz**, um Marktbewegungen zu verstehen und Chancen gezielt zu nutzen.

Während der **COVID-19-Pandemie** zeigte sich seine Strategie in Perfektion: Während viele Investoren in Panik gerieten und massiv verkauften, identifizierte Dalio gezielt Sektoren mit langfristigem Erholungspotenzial – etwa Reise, Freizeit und Luftfahrt. Durch Value Averaging baute er in den Phasen des größten Markteinbruchs sukzessive seine Positionen aus – immer dann, wenn die Kurse am Boden lagen. Seine Überzeugung? Märkte sind zyklisch. Wer in Krisenzeiten **rational bleibt und antizyklisch investiert**, kann von den anschließenden Erholungen überproportional profitieren.

Das Ergebnis: Als die Märkte wieder anzogen, erzielte Dalio gewaltige Renditen – ein Beweis dafür, dass ein disziplinierter, regelbasierter Ansatz langfristig überlegen ist (Langlois, 2020).

Jeff Bezos: Visionär mit antizyklischem Investmentansatz

Auch im Technologiebereich gibt es ein herausragendes Beispiel für eine Strategie, die den Prinzipien von Value Averaging ähnelt: **Jeff Bezos**, der Gründer von *Amazon*.

In den frühen Jahren von *Amazon* wurde das Unternehmen oft von externen Investoren unterschätzt. Viele hielten den Ansatz, massiv in Wachstum zu investieren, für zu riskant – insbesondere in Phasen, in denen die Aktie stark schwankte. Doch Bezos ließ sich davon nicht beirren.

Die frühen 2000er waren eine echte Feuerprobe – besonders für Tech-Unternehmen wie *Amazon*. Nach dem Platzen der Dotcom-Blase verlor die *Amazon*-Aktie über 90 Prozent an Wert. Viele Investoren kehrten dem Unternehmen enttäuscht den Rücken. Jeff Bezos blieb jedoch standhaft. Statt aufzugeben, investierte er konsequent weiter – genau dann, als andere in Panik verkauften. Sein Prinzip: „Sei gierig, wenn andere Angst haben."

Ein Leitsatz, der die Grundidee von Value Averaging auf den Punkt bringt: antizyklisch handeln, wenn der Markt irrationale Entscheidungen trifft.

Das Ergebnis: *Amazon* erholte sich nicht nur, sondern entwickelte sich zu einem der wertvollsten Unternehmen der Welt. Und Bezos wurde zu einem der reichsten Menschen der Geschichte – weil er den Mut hatte, gegen den Strom zu schwimmen (Jain, 2024).

5.2 Konträres Investieren: Gegen den Strom schwimmen

Die Börse ist oft ein Ort der Massenpsychologie. Wenn die Mehrheit der Anleger in Euphorie verfällt, steigen die Kurse rasant – oft weit über den eigentlichen Wert hinaus. Genauso schnell schlägt die Stimmung um, wenn Panik ausbricht, und viele verkaufen in Angst, während die Preise in den Keller rasseln. In diesem Abschnitt wird das konträre Investieren erkundet – eine Strategie, bei der Anleger bewusst gegen den Strom handeln. Sie kaufen, wenn andere verkaufen und finden so Chancen, die der Masse entgehen. Erfahre, wie dieser mutige Ansatz Wohlhabenden zum Erfolg verhilft.

5.2.1 Marktüberreaktionen erkennen und Chancen entdecken

Manchmal verhält sich der Markt wie ein launischer Teenager – laut, impulsiv und völlig übertrieben. Das kann für viele Anleger nervenaufreibend sein, doch für kluge Investoren ist es eine Goldgrube.

Wenn schlechte Nachrichten einschlagen – sei es ein Wirtschaftsschock, enttäuschende Quartalszahlen oder ein Skandal – reagiert der Markt oft extremer, als es die tatsächlichen Fundamentaldaten rechtfertigen. Genau in diesen Momenten ergeben sich die **besten Kaufgelegenheiten**, wenn man Ruhe bewahrt und hinter die Panik blickt.

Ein perfektes Beispiel? ***Facebooks*** (heute *Meta*) Datenskandal 2018. Die Aktie stürzte um über 20 % ab, als bekannt wurde, dass Nutzerdaten unsachgemäß verwendet wurden. Anleger gerieten in Panik – als wäre das Unternehmen plötzlich wertlos. Doch wer genau hinsah, erkannte:

- Das Geschäftsmodell funktionierte weiterhin.
- Die Nutzer blieben der Plattform treu.
- Die Werbeeinnahmen wuchsen stabil.

Rationale Investoren schlugen genau in diesem Moment zu – und wurden belohnt. Der Aktienkurs erholte sich nicht nur, sondern erreichte später neue Höchststände.

Mein Profi-Tipp für dich

In Krisen entstehen seltene Kaufchancen. Wer nicht der Masse folgt, sondern einen kühlen Kopf bewahrt, kann aus der Panik anderer echten Profit schlagen (Mirhaydari, 2018).

Finanzkrise 2008: Panik oder Profit?

Die Finanzkrise 2008 war ein echter Härtetest für Investoren. Die Märkte stürzten ab, Banken wankten, und das Vertrauen in das gesamte Finanzsystem brach ein. Viele verkauften aus Angst – oft weit unter Wert.

Ein bemerkenswertes Beispiel: *Goldman Sachs*. Die Investmentbank geriet massiv unter Druck, obwohl sie im Vergleich zu vielen anderen Häusern solide aufgestellt war. Ihr Aktienkurs fiel dennoch dramatisch – für viele ein Alarmsignal. Für Warren Buffett hingegen war es ein Einstiegssignal. Er investierte fünf Milliarden Dollar in *Goldman Sachs*, zu Konditionen, die für den Rest des Marktes unvorstellbar waren.

Warum? Weil er wusste: Angst sorgt für Unterbewertungen. Und wer in solchen Momenten ruhig bleibt, kann außergewöhnliche Chancen nutzen.

Das Ergebnis: Als sich der Markt erholte, erzielte Buffett mit diesem Deal einen Milliardenertrag – nicht trotz, sondern **wegen** der Krise.

Der Markt stürzte ab – und Warren Buffett griff zu.
Während viele Investoren in Panik verkauften, investierte er Milliarden in Unternehmen, die fundamental gesund waren, aber vom Markt abgestraft wurden. Sein Einsatz: mutig und gezielt. Jahre später zahlte sich das aus – mit gigantischen Renditen.

Was kannst du daraus mitnehmen?

» In Krisenphasen entstehen oft Überreaktionen, weil Angst und kurzfristiges Denken das Geschehen dominieren. Genau dort liegen die Chancen für clevere Investoren. Wenn du Ruhe bewahrst und dich auf das Wesentliche konzentrierst, kannst du echte Schnäppchen finden.

Stell dir dabei drei zentrale Fragen:

1. Ist das Geschäftsmodell des Unternehmens noch tragfähig?
2. Sind Umsatz und Gewinne auch in schwierigeren Zeiten stabil?
3. Verfügt das Unternehmen über genug Liquidität, um die Krise zu überstehen?

Lauten die Antworten „Ja“, ist der Kursrückgang wahrscheinlich keine fundamentale Gefahr – sondern eine emotionale Übertreibung des Marktes. Und das ist genau der Moment, in dem antizyklisches Investieren seine volle Kraft entfalten kann (Kaizoji & Miyano, 2016).

Mein Profi-Tipp für dich

Kennzahlen wie **KGV** (Kurs-Gewinn-Verhältnis) und **KBV** (Kurs-Buchwert-Verhältnis) helfen, echte Schnäppchen von angeschlagenen Firmen zu unterscheiden.

Verborgene Schätze im Börsenchaos: Wie clevere Investoren versteckte Perlen finden

Marktüberreaktionen sind nicht nur ein Spiel aus Panik und Erholung – sie sind auch die perfekte Gelegenheit, verborgene Investmentchancen zu entdecken.

Ein Paradebeispiel? **Spin-offs!** Das sind Unternehmen, die von einer großen Muttergesellschaft abgespalten werden – und genau hier lauert das Potenzial. Diese Neulinge am Markt fliegen oft unter dem Radar, weil sie nicht die mediale Aufmerksamkeit der Mutterfirma genießen, viele Anleger nicht wissen, wie sie solche Unternehmen bewerten sollen und ihr wahres Wachstumspotenzial vom Markt unterschätzt wird.

Doch genau das macht sie für smarte Investoren spannend. Wer sich die Mühe macht, die Fundamentaldaten zu prüfen, kann hier überdurchschnittliche Renditen erzielen. Gleichzeitig hilft eine **antizyklische Denkweise**, von Marktüberreaktionen zu profitieren. Während die Masse in Panik verkauft, bleiben erfahrene Investoren cool, analysieren die Fakten und **nutzen den Abverkauf als Kaufgelegenheit**.

Die goldene Regel: „Wenn alle verkaufen, halte Ausschau nach Gelegenheiten. Wenn alle kaufen, sei skeptisch." Langfristiges Denken, rationale Entscheidungen und ein geschulter Blick für unterbewertete Chancen machen den Unterschied zwischen Durchschnittsanlegern und den ganz großen Gewinnern (Hayes, 2022).

5.2.2 Die Psychologie des konträren Denkens: Warum es für die Reichen funktioniert

Konträres Denken ist kein Zufall – es ist eine Strategie, die systematisch angewendet wird. Während die breite Masse impulsiv handelt, nutzen vermögende Investoren genau diese Emotionen, um sich Vorteile zu verschaffen.

Warum das funktioniert?

- **Angst schafft Gelegenheiten:**
  Wenn die Börsen crashen, geraten viele Anleger in Panik. Sie verkaufen nicht aus rationalen Gründen, sondern weil sie Verluste fürchten. Konträre Investoren sehen hier eine Chance, hochwertige Aktien zu Schnäppchenpreisen einzukaufen.
- **Gier bläht Blasen auf:**
  Wenn alle euphorisch kaufen und der Markt scheinbar nur eine Richtung kennt, werden Aktien oft überbewertet. Hier verkaufen die Klugen, während die breite Masse blindlings weiter investiert.

Ein starkes Beispiel dafür ist das Vorgehen von **John Paulson** während der Finanzkrise 2008. Während fast die gesamte Finanzwelt auf steigende Immobilienpreise setzte, analysierte Paulson die wachsenden Risiken am US-Hypothekenmarkt – und ging genau den entgegengesetzten Weg: Er wettete gegen den Immobilienboom. Seine Strategie war mutig, antizyklisch und damals von vielen belächelt. Das Ergebnis? Als die Blase platzte und der Markt zusammenbrach, erzielte Paulson mit seinem Fonds einen der größten Gewinne der Investmentgeschichte – rund 15 Milliarden Dollar in einem Jahr.

Das Erfolgsgeheimnis liegt in der Fähigkeit, Emotionen zu kontrollieren und rationale Entscheidungen zu treffen. Die besten Investoren lassen sich nicht von Angst oder Gier leiten – sie analysieren die Zahlen, verstehen die Marktpsychologie und handeln strategisch (Sachs, 2024).

Konträres Investieren klingt logisch, fühlt sich aber unnatürlich an. Warum? Weil es gegen unsere tiefsten Instinkte verstößt. Menschen sind soziale Wesen – wir fühlen uns sicherer, wenn wir das tun, was die Mehrheit macht. Wenn der Markt fällt, scheint Verkaufen die richtige Entscheidung zu sein. Wenn alle kaufen, fühlt es sich riskant an, auszusteigen. Doch genau hier trennt sich die Spreu vom Weizen.

Die erfolgreichsten Investoren haben eines gemeinsam: **Sie trennen Emotionen von Entscheidungen**. Während Panikverkäufe die Kurse abstürzen lassen, sehen sie nur eines – eine Gelegenheit. Während die breite Masse Aktien zu Höchstkursen kauft, weil „es immer weiter nach oben geht", hinterfragen sie, ob eine Blase entsteht.

Ein anderes Beispiel: Im März 2020 brach der Ölpreis massiv ein – nicht nur wegen der Corona-Pandemie, sondern auch aufgrund eines Preiskriegs zwischen Russland und Saudi-Arabien. Viele Investoren reagierten panisch und warfen ihre Energieaktien aus dem Depot. Doch wer ruhig blieb und Unternehmen wie ***Chevron*** oder ***Shell*** genau unter die Lupe nahm, sah: Diese Konzerne hatten stabile Geschäftsmodelle, ausreichende Rücklagen und eine hohe Überlebenswahrscheinlichkeit. Cleveres Kapital nutzte diesen Einbruch, um günstig einzusteigen. Und das zahlte sich aus: Als sich die Märkte wenige Monate später erholten und der Ölpreis wieder stieg, legten auch die Aktien kräftig zu – oft mit zweistelligen oder sogar dreistelligen Renditen.

Und du? Hättest du in dieser Situation den Mut gehabt, gegen die Masse zu handeln – oder hättest du ebenfalls verkauft?

Mentale Stärke entscheidet

Konträres Denken ist nicht nur Wissen – es ist eine Frage der **Disziplin**. Die Fähigkeit, gegen den eigenen Herdentrieb zu handeln, ist das, was die Reichen wirklich von der Masse unterscheidet. Sie haben gelernt, dass **Rationalität mehr wert ist als Emotionen** – und die größten Gewinne oft dort warten, wo andere nur Chaos sehen (NeuroLaunch, 2024).

Ein weiterer Schlüssel zum Erfolg der Reichen ist ihre Langfristperspektive. Während die Masse oft kurzfristig denkt und von schnellen Gewinnen träumt, konzentrieren sich konträre Investoren auf langfristige Chancen. **Sie verstehen, dass der Markt**

zyklisch ist und jede Panik irgendwann vorbeigeht. Diese Geduld ermöglicht es ihnen, Vermögenswerte günstig zu erwerben und dann Jahre oder sogar Jahrzehnte zu halten, bis sich ihr Wert vollständig entfaltet.

Ein Beispiel ist John Templeton, der während des Zweiten Weltkriegs Aktien zu Tiefstpreisen kaufte. **Er wusste, dass die Welt sich erholen würde, und hatte den Mut, in einer Zeit zu investieren, in der andere nur Chaos sahen.** Während Panikverkäufe den Markt dominierten, nutzte er die Gelegenheit, um unterbewertete Unternehmen zu erwerben. Jahrzehnte später wurde er als einer der erfolgreichsten Investoren seiner Zeit gefeiert (Tamplin, 2023).

Fazit
Wenn du langfristig denkst und in Krisen ruhig bleibst, hebst du dich von der Masse ab. Wer an seiner Strategie festhält, statt der Panik zu folgen, erkennt Chancen genau dann, wenn andere sie übersehen – und legt damit den Grundstein für echten Vermögensaufbau.

Auch das Vertrauen in die eigene Analyse spielt eine große Rolle. **Konträres Denken funktioniert nur, wenn man sich auf seine Recherchen und sein Wissen verlassen kann.** Die Reichen investieren deshalb viel Zeit und Ressourcen in gründliche Analysen, bevor sie handeln. Sie verstehen, dass der Markt oft kurzfristig ineffizient ist und Gelegenheiten bietet, die der Durchschnittsanleger übersieht. Genau dieses Vertrauen ermöglicht es ihnen, trotz des Gegenwinds der Masse ruhig zu bleiben und an ihren Positionen festzuhalten. **Was für andere riskant erscheint, ist für sie eine bewährte Strategie – eine, die immer wieder hohe Renditen liefert** (Miori & Cucuringu, 2022).

5.2.3 Wie Milliardäre von Marktpanik profitieren

Was für viele wie ein Albtraum wirkt, ist für einige der wertvollste Moment im Markt: Chaos. Während die meisten Anleger bei Turbulenzen das Weite suchen, wittern erfahrene Investoren genau dann ihre Chance. Denn sie wissen: Nicht jede Krise trifft die Substanz eines Unternehmens – oft ist es nur die Angst, die Kurse zum Einsturz bringt. Wer klar denkt, wenn andere in Panik verfallen, kann Vermögenswerte zu Preisen einsammeln, die unter normalen Umständen undenkbar wären.

Ein eindrucksvolles Beispiel dafür ist **Howard Marks**, Mitgründer von *Oaktree Capital*. Während der Asienkrise Ende der 90er-Jahre zogen sich viele westliche Investoren schlagartig aus den betroffenen Regionen zurück. Die Märkte standen unter Druck, Währungen stürzten ab, und Unternehmen wurden mit Abschlägen gehandelt, als stünde der Untergang bevor. Doch Marks erkannte: Inmitten all der Verunsicherung gab es zahlreiche Unternehmen mit gesunden Bilanzen und starkem Geschäftsmodell – nur vorübergehend falsch bewertet. Also investierte er gezielt in diese vernachlässigten Werte.

Der Lohn? Als sich die Lage stabilisierte, vervielfachte sich der Wert vieler seiner Positionen. Seine Haltung bringt es auf den Punkt: **„You can't predict, but you can prepare."** – Du musst den nächsten Crash nicht vorhersagen können, aber du solltest vorbereitet sein, wenn er kommt. Der Unterschied liegt also nicht in der Information, sondern im Verhalten. Während viele kurzfristig reagieren, bleiben erfolgreiche Investoren ruhig, analytisch und bereit zu handeln. Genau in diesen Momenten wird echtes Vermögen aufgebaut – nicht trotz der Krise, sondern wegen ihr.

Die Psychologie spielt eine entscheidende Rolle, wenn es darum geht, in Krisenzeiten klug zu investieren. Während die meisten Anleger von Angst getrieben werden und hektisch verkaufen, bleiben Milliardäre **ruhig, rational und fokussiert.** Sie lassen sich nicht von Schlagzeilen oder Marktstimmungen mitreißen – stattdessen analysieren sie die Fakten.

Ihr Ansatz ist simpel, aber wirkungsvoll: **Fundamentalanalyse statt Panik.** Sie stellen sich grundlegende Fragen:

1. Ist das Geschäftsmodell des Unternehmens noch intakt?
2. Hat der Kurssturz eine reale wirtschaftliche Grundlage oder ist er eine Marktüberreaktion?
3. Sind die langfristigen Aussichten stabil?

Wenn die Antworten positiv ausfallen, nutzen sie die Gelegenheit – während andere hektisch verkaufen, bauen sie ihre Positionen aus. **Ihre Rationalität verschafft ihnen einen entscheidenden Vorteil, weil sie antizyklisch handeln und damit oft Schnäppchenpreise sichern.**

Der Schlüssel liegt in ihrer Fähigkeit, den Fluchtreflex des Gehirns zu unterdrücken. **Wo andere Chaos sehen, erkennen sie Chancen.** Sie wissen: Wer gegen die Masse schwimmt, kann überdurchschnittliche Gewinne erzielen – vorausgesetzt, er hat den Mut und die Disziplin, rational zu bleiben (Daniel et al., 2005).

Liquidität: Die geheime Waffe der Superreichen

Während die breite Masse in turbulenten Zeiten hektisch nach Auswegen sucht, sehen die Superreichen genau dann ihre größte Chance. **Liquidität ist ihr Joker** – das stille Kapital, das sie in der Hinterhand behalten, um in Panikphasen blitzschnell zuzuschlagen.

Wenn Märkte einbrechen und Vermögenswerte in den Keller rauschen, haben die meisten Anleger ein Problem: Sie sind zu stark investiert oder durch Kredite gebunden. **Die Reichen hingegen haben Cash – und damit Macht.** Während andere gezwungen sind, ihre Bestände zu Schleuderpreisen loszuwerden, kaufen sie mit ruhiger Hand genau das auf, was später enorme Gewinne verspricht.

Subprime-Krise 2008: Als alle verloren, ging Michael Burry All-In

Die meisten Investoren vertrauten blind dem Immobilienmarkt – Burry dagegen sah die Blase kommen. Er analysierte Hunderte Hypothekenpapiere und erkannte: Viele davon waren tickende Zeitbomben. Also wettete er mit sogenannten Credit Default Swaps gegen genau diese faulen Kredite – lange bevor der Rest der Welt den Ernst der Lage verstand. Was alle für verrückt hielten, brachte ihm schließlich Milliarden ein. Als der Markt kollabierte, zahlte sich sein Mut zur Unpopularität aus. Seine Lektion: **Wer wirklich recherchiert und den Mut hat, gegen den Strom zu schwimmen, kann in Krisen außergewöhnliche Gewinne erzielen.**

Und du? Hättest du den Mut gehabt, dich gegen die Masse zu stellen – oder wärst du mit untergegangen?

Doch die Reichen setzen nicht nur auf eine Asset-Klasse. **Diversifikation ist ihr Schutzschild.** Sie investieren gezielt in Aktien, Immobilien, Rohstoffe und Unternehmensanleihen, die während einer Krise unter Druck geraten. Während die Masse Panik schiebt, bewahren sie einen kühlen Kopf – und bauen ihr Vermögen genau dann auf, wenn andere es verlieren.

Für Superreiche ist ein Crash keine Katastrophe, sondern ein Ausverkauf mit Premium-Rabatt. Sie wissen: **Vermögen wird nicht in Boom-Zeiten geschaffen, sondern in Krisen** (Fottrell, 2024).

5.2.4 Geduld und Durchhaltevermögen: Die Kunst des langfristigen Wartens

Die größten Investoren der Geschichte wissen, dass wahre Reichtümer nicht durch hektisches Kaufen und Verkaufen entstehen – sondern durch langfristiges Denken. Während viele Anleger panisch auf jede Marktbewegung reagieren, bleiben die Erfolgreichen ruhig. **Sie setzen auf Zeit statt Timing.** Sie verstehen, dass Krisen kommen und gehen, aber solide Unternehmen, Immobilien oder Rohstoffe über Jahre hinweg an Wert gewinnen.

Apple in den 1990ern: Als kaum noch jemand an das Unternehmen glaubte, war die Aktie am Boden. Viele Anleger stiegen aus – doch einige hielten durch. Mit Steve Jobs' Rückkehr und Produkten wie dem iMac oder später dem iPod drehte sich das Blatt. Wer damals Geduld bewies, wurde mit enormen Kursgewinnen belohnt. Geduld ist mehr als eine Tugend. Sie ist eine Strategie. Die erfolgreichsten Investoren wissen: **Wer den Mut hat, an seiner Vision festzuhalten, während andere zweifeln, wird am Ende die größten Gewinne einfahren** (Sunde et al., 2022).

Wenn die Märkte stürmen: Warum Geduld der beste Schutz ist

Die Börse ist wie das Wetter - mal sonnig, mal stürmisch, oft unberechenbar. Doch während viele Anleger bei jedem Schauer panisch verkaufen, bleiben die Erfolgreichen standhaft. Sie wissen: Gewitter vergehen, doch wahre Werte bleiben bestehen.

Als Tech-Aktien bei der **Technologiekrise 2022** massiv einbrachen, gerieten viele in Panik. Sie verkauften zu Tiefstpreisen, anstatt die Krise als Chance zu sehen. Gleichzeitig hielten erfahrene Investoren an ihren Überzeugungen fest. Sie wussten: Wer sich von kurzfristigen Turbulenzen nicht beirren lässt, wird langfristig belohnt. Die besten Anleger haben eines gemeinsam: Sie sehen das große Ganze. Sie wissen, dass jede Krise auch eine Gelegenheit ist - und diejenigen, die in schwierigen Zeiten die Nerven behalten, am Ende als Gewinner dastehen (Rishad, 2020).

Reiche verstehen etwas, das viele übersehen: **Zeit ist der wahre Verbündete eines Investors.** Sie wissen, dass Vermögen nicht über Nacht entsteht - sondern durch die unsichtbare, aber unaufhaltsame Kraft des Zinseszinses. Je länger das Geld arbeitet, desto größer wird der Effekt.

Das gilt nicht nur für Aktien. Immobilien, Anleihen oder sogar Kunst profitieren von derselben Regel. Geduldige Investoren sehen, wie ihr Vermögen mit der Zeit immer schneller wächst - während Ungeduldige zu früh verkaufen und den größten Teil der Rendite verpassen. Reiche spielen das lange Spiel. Sie verstehen: **Nicht der Marktzeitpunkt ist entscheidend - sondern die Zeit im Markt** (Lewin, 2019).

Geduld ist nicht Sturheit - sondern kluge Anpassung

Viele verwechseln Geduld mit Passivität. Doch wahre Investoren wissen: **Es geht nicht darum, einfach nur zu warten - sondern darum, klug zu beobachten**.

Milliardäre halten nicht stur an ihren Investments fest, sondern aus Überzeugung. Sie analysieren Marktveränderungen, hinterfragen ihre Strategien und passen sie an, wenn es nötig ist. Regelmäßige Überprüfungen sind entscheidend. Ist die ursprüngliche

Annahme noch gültig? Haben sich Fundamentaldaten verändert? Erfolgreiche Investoren wissen, wann sie an einem Plan festhalten – und wann sie neue Chancen nutzen sollten. Das Geheimnis des langfristigen Erfolgs liegt im Gleichgewicht: Geduld, wo sie sich auszahlt – und Flexibilität, wenn es darauf ankommt (B. Smith, 2022).

5.2.5 Konträres Investieren: Warum unbeliebte Aktien oft die besten Chancen bieten

Konträr investieren heißt: Du gehst dorthin, wo andere flüchten. Während die Masse auf Hype-Aktien springt oder in Panik verkauft, hältst du Ausschau nach Unternehmen, die zu Unrecht abgestraft wurden – und greifst genau dann zu.

Zum Beispiel, als während der Energiekrise 2022 Europas Politik nervös nach neuen Gasquellen suchte und Versorger unter Druck gerieten, standen Aktien wie *RWE* oder *TotalEnergies* zeitweise auf historischen Tiefständen. Doch ihre Geschäftsmodelle waren intakt – und wer jetzt antizyklisch kaufte, profitierte später von satten Kursgewinnen.

Was zeichnet clevere Investoren aus?

- Sie trennen Fakten von Stimmung.
- Sie kaufen dann, wenn der Markt irrt.
- Sie investieren langfristig – nicht impulsiv.

Noch ein Beispiel: Der Bausektor 2023. Hohe Zinsen, explodierende Baukosten – viele Investoren stiegen aus. Aber genau dort entdeckten Profis wie Sam Zell Chancen: Immobilienentwickler mit soliden Bilanzen wurden verramscht. Wer durchblickte, erkannte das Potenzial hinter dem Abschwung.

Frage an dich:
Wie oft hast du schon verkauft, weil es sich schlecht anfühlte – und später bereut, nicht gekauft zu haben?

Zyklische Branchen wie Stahl, Öl oder Chemie sind dafür prädestiniert. In der Krise will sie keiner haben – doch wenn der nächste Boom kommt, sind sie plötzlich die Stars. Wer früh genug dabei ist, verdient mit. Konträr zu denken ist nicht bequem. Aber wer den Mut hat, gegen den Strom zu schwimmen, wird nicht nur belächelt – sondern oft reich belohnt (Iliyah, 2024).

5.3 Hebelwirkung: Schulden nutzen, um Vermögen aufzubauen

Die meisten Menschen sehen Schulden als Gefahr. Wohlhabende sehen sie als Werkzeug. **Der entscheidende Unterschied? Sie wissen, wie man sie richtig einsetzt.** Während die breite Masse Kredite für Konsum aufnimmt, nutzen Investoren Schulden strategisch, um Vermögen zu skalieren.

5.3.1 Warum Hebelwirkung funktioniert

Mit Fremdkapital lassen sich Investitionen finanzieren, die sonst nicht möglich wären. Ein Beispiel: Immobilieninvestoren nutzen Bankdarlehen, um mit wenig Eigenkapital große Werte zu kontrollieren – und profitieren so von Wertsteigerungen und Mieteinnahmen.

Das Geheimnis liegt in der Disziplin. Schulden sind nur dann ein Problem, wenn sie unkontrolliert wachsen. Erfolgreiche Investoren setzen klare Regeln:

1. **Fremdkapital nur für Investitionen mit positiver Rendite**
2. **Zins- und Tilgungskosten immer einkalkulieren**
3. **Liquidität bewahren, um flexibel zu bleiben**

Wie die Superreichen schneller wachsen als du

Die reichsten Investoren der Welt haben ein Geheimnis: Sie nutzen Schulden – aber nicht kopflos, sondern gezielt. Elon Musk finanzierte mit Fremdkapital seine Tesla-Anteile nach, Immobilienmogule wie Donald Trump bauten ganze Imperien auf, indem sie fremdes Geld strategisch einsetzten.

Warum? Weil sie verstanden haben: Wer nur mit dem eigenen Geld investiert, wächst langsam. Wer jedoch kontrolliert mit Hebel arbeitet, beschleunigt sein Vermögenswachstum dramatisch.

Auch du kannst das – **wenn** du weißt, was du tust. Der Unterschied? Die Reichen sehen Schulden nicht als Gefahr, sondern als Werkzeug. Sie kalkulieren Risiken, denken langfristig und behalten die Kontrolle.

Frage an dich:
Nutzt du Geld – oder lässt du es ungenutzt an dir vorbeiziehen?

5.3.2 Strategischer Einsatz von Hypotheken & Krediten in Immobilien

Mit dem Geld der Bank reich werden – geht das? Ja. Schulden schrecken viele ab – doch Profis sehen darin keinen Ballast, sondern den stärksten Motor für den Vermögensaufbau. Erfolgreiche Immobilieninvestoren nehmen Kredite nicht, weil sie müssen, sondern weil sie wissen, wie sie damit ihre Rendite vervielfachen. Stell dir vor:

- Du kaufst eine Immobilie für eine Million Euro.
- Dein Eigenkapital: 200.000 Euro.
- Der Rest? Kommt von der Bank.
- Jetzt steigt der Wert um 10 % – also um 100.000 Euro.
- Dein Gewinn auf das eingesetzte Kapital? 50 %.

Willkommen beim Leverage-Effekt!

So nutzen Profis den Hebel, ohne sich zu verzocken: Sie sichern sich niedrige Zinsen – je günstiger das Geld, desto höher der Gewinn. Sie kaufen nur Objekte mit positivem Cashflow – die Miete deckt die Finanzierung. Und sie erkennen, wo echte Wertsteigerung möglich ist – nicht jeder Altbau ist ein Goldschatz. Das Geheimnis der Reichen? Sie investieren nicht nur – sie hebeln. Mit System. Mit Kalkül. Mit dem Geld der Bank (Morri & Jostov, 2018).

Frage an dich:
Spielst du noch auf Sicherheit – oder nutzt du schon den Hebel?

Steuerliche Vorteile und Risikomanagement: Wie die Reichen Hypotheken optimal nutzen

Hypotheken sind nicht nur ein Finanzierungsinstrument – sie bieten auch erhebliche steuerliche Vorteile. In vielen Ländern lassen sich Hypothekenzinsen von der Steuer absetzen, was die effektiven Finanzierungskosten senkt. Clevere Investoren planen diese Steuerersparnisse von Anfang an ein, um ihre Rendite zu optimieren.

Doch der strategische Einsatz von Schulden erfordert Risikomanagement. Steigende Zinsen oder Marktabschwünge können dazu führen, dass Immobilien an Wert verlieren oder Finanzierungen teurer werden. Wohlhabende Investoren minimieren diese Risiken durch:

- **Konservative Finanzierungsmodelle:**
  Sie nutzen nur so viel Fremdkapital, wie sie sicher tragen können.
- **Sicherheitsreserven:**
  Sie halten genug Liquidität bereit, um schwierige Phasen zu überstehen.
- **Festverzinsliche Hypotheken:**
  Diese schützen vor plötzlichen Zinserhöhungen.

Fazit
Hypotheken sind mehr als nur Schulden – sie sind ein strategisches Werkzeug. Wer sie klug einsetzt, profitiert nicht nur von Wertsteigerungen, sondern auch von steuerlichen Vorteilen und langfristiger finanzieller Stabilität (Team, 2024).

Refinanzierung: Geheimnis der skalierbaren Vermögensbildung

Eine der mächtigsten Strategien im Immobilienbereich ist das **Refinanzieren** – eine Technik, die es Investoren ermöglicht, ihr Portfolio zu vergrößern, ohne zusätzliches Eigenkapital einzusetzen. Der Kern dieses Ansatzes: **Den Wertzuwachs einer Immobilie nutzen, um neues Kapital für weitere Investments freizusetzen.**

Beispiel: Ein Investor kauft eine Immobilie für 500.000 Euro, größtenteils fremdfinanziert. Nach einigen Jahren steigt der Wert auf 700.000 Euro. Durch Refinanzierung kann der Investor einen neuen Kredit auf Basis des gestiegenen Werts aufnehmen und das freigesetzte Kapital in weitere Immobilien oder Investitionen stecken – ohne eigenes Geld nachzuschießen.

Diese Methode hat drei entscheidende Vorteile:

1. **Skalierbarkeit:**
   Das Portfolio wächst exponentiell, weil Gewinne reinvestiert werden.
2. **Liquiditätsoptimierung:**
   Kapital bleibt verfügbar, anstatt in einer Immobilie gebunden zu sein.
3. **Steuervorteile:**
   Oft sind entnommene Mittel aus Refinanzierungen steuerfrei, da es sich um Kredite und nicht um realisierte Gewinne handelt.

Doch Refinanzierung erfordert **Disziplin und Strategie**. Wer zu aggressiv vorgeht und zu hohe Kredite aufnimmt, riskiert finanzielle Engpässe bei Zinserhöhungen oder Wertverlusten. Erfolgreiche Investoren nutzen Refinanzierungen daher maßvoll und mit langfristiger Planung – so wird aus Schulden ein Hebel für nachhaltigen Vermögensaufbau (DigitalDefynd, 2024).

5.3.3 Margin-Handel an den Aktienmärkten: Wie er Gewinne und Verluste vervielfachen kann

Der Margin-Handel ist der schnellste Weg, an den Finanzmärkten große Gewinne zu erzielen – oder große Verluste zu erleiden. Er ist der ultimative Hebel für Anleger, die mehr Kapital einsetzen wollen, als sie tatsächlich besitzen. Mit geliehenem Geld handeln, um Renditen zu maximieren – ein Traum für Profis, ein Albtraum für Unvorbereitete.

Wie funktioniert der Margin-Handel?

Stell dir vor, ein Anleger besitzt 10.000 Euro, will aber Aktien im Wert von 20.000 Euro kaufen. Der Broker stellt ihm die fehlenden 10.000 Euro als Kredit zur Verfügung. Steigt die Aktie um 10 %, ist die Position nun 22.000 Euro wert. Du zahlst den Kredit zurück und behältst 2.000 Euro Gewinn – das entspricht einer Rendite von 20 % auf das eigene Kapital.

Doch Vorsicht: Fällt der Aktienkurs um 10 %, sinkt der Wert der Position auf 18.000 Euro – du verlierst 2.000 Euro, also 20 % deines eigenen Kapitals.

Die Schattenseite: Der Margin Call

Wenn die Verluste zu groß werden, verlangt der Broker zusätzliches Kapital, um die Schulden zu decken. Hat der Anleger nicht genug Reserven, wird die Position unter Zwang verkauft – oft genau dann, wenn sich der Markt gerade wieder erholen könnte. Sinkt der Wert der gekauften Aktien um 10 %, ist nicht nur der gesamte Hebel dahin – der Broker verlangt möglicherweise **zusätzliche Sicherheiten**.

- **Hat der Anleger nicht genug Reserven**, muss er entweder nachschießen oder seine Positionen zwangsverkaufen – oft genau dann, wenn die Kurse am niedrigsten sind.
- Daraus folgt eine **Verkaufsspirale**, die Verluste verstärkt.

Ein drastisches Beispiel lieferte *Archegos Capital* im Jahr 2021. Das Unternehmen baute riesige Positionen mit geliehenem Geld auf, insbesondere in Technologie- und Medienaktien. Als die Kurse plötzlich einbrachen, wurden Margin Calls ausgelöst – und eine Kettenreaktion von Notverkäufen vernichtete das gesamte Portfolio. Banken verloren Milliarden, weil sie *Archegos* Kredite gewährt hatten.

Warum setzen Profis auf Margin?

» Sie nutzen ihn für kurzfristige Spekulationen, bei denen kleine Kursbewegungen hohe Gewinne bringen.

» Sie handeln mit Risikomanagement – etwa durch Stop-Loss-Orders, die Verluste begrenzen.

- Sie setzen Margin gezielt für stabile Aktien oder Absicherungsstrategien ein, nicht für wilde Zockereien.

Risiko oder Chance?

Margin ist wie Nitro für Rennfahrer – in den richtigen Händen ein mächtiges Werkzeug, aber wer es unbedacht einsetzt, kann in Sekunden alles verlieren. Erfolgreiche Investoren nutzen Margin strategisch, mit klaren Regeln und einem Plan B. Denn an der Börse zählt nicht, wie schnell man fährt – sondern wer am Ende noch auf der Strecke bleibt (H.-L. Tang et al., 2018).

Margin-Handel: Wenn der Turbo zur Falle wird

Die Kehrseite des Margin-Handels ist brutal: **Verluste eskalieren genauso schnell wie Gewinne**. Wenn eine gehebelte Position gegen den Anleger läuft, reicht ein scheinbar harmloser Kursrutsch, um massive Schäden anzurichten.

Die Lektion für Investoren

Wohlhabende Investoren nutzen Margin nicht blind, sondern mit einem klaren **Risikomanagement:**

- **Nicht alles auf eine Karte setzen:**
  Diversifikation ist entscheidend.
- **Genügend Liquidität halten:**
  Ein Puffer schützt vor plötzlichen Nachschusspflichten.
- **Stop-Loss-Orders nutzen:**
  Verluste rechtzeitig begrenzen, bevor es zu spät ist (Foley et al., 2021).

Risikomanagement: Die Kunst, den Margin-Handel zu meistern

Erfolgreiche Anleger wissen: **Margin ist kein Freifahrtschein für Gewinne – sondern ein zweischneidiges Schwert.** Um nicht in die Margin-Falle zu tappen, setzen erfahrene Investoren auf klare Sicherheitsmaßnahmen:

1. **Begrenzte Positionsgrößen:**
   Kein übermäßiges Risiko auf eine einzelne Aktie.

2. **Stop-Loss-Orders:**
   Automatische Verkäufe verhindern katastrophale Verluste.
3. **Niemals die volle Margin ausschöpfen:**
   Ein Liquiditätspuffer schützt vor Nachschusspflichten.

Margin kann Gewinne vervielfachen – aber auch Verluste eskalieren lassen. Der Schlüssel liegt in einem disziplinierten Risikomanagement. Wohlhabende Investoren nutzen Margin gezielt, doch sie stellen sicher, dass sie niemals in eine Situation geraten, in der sie zum Verkaufen gezwungen werden. Letztlich ist Margin wie das Fahren eines Rennwagens: Die Geschwindigkeit ist beeindruckend, aber wer die Kontrolle verliert, riskiert einen Crash. Klare Regeln und Risikomanagement sind die Bremsen, die ein Portfolio vor dem Totalverlust schützen (Huang et al., 2012).

Fazit
Margin ist ein Werkzeug, kein Wundermittel. Richtig eingesetzt, steigert es die Rendite – wer es übertreibt, riskiert alles.

5.3.4 Wie die Reichen Schuldenrisiken managen und absichern

Für wohlhabende Investoren sind Schulden kein Problem, sondern ein strategisches Werkzeug – aber nur, wenn sie mit Präzision und Vorsicht eingesetzt werden. Der Schlüssel liegt im Risikomanagement: Schulden können Vermögen aufbauen, aber wer sie unkontrolliert nutzt, riskiert den finanziellen Ruin.

Diversifikation von Schuldenquellen

Reiche Investoren setzen nie alles auf eine Karte. Sie verlassen sich nicht auf einen einzigen Kreditgeber oder eine einzige Finanzierungsform, sondern kombinieren Hypotheken, Unternehmensdarlehen und alternative Finanzierungsquellen.

- So minimieren sie das Risiko plötzlicher Zinssteigerungen.
- Sie vermeiden eine Abhängigkeit von einem einzigen Kreditinstitut.
- Sie behalten die volle Kontrolle über ihre Finanzierung.

Beispiel: Ein Immobilieninvestor nimmt nicht einen einzigen Großkredit für sein gesamtes Portfolio auf, sondern finanziert jede Immobilie separat. Dadurch bleibt das Risiko auf einzelne Objekte beschränkt und er kann flexibel auf Marktveränderungen reagieren (Yieldstreet, 2023).

Absicherung gegen Zinsrisiken: Stabilität statt böser Überraschungen

Für viele Investoren ist der größte Unsicherheitsfaktor bei Schulden **die Zinsentwicklung**. Steigende Zinssätze können die Finanzierungskosten in die Höhe treiben und unvorbereitete Anleger in Schwierigkeiten bringen. Wohlhabende Investoren wissen das – und sichern sich gezielt ab. Dabei sind die folgenden drei Punkte am wichtigsten:

1. Fixe Zinsen statt Spekulation

- Festzinsdarlehen sorgen für stabile monatliche Zahlungen.
- Unabhängig von Marktschwankungen bleibt die Finanzierungsrate konstant.
- Investoren können langfristig planen, ohne Zinsschocks zu fürchten.

2. Zinssicherung durch Swaps & Caps

Wer größere Finanzierungen nutzt, kann sich zusätzlich mit Finanzinstrumenten wie **Zinsswaps** oder **Zinscaps** absichern:

- **Zinsswaps**
  ermöglichen es, variable Zinsen gegen feste Zinsen zu tauschen.
- **Zinscaps**
  setzen eine Obergrenze für Zinsen – steigen sie darüber, greift der Schutzmechanismus.

3. Cashflow-Management: Schulden mit Einkommen absichern

Schulden werden nur gemacht, wenn sie sich selbst tragen:

- Investitionen in **Mietimmobilien** mit stabilen Einnahmen.
- Kauf von **dividendenstarken Aktien** für regelmäßige Erträge.

- Einsatz von **Unternehmenskrediten**, um sofort profitables Wachstum zu finanzieren.

Mit diesen Strategien sichern sich die Reichen ab: **Ihre Schulden erzeugen Vermögen – nicht umgekehrt** (Sokolov, 2024).

Sicherheitsabstand: Die eiserne Regel der Reichen

Die Wohlhabenden kennen eine goldene Regel: **Nie bis ans Limit gehen!** Wer bis zur Schmerzgrenze finanziert, spielt mit dem Feuer. Nein, die Wohlhabenden denken anders: Sie halten immer Puffer bereit – sei es in Bargeld, liquiden Anlagen oder ungenutztem Kreditspielraum.

» **Cash-Reserven:**
Mehrere Monate Kreditraten auf dem Konto – für den Fall der Fälle.

» **Liquidität statt Panik:**
Wer Rücklagen hat, muss nicht im Crash aus Panik verkaufen.

» **Flexibilität durch Kreditspielraum:**
Unvorhergesehene Chancen nutzen, statt in der Krise gefangen zu sein.

Ein kluger Immobilieninvestor plant so, dass er selbst ohne Mieteinnahmen überlebt – weil sich bei Krisen nicht die Frage stellt, *ob* sie kommen, sondern *wann* (Orr, 2024).

Vermögensschutz: Warum Reiche nie alles auf ihren Namen halten

Wirklich wohlhabende Investoren denken in Strukturen, nicht in Einzelvermögen. Sie trennen Schulden und Assets geschickt durch Unternehmen, Trusts oder Stiftungen und diversifizieren so ihr Vermögen, um Risiken zu minimieren. Mehr zu den unterschiedlichen Diversifikationsstrategien der Reichen erfährst du im nächsten Kapitel.

Fazit
Die Kunst des Schuldenmanagements liegt nicht nur im Gewinnen, sondern vor allem im Nicht-Verlieren. Wohlhabende Investoren meistern diese Balance mit Planung, Disziplin und strategischer Absicherung. Deshalb bleibt Leverage ihr Vorteil – nie ihr Untergang (Nelson, 2020).

5.4 Diversifikationsstrategien

In diesem Abschnitt zeige ich dir, wie Diversifikation Risiken minimiert und gleichzeitig Chancen maximiert. Wohlhabende Anleger nutzen diese Strategien, um Stabilität zu schaffen und ihr Vermögen nachhaltig zu sichern – Ansätze, die hier näher beleuchtet werden.

5.4.1 Diversifikation schützt Investoren in Abschwungmärkten

Diversifikation ist das Sicherheitsnetz, das wohlhabende Investoren vor dem freien Fall bewahrt. Wer nur auf *eine* Anlageklasse setzt, spielt mit dem Feuer. Clevere Anleger verteilen ihr Vermögen gezielt – auf verschiedene Anlageklassen, Branchen und Regionen.

- **Aktien & Anleihen im Mix:**
  Aktien bieten Wachstum, Anleihen stabilisieren in Krisen.
- **Globale Streuung:**
  Ein Crash in einer Region gefährdet nicht das gesamte Vermögen.
- **Alternative Anlagen:**
  Immobilien, Gold oder Private Equity als zusätzliche Puffer.

Beispiel: Stürzt der Aktienmarkt um 20 % ab, können Staatsanleihen mit einem Plus von 5 % die Verluste abfedern. Balance ist der Schlüssel – die Mischung macht den Unterschied zwischen einem kontrollierten Abschwung und einem finanziellen Albtraum (Dahir, 2019).

Alternative Anlagen: Die Geheimwaffen der Wohlhabenden

Reiche Anleger verlassen sich nicht allein auf Aktien oder Anleihen. Sie bauen ihr Vermögen auf mehreren Säulen – auch auf denen, die in Krisenzeiten besonders stark sind.

Gold – der sichere Anker
Seit Jahrhunderten ist Gold der Klassiker, wenn Märkte wanken. Wenn Aktien abstürzen, bleibt Gold oft stabil – oder steigt. Für viele ist es kein Spekulationsobjekt, sondern ein Wertspeicher.

Immobilien – Cashflow statt Kursschwankung
Während die Börsen Achterbahn fahren, liefern Immobilien verlässliche Einnahmen. Mieten kommen monatlich, unabhängig von den Launen der Märkte. Sachwerte wie Immobilien schützen zudem vor Inflation.

Rohstoffe – Gegenpol zum Aktienmarkt
Öl, Gas, Agrarprodukte – sie entwickeln sich oft genau dann positiv, wenn Aktien unter Druck geraten. In Zeiten steigender Nachfrage oder Inflation können Rohstoffe dein Depot stabilisieren.

Kunst, Oldtimer, Uhren – Vermögenswerte mit Charakter
Für viele nur Luxus, für Vermögende Teil ihrer Strategie. Raritäten steigen unabhängig von der Börse im Wert. Und sie bieten einen Bonus: Status, den man sehen und anfassen kann (Schweizer, 2012).

Fazit
Alternative Anlagen sind keine Spielerei – sie sind ein Werkzeug. Die Reichen nutzen sie, um Schwankungen zu glätten, Chancen zu nutzen und in jeder Krise vorbereitet zu sein.

Frage an dich:
Baust du noch auf ein Standbein – oder sicherst du dein Vermögen auf mehreren Ebenen ab?

5.4.2 Diversifikation nach Anlageklassen: Aktien, Immobilien, Private Equity und Rohstoffe

Die Diversifikation nach Anlageklassen ist wie ein gut zubereitetes Menü: Jede Zutat bringt ihren eigenen Geschmack, und zusammen entsteht etwas Großartiges. Anstatt das gesamte Vermögen in eine einzige Anlageklasse zu stecken, verteilen kluge Investoren ihr Kapital auf verschiedene Bereiche wie Aktien, Immobilien, Private Equity und **Rohstoffe**. Jede Klasse reagiert unterschiedlich auf Marktbedingungen, wodurch ein breites Portfolio Risiken mindern und Chancen maximieren kann.

Aktien

Aktien sind oft das **Rückgrat eines diversifizierten Portfolios**. Sie bieten das Potenzial für überdurchschnittliche Renditen, vor allem über einen längeren Zeitraum. Wohlhabende Investoren wählen jedoch nicht einfach wahllos Aktien aus. Sie streuen ihre Investments über verschiedene Branchen und Regionen hinweg, um das Risiko zu minimieren. Ein Teil des Portfolios kann in etablierte Unternehmen investiert werden, während ein anderer Teil Wachstumsunternehmen abdeckt. Diese Mischung sorgt dafür, dass Gewinne in einem Bereich die Verluste in einem anderen ausgleichen können.

Aktien sind dynamisch, und ihre Flexibilität macht sie zu einem unverzichtbaren Bestandteil jeder Anlagestrategie (Lioudis, 2024).

Immobilien

Immobilien bringen Stabilität ins Portfolio. Sie reagieren oft weniger empfindlich auf Marktvolatilität und bieten kontinuierliche Einnahmen durch Mieten. Wohlhabende Investoren nutzen Immobilien nicht nur als Einkommensquelle, sondern auch als Inflationsschutz, da ihre Werte in der Regel steigen, wenn die Preise in der Wirtschaft steigen. Die Diversifikation innerhalb der Immobilienklasse ist ebenfalls von großer Bedeutung. Wohnimmobilien, Gewerbeimmobilien oder sogar spezialisierte Bereiche wie Lagerhäuser oder Ferienwohnungen bieten unterschiedliche Chancen. Der Besitz von Immobilien in verschiedenen geografischen Regionen verstärkt diesen Effekt und schützt das Vermögen vor lokalen Marktschwankungen (Muckenhaupt et al., 2023).

Private Equity

Private Equity bringt eine besondere Würze ins Portfolio, da es Zugang zu nicht börsennotierten Unternehmen bietet. Diese Investitionen erfordern Geduld, da sie in der Regel langfristig angelegt sind. Doch das Potenzial für hohe Renditen ist beträchtlich, da Private-Equity-Investoren oft direkt an der Unternehmensführung beteiligt sind und deren Wachstum aktiv vorantreiben können. Erfolgreiche Investoren in diesem Bereich setzen auf Start-ups mit hohem Potenzial oder auf Unternehmen in Nischenmärkten, die von der breiten Masse übersehen werden. Private Equity ist riskanter als Aktien oder Immobilien, ermöglicht aber auch, außergewöhnliche Gewinne zu erzielen, wenn das Unternehmen wächst oder übernommen wird (Korteweg, 2022).

Rohstoffe

Rohstoffe wie Gold, Silber oder Öl sind ein essenzieller Bestandteil eines diversifizierten Portfolios. Sie dienen oft als **Absicherung gegen wirtschaftliche Unsicherheiten oder Inflation**. Während Aktienmärkte in Krisenzeiten fallen können, steigt der Wert des Goldes oft an, da es als sicherer Hafen gilt. Rohstoffe sind jedoch nicht nur in Krisenzeiten wertvoll. Industriemetalle wie Kupfer oder Aluminium reagieren auf das weltweite Wirtschaftswachstum und bieten zusätzliche Diversifikationsvorteile. Wohlhabende Investoren nutzen gezielt Rohstoffe, um die Schwankungen anderer Anlageklassen auszugleichen. Durch die Kombination all dieser Anlageklassen entsteht ein robustes Portfolio, das sowohl Wachstumschancen als auch Sicherheit bietet.

Jede Klasse erfüllt einen spezifischen Zweck: Aktien sorgen für Wachstum, Immobilien für Stabilität, Private Equity für hohe Renditen und Rohstoffe für Schutz in schwierigen Zeiten. Dieses Gleichgewicht ist der Schlüssel, um Vermögen nicht nur zu erhalten, sondern auch langfristig zu vermehren (Banton, 2024).

5.4.3 Geografische Diversifikation: Warum globale Investitionen Risiken mindern

Warum global investieren? Märkte sind launisch – während eine Region kämpft, boomt eine andere. Wohlhabende Investoren setzen deshalb nicht nur auf ihre Heimatmärkte, sondern verteilen ihr Kapital strategisch über verschiedene Länder.

Während Europa mit stagnierendem Wachstum und politischer Unsicherheit kämpft, zeigen Länder wie Indien oder Vietnam, was dynamische Märkte ausmacht. Dort steigen die Aktienkurse, während viele westliche Märkte kaum vom Fleck kommen. Wer sein Kapital nur regional streut, bleibt anfällig für lokale Krisen – politische Unruhen oder wirtschaftliche Abschwünge treffen meist nur einzelne Länder, nicht den ganzen Globus. Reiche Investoren wissen das und setzen gezielt auf internationale Diversifikation. Sie investieren weltweit über ETFs und Fonds, beteiligen sich direkt an Unternehmen in Wachstumsbranchen oder kaufen Immobilien in wirtschaftlich stabilen Regionen. So sichern sie ihr Vermögen nicht nur ab, sondern profitieren auch von globalen Trends (Collin, 2021).

Fazit
Wer international denkt, schützt sich vor regionalen Risiken und nutzt gleichzeitig Chancen, die andere übersehen.

Frage an dich:
Investierst du noch lokal – oder profitierst du schon global?

Währungseffekte: Der unsichtbare Hebel globaler Investoren

Märkte schwanken – und Währungen gleich mit. Wer international investiert, sichert sich nicht nur regionale Wachstumschancen, sondern profitiert zusätzlich von Wechselkurseffekten. Ein Beispiel: Wenn der Euro fällt und der US-Dollar steigt, gewinnen Anleger mit amerikanischen Vermögenswerten doppelt – durch Kursgewinne und Währungsgewinne.

Das gilt nicht nur für Aktien oder Anleihen, sondern auch für Immobilien. Während Gewerbeimmobilien in London stagnieren, boomen Wohnimmobilien in Städten wie Sydney oder Singapur. Vermögende Investoren wissen das – und setzen auf starke Standorte in stabilen Währungsräumen wie Dubai, Berlin oder Zürich.

Internationale Investments reduzieren das Klumpenrisiko, bieten Zugang zu Boom-Märkten und schützen gleichzeitig vor der Abwertung der Heimatwährung (Kroencke et al., 2011).

Frage an dich:
Willst du nur investieren oder dich clever global absichern und wachsen?

Ein weiteres Beispiel ist der Zugang zu spezifischen Ressourcen und Branchen, die in verschiedenen Regionen dominieren. Wer in Kanada oder Brasilien investiert, profitiert von deren starken Rohstoffmärkten, während Technologienationen wie Südkorea oder die USA Zugang zu führenden Innovationen bieten. Diese regionale Spezialisierung schafft zusätzliche Diversifikationsvorteile. Ein Investor mit globalem Portfolio ist besser aufgestellt, um wirtschaftliche und politische Risiken auszugleichen und gleichzeitig in wachstumsstarke Sektoren zu investieren. Geografische Diversifikation schützt nicht nur das Vermögen, sondern eröffnet auch eine Welt voller Möglichkeiten. Wohlhabende Investoren verstehen, dass Grenzen nur auf Karten existieren – ihr Kapital arbeitet besser, wenn es weltweit verteilt wird. Indem sie **Märkte, Währungen und Branchen diversifizieren**, schaffen sie ein robustes Portfolio, das den Herausforderungen einer globalisierten Wirtschaft standhält (Feng et al., 2019).

5.5 Steuern und Vermögensschutz: Die geheimen Strategien der Milliardäre

In diesem Abschnitt werden die Strategien vorgestellt, mit denen Milliardäre Steuern minimieren und ihr Vermögen schützen. Ob durch Stiftungen, Trusts oder internationale Strukturen – diese Techniken vereinen Planung, Disziplin und clevere Nutzung rechtlicher Möglichkeiten.

5.5.1 Steueroptimierung durch Stiftungen und Trusts

Viele Vermögende nutzen ein Werkzeug, das kaum jemand wirklich versteht: die Stiftung. Du überträgst Immobilien, Wertpapiere oder Firmenanteile in eine Stiftung – und senkst damit nicht nur deine persönliche Steuerlast, sondern sicherst dein Vermögen auch langfristig ab. Das Beste: Die Erträge daraus können steuerbegünstigt in Projekte fließen, die dir am Herzen liegen – ob Bildung, Umweltschutz oder Kultur.

In Deutschland winken massive steuerliche Vorteile. Gemeinnützige Stiftungen sind weitgehend steuerfrei, und Zustiftungen lassen sich als Sonderausgaben absetzen. Wird Vermögen in eine Stiftung eingebracht, kann sogar die Erbschaftssteuer komplett entfallen – ein Vorteil, den viele unterschätzen.

Und das Klischee vom Kontrollverlust? Stimmt nicht. Mit der richtigen Satzung steuerst du genau, wie und wofür das Geld eingesetzt wird. Kombiniert mit einer Familienstiftung bleibt dein Einfluss erhalten – auch über Generationen hinweg.

Stiftungen sind also weit mehr als ein philanthropisches Aushängeschild. Sie sind ein strategisches Instrument zur Vermögenssicherung, Steueroptimierung und Weitergabe – und genau deshalb gehören sie seit Jahrzehnten zum Werkzeugkasten der Reichen (Vogel, 2015).

Die eigentliche Frage ist:
Warum machen das nur so wenige – obwohl der Hebel so gewaltig ist?

Trusts, vor allem in Ländern wie den USA oder Großbritannien, bieten zusätzliche Flexibilität. Ein Trust ist im Grunde ein Treuhandverhältnis, bei dem Vermögenswerte von einem Trustee verwaltet werden – oft zugunsten der Familie des Stifters. Durch die Übertragung von Vermögenswerten in einen Trust können wohlhabende Personen die Erbschaftsteuer reduzieren oder sogar umgehen. Besonders beliebt sind sogenannte „**Dynasty Trusts**", die über Generationen hinweg Vermögen schützen und verwalten, ohne dass bei jeder Generation hohe Steuern anfallen. Das Vermögen bleibt somit unberührt und wächst weiter, während es den steuerlichen Anforderungen geschickt entzogen wird. Ein weiterer Vorteil von Stiftungen und Trusts ist der **Vermögensschutz vor Gläubigern**. In schwierigen finanziellen Zeiten können diese Konstrukte helfen, wichtige Vermögenswerte vor Zugriffen zu schützen. Immobilien, Unternehmensanteile oder sogar Kunstwerke, die in einer Stiftung oder einem Trust geparkt sind, gelten oft als rechtlich getrennt vom persönlichen Vermögen des Stifters. Diese Trennung bietet eine zusätzliche Sicherheitsschicht, die besonders für Unternehmer oder Investoren wichtig ist, die in riskanten Branchen tätig sind (Jarvis, 2024).

Stiftungen und Trusts werden auch häufig für **grenzüberschreitende Steueroptimierung** eingesetzt. In Ländern wie Liechtenstein oder den Cayman Islands gibt es steuerliche Vorteile, die für internationale Investoren attraktiv sind. Wohlhabende Menschen nutzen diese Jurisdiktionen, um komplexe Strukturen zu schaffen, die es ihnen ermöglichen, steuerliche Belastungen zu minimieren, während sie die Kontrolle über ihr Vermögen behalten. Diese Modelle erfordern jedoch sorgfältige Planung und rechtliche Beratung, um die Compliance mit den internationalen Steuergesetzen zu gewährleisten. Die Steueroptimierung durch Stiftungen und Trusts ist ein Spiel der Details. Wohlhabende Investoren nutzen spezialisierte Berater, um sicherzustellen, dass diese Strukturen nicht nur steuerlich vorteilhaft, sondern auch rechtlich unangreifbar sind. Das Geheimnis ihres Erfolgs liegt in der Kombination von finanziellem Wissen, rechtlicher Expertise und strategischem Denken. Diese Mischung schützt Vermögen nicht nur, sondern lässt es auch nachhaltig wachsen (Roth & Thiede, 2013).

5.5.2 Steuerparadiese und internationalen Strukturen

Steuerparadiese – der Begriff klingt nach Palmen, weißen Stränden und geheimen Vermögen. Doch für Vermögende geht es dabei weniger um Luxus, sondern um Strategie. Länder wie die Cayman Islands, Bermuda oder Liechtenstein bieten extrem niedrige – teils gar keine – Unternehmens- und Einkommenssteuern. Klingt verlockend? Ist es auch. Aber nur, wenn du weißt, wie du es legal nutzt.

Wohlhabende gründen dort sogenannte Offshore-Gesellschaften, um ihre Vermögenswerte – Immobilien, Aktien oder Firmenanteile – clever zu strukturieren. Gewinne fließen dann durch diese Konstrukte und landen nicht im Hochsteuerland, sondern in Regionen mit milderen Regeln.

Aber Achtung: Hier trennt sich klug von kriminell. Legal ist, was transparent und nachvollziehbar bleibt. Illegal wird es dann, wenn du eine Firma nur auf dem Papier gründest, ohne echte Geschäftstätigkeit. Briefkastenfirmen gelten oft als Scheinunternehmen – ein klarer Verstoß. Oder wenn du Gewinne in einem Steuerparadies verbuchst, obwohl sie tatsächlich in Deutschland oder einem anderen Hochsteuerland erwirtschaftet wurden – das ist unzulässige Steuerverlagerung (Li & Ma, 2022).

Kurz gesagt: Steuervermeidung ist erlaubt. Steuerhinterziehung ist strafbar. Wer sich mit den Regeln auskennt, spart legal – und schläft trotzdem ruhig.

Frage an dich:
Nutzt du schon die Spielräume, die andere längst für sich entdeckt haben?

Steueroptimierung durch Doppelbesteuerungsabkommen und Trusts

Ein weiteres strategisches Instrument wohlhabender Investoren sind Doppelbesteuerungsabkommen (DBA). Diese Abkommen verhindern, dass Einkünfte in zwei Ländern gleichzeitig besteuert werden, und ermöglichen es, Steuern dort zu zahlen, wo die Bedingungen günstiger sind.

Holding-Gesellschaften als Steuersparmodell
Viele Investoren gründen Holdings in steuerfreundlichen Ländern wie Luxemburg oder den Niederlanden. Dort unterliegen Kapitaleinkünfte oft niedrigeren Steuersätzen als im Heimatland. So können Gewinne steuerlich optimiert reinvestiert werden, während alle rechtlichen Anforderungen eingehalten bleiben.

Trusts: Vermögen schützen und Steuern senken
Neben klassischen Offshore-Gesellschaften nutzen Wohlhabende auch Trusts in Steuerparadiesen. Diese Konstrukte bieten zwei entscheidende Vorteile:

1. **Vermögenswerte sind rechtlich vom Eigentümer getrennt**, wodurch Erbschafts- oder Einkommenssteuern reduziert werden.
2. In Ländern wie den Bahamas oder der Isle of Man unterliegen Trusts strengen Datenschutzbestimmungen, was sie für Investoren mit **Fokus auf Diskretion** besonders attraktiv macht.

Fazit
Wohlhabende nutzen gezielt internationale Steuerregelungen, um ihre Steuerlast zu optimieren, Vermögen langfristig zu sichern und gleichzeitig maximale Flexibilität zu bewahren (Blonigen & Davies, 2002).

Steuerparadiese: Präzision statt Schnellschuss

Die Nutzung von Steuerparadiesen klingt für viele nach einem geheimen Schlupfloch, das nur die Reichen kennen. Doch in Wahrheit ist es kein einfacher Trick, sondern ein hochkomplexes System, das präzise Planung und tiefgehendes Fachwissen erfordert.

Internationale Vorschriften wie **BEPS** (Base Erosion and Profit Shifting) oder der Automatische Informationsaustausch (**AIA**) sorgen dafür, dass Steueroptimierung heute nicht mehr einfach mit einer Briefkastenfirma auf den Bahamas funktioniert. Wohlhabende Investoren arbeiten deshalb mit erfahrenen Steuerberatern und Anwälten, um ihre Strukturen rechtlich wasserdicht und steuerlich effizient zu gestalten.

Ein entscheidender Punkt dabei ist die **Substanzvoraussetzung**: Unternehmen müssen nachweisen, dass sie echte wirtschaftliche Aktivitäten in einem Niedrigsteuerland haben – also Büros, Mitarbeiter und operative Geschäfte. Wer das ignoriert, riskiert, dass seine Struktur als steuerlich missbräuchlich eingestuft wird. Steuerparadiese sind somit kein Freifahrtschein, sondern ein Werkzeug für Profis. Wer es beherrscht, kann legale Steuerersparnisse,

Vermögensschutz und internationale Flexibilität genießen. Und wenn ein Büro mit Meerblick und Palmen dazugehört – umso besser (Remeur, 2019).

5.5.3 Verlustvorträge und Kapitalgewinne optimal gestalten

Für vermögende Investoren sind Verlustvorträge und Kapitalgewinne keine zufälligen Nebeneffekte, sondern gezielt genutzte Steuerstrategien. Sie wirken wie ein finanzieller Puffer, der dabei hilft, die Steuerlast zu minimieren und Gewinne effizienter zu managen.

Wie Verlustvorträge funktionieren

Verlustvorträge entstehen, wenn in einem Jahr mehr Verluste als Gewinne erzielt werden. Diese Verluste können dann in die folgenden Jahre übertragen werden, um zukünftige Gewinne zu reduzieren.

Beispiel: Ein Investor verkauft eine Immobilie mit einem Verlust von 100.000 Euro. Statt diesen Verlust einfach hinzunehmen, kann er ihn mit späteren Kapitalgewinnen verrechnen. Verkauft er einige Jahre später Aktien mit einem Gewinn von 100.000 Euro, muss er darauf keine Steuern zahlen – weil der Verlust aus der Immobilie angerechnet wird.

Warum Wohlhabende diese Strategie nutzen

Reiche Investoren denken langfristig und setzen Verlustvorträge strategisch ein, um ihre Steuerbelastung über Jahre hinweg zu optimieren. Sie achten darauf, Verluste nicht ungenutzt verpuffen zu lassen, sondern sie gezielt mit künftigen Gewinnen zu verrechnen.

Der Schlüssel liegt in der vorausschauenden Planung: Wer seine Kapitalgewinne und Verluste clever zeitlich anpasst, kann seine Steuerlast massiv reduzieren – ganz legal und im Rahmen der geltenden Gesetze (Tamplin, 2023c).

Steuern sparen mit Tax-loss-harvesting und langfristigen Kapitalgewinnen

Reiche Investoren überlassen ihre Steuerstrategie nicht dem Zufall. Sie nutzen gezielt **Tax-loss-harvesting**, um Verluste mit Gewinnen zu verrechnen, und optimieren den Zeitpunkt ihrer Kapitalgewinne, um von niedrigeren Steuersätzen zu profitieren.

Tax-loss-harvesting ist eine Methode, bei der gezielt schlecht laufende Vermögenswerte verkauft werden, um steuerlich nutzbare Verluste zu realisieren.

Beispiel: Ein Investor erzielt durch den Verkauf erfolgreicher Aktien hohe Gewinne. Um die Steuerlast zu reduzieren, verkauft er gleichzeitig unterperformende Aktien, die mit Verlusten notieren. Diese **Verluste werden mit den Gewinnen verrechnet**, wodurch sich die Steuerlast drastisch reduziert.

Diese Technik erlaubt es, das Portfolio steuerlich effizient umzuschichten, ohne dabei unnötige Steuern auf Gewinne zu zahlen.

Kapitalgewinne langfristig optimieren

Neben der geschickten Nutzung von Verlusten spielt auch die **Haltedauer von Vermögenswerten** eine große Rolle. Viele Länder besteuern langfristige Kapitalgewinne niedriger als kurzfristige Gewinne. Strategie:

- Aktien und andere Investments werden mindestens **ein Jahr oder länger gehalten**, um von günstigeren Steuersätzen zu profitieren.
- Schnelle Verkäufe werden vermieden, um hohe kurzfristige Kapitalertragssteuern zu umgehen.

Diese kluge Planung hilft Wohlhabenden, mehr von ihren Gewinnen zu behalten und unnötige Steuerabzüge zu vermeiden. Wer langfristig denkt, maximiert nicht nur seinen Vermögensaufbau, sondern spart dabei auch noch massiv Steuern (Chaudhuri et al., 2019).

Steuern clever nutzen: Freibeträge und strategische Planung

Reiche überlassen ihre Steuerstrategie nicht dem Zufall – sie nutzen **Freibeträge, Schwellenwerte und gezieltes Timing**, um ihre Steuerlast zu minimieren.

Freibeträge optimal ausschöpfen
Viele Länder bieten jährliche Steuerfreibeträge für Kapitalgewinne, die komplett steuerfrei realisiert werden können. Erfolgreiche Investoren teilen ihre Gewinne auf mehrere Jahre auf, um diese Freibeträge optimal zu nutzen.

Beispiel: Ein Investor plant den Verkauf einer hochprofitablen Aktie. Statt die gesamte Position auf einmal zu verkaufen, splittet er den Verkauf auf mehrere Jahre, sodass jedes Jahr steuerfreie Gewinne realisiert werden.

Diese Strategie reduziert nicht nur die Steuerlast, sondern sorgt auch für eine gleichmäßige und langfristige Vermögensoptimierung.

Timing & langfristige Planung
Steuern sparen ist kein Zufallsprodukt, sondern das Ergebnis intelligenter Planung. Wohlhabende Investoren arbeiten mit Steuerberatern, um sicherzustellen, dass sie jede Möglichkeit nutzen, ohne dabei in rechtliche Grauzonen abzurutschen.

Dabei geht es nicht um Tricks oder riskante Manöver, sondern um Wissen, Disziplin und vorausschauende Planung. Denn wer die Steuergesetze versteht, kann sie zu seinem Vorteil nutzen – und am Ende bleibt mehr vom hart erarbeiteten Gewinn im eigenen Vermögen (Bastani & Waldenström, 2023).

5.5.4 Was Privatanleger lernen können

Reiche haben keine geheimen Formeln für Erfolg – sie nutzen kluge Strategien, die auch für Privatanleger zugänglich sind. Wer diese Prinzipien versteht und anwendet, kann seine Finanzen auf ein ganz neues Level heben. Im Folgenden sind die wichtigsten Erfolgsfaktoren noch einmal für dich zusammengefasst.

1. Steuern als Erfolgsfaktor nutzen

Steuerplanung ist nicht nur etwas für Großinvestoren. Wer Steuern optimiert, hat automatisch mehr Kapital zum Investieren. Ein einfacher, aber effektiver Trick ist das Tax-loss-harvesting: Das erfordert keine komplizierten Steuertricks, sondern lediglich eine clevere Planung.

2. Langfristig denken – wie die Wohlhabenden

Der größte Fehler vieler Privatanleger? Kurzfristiges Denken. Wer nach schnellen Gewinnen jagt, läuft oft in eine Falle. Reiche investieren mit einer Langfristperspektive und nutzen Zeit als ihren besten Verbündeten.

Beispiel: Ein Anleger, der in einen breit gestreuten Aktien-ETF investiert und diesen über Jahrzehnte hält, profitiert vom Zinseszinseffekt – während der kurzfristig spekulierende Anleger durch ständiges Hin und Her oft Verluste macht.

Die Formel für nachhaltigen Erfolg lautet: Steuern optimieren, langfristig investieren und diszipliniert bleiben. Wohlhabende tun genau das – und Privatanleger können es ebenso (Lake, 2024).

3. Langfristigkeit und Diversifikation – zwei Schlüssel zum Erfolg

Reiche investieren nicht für die nächsten sechs Monate – sie denken in Jahrzehnten. Sie verstehen, dass echtes Vermögen nicht durch hektisches Kaufen und Verkaufen entsteht, sondern durch Geduld und kluge Strategien.

4. Den Zinseszins für sich arbeiten lassen

Langfristiges Investieren ist wie ein Schneeball, der mit der Zeit größer wird. Wer regelmäßig in breit gestreute ETFs oder Indexfonds einzahlt, profitiert vom Zinseszinseffekt – kleine Beträge wachsen über Jahre zu beeindruckenden Summen heran.

Beispiel: Wer monatlich 500 Euro in einen ETF mit 7 % Rendite anlegt, hat nach 30 Jahren nicht nur 180.000 Euro eingezahlt, sondern durch den Zinseszinseffekt über 600.000 Euro angespart. Goldene Regel: Je früher man beginnt, desto größer der Effekt.

5. Diversifikation – der Schutzschild gegen Risiken

Ein weiteres Erfolgsgeheimnis der Wohlhabenden ist Diversifikation. Sie setzen nicht alles auf eine Karte, sondern verteilen ihr Vermögen clever auf verschiedene Anlageklassen.

- » Aktien für Wachstum
- » Anleihen für Stabilität
- » Immobilien oder Gold als Absicherung
- » Globale Streuung statt Heimatmarkt-Falle

Das Beste: Selbst mit kleinem Kapital ist eine breite Streuung möglich. Dank moderner Online-Broker können Privatanleger heute weltweit in verschiedene Märkte investieren – oft schon ab wenigen Euros. Das Erfolgsprinzip ist simpel (Sarkar, 2023):

Geduld + Diversifikation = langfristiger Wohlstand.

6. Flexibilität, Kontrolle und kontinuierliches Lernen

Erfolgreiche Investoren ruhen sich nicht auf ihren Entscheidungen aus – sie bleiben anpassungsfähig. Überprüfe deine Strategie regelmäßig und passe sie an veränderte Marktbedingungen an.

7. Regelmäßige Portfolio-Checks statt blinder Treue

Es geht nicht darum, ständig zu handeln, sondern darum, bewusst und strategisch zu optimieren.

Beispiel: Ein ETF mit ursprünglich niedrigen Gebühren könnte plötzlich teurer werden. Wer sein Portfolio einmal im Jahr überprüft, kann rechtzeitig auf einen günstigeren Anbieter umsteigen und so über Jahrzehnte Tausende Euro sparen.

Fazit
Erfolgreiche Anleger bleiben flexibel, aber ohne in blinden Aktionismus zu verfallen.

8. Bildung – die beste Rendite überhaupt

Wohlhabende Menschen investieren in Wissen, bevor sie in Vermögenswerte investieren.

- **Grundlagen der Finanzwelt verstehen** – Steuern, Märkte, Investmentstrategien
- **Teure Fehler vermeiden** – unseriöse Angebote oder emotionale Fehlentscheidungen
- **Sich unabhängig machen** – wer versteht, wie Geld funktioniert, ist nicht auf Berater angewiesen

> **„Die beste Investition, die du tätigen kannst, ist die in dich selbst."**
> – Warren Buffett

Denn am Ende ist Wissen die einzige Anlageklasse, die kein Crash vernichten kann (Tsang et al., 2022).

6

Wissenschaftliche Einblicke in den Investmenterfolg

Erfolgreiche Investoren verlassen sich nicht auf Glück oder Zufall – sie nutzen **datenbasierte Strategien** und bewährte Modelle, um Risiken zu minimieren und ihre Renditen zu maximieren. In diesem Kapitel erfährst du, wie auch du mit systematischem Denken und fundiertem Wissen langfristig erfolgreich investieren kannst.

6.1 Die Wissenschaft der Asset-Allokation

Die Kunst der richtigen Vermögensverteilung ist der Kern eines stabilen Portfolios. Wissenschaftliche Untersuchungen zeigen, dass über 90 % der langfristigen Rendite nicht von der Auswahl einzelner Titel, sondern von der **optimalen Mischung verschiedener Anlageklassen** abhängen. Es geht dabei weniger darum, den nächsten Mega-Gewinner zu finden, als das Gesamtrisiko geschickt zu steuern und gleichzeitig attraktive Erträge zu sichern.

Wie bereits erwähnt, setzen wohlhabende Investoren auf eine **strategische Diversifikation** – etwa durch die Kombination von Aktien, Anleihen, Immobilien und alternativen Investments. Dabei helfen Modelle wie die Moderne Portfoliotheorie von Markowitz, das **Black-Litterman-Modell** oder der **Risk-Parity-Ansatz**, das richtige Gleichgewicht zwischen Risiko und Rendite zu finden. Durch regelmäßiges **Rebalancing** und eine kontinuierliche Überprüfung der Portfoliozusammensetzung stellen Wohlhabende sicher, dass ihre Strategie auch in turbulenten Zeiten Bestand hat.

Diese Prinzipien sind nicht exklusiv für Millionäre – auch Privatanleger können mit gezielten Schritten, wie der Nutzung kostengünstiger ETFs und einer globalen Streuung, von diesen bewährten Methoden profitieren und langfristig ihr Vermögen aufbauen.

6.1.1 Bedeutung der Asset-Allokation beim langfristigen Vermögensaufbau

Die Asset-Allokation ist wie das solide Fundament eines Hauses – sie bestimmt, wie stabil und widerstandsfähig dein gesamtes Portfolio ist. Es geht darum, dein Vermögen geschickt auf verschiedene Anlageklassen zu verteilen, um Risiken zu senken und gleichzeitig Renditechancen zu maximieren. Wohlhabende Investoren schwören auf diesen Ansatz, denn er begrenzt Verluste und eröffnet in jeder Marktlage neue Möglichkeiten.

Weil es so wichtig ist, noch einmal an dieser Stelle: **Der Schlüssel liegt in der richtigen Mischung** (siehe Kapitel 5.4, S. 156): Aktien gelten als die Wachstumsmaschine eines Portfolios, bieten beeindruckende Chancen, bringen jedoch auch ihre Volatilität mit sich. Im Gegensatz dazu stehen Anleihen, die Stabilität und regelmäßige Zinseinnahmen liefern – sie wirken wie ein verlässlicher Anker, wenn die Aktienmärkte in Turbulenzen geraten. Eine ausgewogene Verteilung zwischen diesen beiden Anlageklassen hilft, die natürlichen Schwankungen eines Portfolios auszugleichen, ohne auf das Wachstumspotenzial zu verzichten. So schaffst du ein robustes Fundament, das dich auf lange Sicht sicher durch alle Marktszenarien führt (Ledenyov & Ledenyov, 2013).

Märkte in unterschiedlichen Regionen reagieren verschieden auf globale Ereignisse: Während beispielsweise der US-Aktienmarkt von einer Zinserhöhung heftig getroffen werden kann, bleiben europäische oder asiatische Märkte oft weniger anfällig.

Wohlhabende Investoren setzen daher auf eine **globale Allokation**, um ihr Vermögen vor regionalen Risiken zu schützen. Dank international ausgerichteter ETFs oder Fonds können auch Privatanleger heute mühelos von dieser Strategie profitieren – ohne sich in komplexen Einzelinvestments zu verlieren (Luxenberg et al., 2022).

Die **Asset-Allokation** ist kein einmaliges Ereignis, sondern ein fortlaufender Prozess. Märkte verändern sich ständig, und damit verschiebt sich auch die Gewichtung der verschiedenen Anlageklassen im Portfolio. So kann ein ursprünglich zu **60 % in Aktien und 40 % in Anleihen** investiertes Portfolio nach einem starken Aktienjahr plötzlich zu 70 % aus Aktien bestehen – und dadurch riskanter werden, als es der ursprüngliche Plan vorsah. Wohlhabende Investoren überprüfen daher regelmäßig ihre Portfolios und bringen sie durch gezieltes Rebalancing wieder ins Gleichgewicht. Diese Disziplin ist entscheidend, um die langfristige Strategie beizubehalten und sich nicht von kurzfristigen Marktschwankungen aus der Bahn werfen zu lassen (Yu & Ahluwalia, 2022).

Die wahre Stärke der Asset-Allokation offenbart sich in Krisenzeiten. Während viele Anleger in Panik verfallen, weil ihre Portfolios zu einseitig aufgestellt sind, bleiben gut diversifizierte Anlagen wie ein sicherer Hafen in stürmischen Zeiten stabil. Wohlhabende Investoren wissen: Es reicht nicht, einfach nur die richtigen Vermögenswerte zu besitzen – man muss sie auch in der perfekten Balance halten. Dieses feine Gleichgewicht ist der Schlüssel, um langfristig Vermögen aufzubauen, ohne jede Marktschwankung in schlaflose Nächte zu verwandeln. Asset-Allokation ist keine geheimnisvolle Kunst, sondern eine durchdachte Strategie, die auch Privatanleger nutzen können, um ihre finanziellen Ziele mit klarem Kopf und ruhiger Hand zu erreichen (Zhou & Li, 2019).

6.1.2 Moderne Portfoliotheorie: Wie Milliardäre Risiko und Rendite optimieren

Die moderne Portfoliotheorie (MPT) klingt wie Raketenwissenschaft, ist aber im Grunde das Erfolgsrezept für stressfreies Investieren. Sie beantwortet die goldene Frage: Wie maximiert man Gewinne, ohne sich unnötig Risiken auszusetzen? Genau das macht sie so beliebt bei Milliardären und erfahrenen Investoren.

Das Prinzip der Diversifikation kann nicht oft genug erwähnt werden: Die MPT zeigt, dass kein Investor alle Eier in einen Korb legen sollte. Ein klug strukturiertes Portfolio verteilt das Risiko und gleicht Schwankungen aus. Wenn Tech-Aktien einbrechen, federn stabile Werte wie Immobilien oder Rohstoffe die Verluste ab. Ein Milliardär investiert nie nur in eine Anlageklasse, sondern kombiniert bewusst verschiedene Vermögenswerte.

Das Zusammenspiel von Risiko und Rendite

Nicht jede Anlage muss maximale Rendite bringen – entscheidend ist die Balance. Milliardäre setzen auf ein intelligentes Portfolio, das hohe Gewinne liefert, ohne extreme Schwankungen zu riskieren. Die MPT hilft, genau diese Balance zu finden, indem sie analysiert, wie verschiedene Anlagen miteinander korrelieren.

Fazit
Wohlhabende nutzen die MPT, um ihre Portfolios so zu strukturieren, dass sie in Krisenzeiten widerstandsfähig bleiben und dennoch langfristig wachsen. Das Geheimnis? Streuung, Strategie und smarte Risikoanpassung (Omisore, 2012).

Warum Milliardäre Korrelation und Effizienzkurve meistern

Die MPT geht über einfache Diversifikation hinaus – sie setzt auf clevere Korrelationen. Es reicht nicht, einfach viele Anlageklassen zu mischen. Entscheidend ist, dass sie sich in verschiedenen Marktphasen unterschiedlich verhalten.

Korrelation: Das Geheimnis stabiler Portfolios

Ein klassisches Beispiel: Aktien und Anleihen bewegen sich oft entgegengesetzt. Stürzt der Aktienmarkt ab, steigen Anleihen häufig an Wert. Wohlhabende Anleger nutzen genau diese Dynamik, um Marktschwankungen auszubalancieren. Sie kombinieren Investments so, dass Verluste in einem Bereich durch Gewinne in einem anderen abgefedert werden.

Die Effizienzkurve: Mehr Rendite bei gleichem Risiko

Ein weiteres Konzept der MPT ist die Effizienzkurve. Sie zeigt, wie sich ein Portfolio so optimieren lässt, dass es die höchstmögliche Rendite bei einem bestimmten Risiko erzielt. Milliardäre und ihre Berater analysieren genau, wo ihr Portfolio auf dieser Kurve liegt und passen ihre Gewichtung an:

- **Risikofreudige Investoren**
  setzen stärker auf wachstumsstarke Aktien.
- **Konservative Investoren**
  gewichten Anleihen, Immobilien oder alternative Investments höher.

Fazit
Erfolgreiche Investoren denken in Wahrscheinlichkeiten, nicht an Hoffnungen. Sie wissen, dass ein durchdachtes Portfolio nicht nur Gewinne maximiert, sondern auch Stress minimiert (Abalkhail, 2017).

Risikomanagement ist das Fundament der modernen Portfoliotheorie – und der entscheidende Unterschied zwischen Spekulanten und strategischen Investoren. Milliardäre investieren nicht blind, sondern messen und steuern Risiken präzise.

Standardabweichung: Die Kunst, Schwankungen zu kontrollieren

Ein zentrales Werkzeug ist die Standardabweichung, die zeigt, wie stark die Renditen eines Investments schwanken. Sie gilt als Maß für das Risiko und hilft, unterschiedliche Anlageklassen objektiv miteinander zu vergleichen. Niedrige Volatilität ist ideal für Vermögensteile, die langfristige Stabilität bieten sollen, während höhere Volatilität dort akzeptiert wird, wo Wachstum angestrebt wird. So lassen sich defensive und chancenorientierte Elemente gezielt kombinieren. Das Ergebnis: Ein Portfolio, das Sicherheit und Rendite perfekt ausbalanciert und individuell auf die Risikotoleranz des Anlegers abgestimmt ist.

Risiko als Chance: antizyklisch investieren

Die MPT wird nicht nur genutzt, um Risiken zu senken – sondern auch um Chancen zu erkennen. Cleveres Risikomanagement bedeutet, dort zu investieren, wo andere Angst haben. Wohlhabende Anleger setzen gezielt auf Sektoren, die kurzfristig unter Druck stehen, aber langfristig Potenzial haben.

Fazit
Erfolgreiche Investoren lassen sich nicht von Emotionen leiten, sondern von Wahrscheinlichkeiten. Ihr Geheimnis? Sie kontrollieren das Risiko – anstatt sich vom Risiko kontrollieren zu lassen (J. M. Chen, 2016).

6.1.3 Persönliches Portfolio mit wissenschaftlichen Methoden aufbauen

Ein persönliches Portfolio zu bauen, ist wie das Planen eines Roadtrips: Ohne Ziel und Strategie wird es eine wilde Fahrt. Erfolgreiche Investoren nutzen wissenschaftliche Methoden, um Risiken zu minimieren und Renditen gezielt zu steuern.

Der Startpunkt: Klare Finanzziele und ein Risikoprofil

Bevor Geld investiert wird, muss klar sein: Wie viel Risiko ist vertretbar, und welches Renditeziel wird angestrebt? Ein junger Investor mit langem Zeithorizont kann höhere Schwankungen aushalten und wählt häufig eine Aufteilung von etwa 80 % Aktien und 20 % Anleihen. Ein Anleger kurz vor der Rente hingegen benötigt mehr Stabilität und schichtet stärker in sichere Anlageklassen um.

Asset-Allokation: Der Schlüssel zum Erfolg

Studien zeigen: Die Verteilung des Kapitals auf verschiedene Anlageklassen bestimmt den Großteil der langfristigen Performance – weit mehr als die Auswahl einzelner Investments. Aktien, Anleihen, Immobilien oder Rohstoffe – die richtige Mischung macht den Unterschied. Wohlhabende Investoren denken nicht kurzfristig. Sie nutzen wissenschaftliche Methoden, um ihre Strategie präzise zu planen und langfristig Vermögen aufzubauen (Chalkis et al., 2021).

Wohlhabende Investoren setzen nicht auf eine einzige Region – sie denken global. Statt nur auf den heimischen Markt zu vertrauen, **streuen sie ihr Kapital weltweit**, um regionale Risiken zu minimieren und Chancen in wachstumsstarken Märkten zu nutzen.

Globale Diversifikation: Mehr Stabilität, bessere Renditen

Ein starkes Portfolio denkt global – nicht nur regional. Wer klug aufstellt, mischt US-Techriesen mit europäischen Konsumwerten und asiatischen Infrastrukturprojekten. Warum? Weil breite Streuung nicht nur das Risiko senkt, sondern langfristig auch für mehr Rendite sorgt. Das zeigen zahlreiche Studien und vor allem die Portfolios der Reichen. Doch Diversifikation allein reicht nicht. Denn die Märkte bewegen sich – und mit ihnen die Gewichtung deines Portfolios. Was heute ein ausgewogenes 60/40 ist, kann nach einem Tech-Boom plötzlich zu einem riskanten 70/30 kippen. Die Lösung? Rebalancing. Du schichtest gezielt um, nimmst Gewinne mit und investierst in das, was gerade unterrepräsentiert ist. Klingt einfach, fühlt sich aber oft falsch an – und genau deshalb machen es so wenige. Dabei ist diese Disziplin einer der stärksten Hebel, um Risiken zu steuern und Chancen zu nutzen (James et al., 2022).

Frage an dich:
Hast du die Disziplin, auch dann zu handeln, wenn es sich nicht bequem anfühlt?

Ein starkes Portfolio soll nicht nur wachsen – es muss auch Rückschläge aushalten. Reiche Investoren wissen: Vermögen entsteht nicht nur durch Rendite, sondern durch Risikokontrolle. Sie bauen ihr Fundament so, dass es auch bei Sturm stehen bleibt.

Risikomanagement klingt trocken, ist aber der unterschätzte Joker. Mit Kennzahlen wie der Standardabweichung oder dem Value-at-Risk erkennst Du, wie stark dein Depot schwankt – und ob du noch im richtigen Risiko-Rahmen unterwegs bist. Wenn ein ETF plötzlich wie ein wilder Mustang ausschlägt, wird nicht panisch verkauft – sondern nachjustiert. Erfolgreiche Anleger reagieren nicht impulsiv, sie handeln mit System. Sie reduzieren überhitzte Positionen, schichten in ruhigere Werte um – und halten ihr Portfolio damit auf Kurs. Keine Magie, kein Hochfrequenzhandel. Sondern klare Regeln und Disziplin. Denn die Wahrheit ist: Die besten Investoren gewinnen nicht, weil sie die Zukunft vorhersagen können – sondern weil sie vorbereitet sind, wenn sie eintritt (S. C. Lee & Junior, 2018).

6.2 Jenseits der modernen Portfoliotheorie: Strategien zur Marktüberperformance

In diesem Abschnitt werden fortschrittliche Strategien vorgestellt, die den Markt gezielt schlagen können. Wohlhabende Investoren nutzen innovative Ansätze wie Sektorrotationen und Momentum-Investments, um Chancen zu erkennen und außergewöhnliche Renditen zu erzielen.

6.2.1 Sektor-Rotationsstrategien: Wie und warum sie funktionieren

Sektor-Rotationsstrategien sind wie das Setzen auf die Gewinner eines Staffellaufs – nur, dass es sich hier um Branchen handelt, die in einem dynamischen Wirtschaftsumfeld stets ihre Position wechseln. Stell dir vor, du fährst ein Rennen und möchtest immer vorne mitfahren. Was wäre die beste Strategie? Genau, du setzt auf die schnellsten Autos und wechselst, sobald ein anderes Modell schneller wird. Genau dieses Prinzip steckt hinter **Branchen-Rotations-Investing** – nur, dass es hier um Aktien und Branchen geht, nicht um Sportwagen.

Ziel ist es, von Sektoren zu profitieren, die in bestimmten Marktphasen die stärksten Renditen liefern. Dies basiert auf einem wissenschaftlich fundierten Ansatz, der sowohl Momentum als auch relative Stärke nutzt, um systematisch Chancen zu identifizieren (Miao & Polak, 2023).

Der zentrale Mechanismus dieser Strategie ist die Nutzung der **relativen Stärke**, also der Performance eines Sektors im Vergleich zu anderen. Zusätzlich beachtet man die **Konjunktur, die Inflati-**

on und das allgemeine Zinsniveau. Sektoren, die in den letzten drei, sechs oder zwölf Monaten überdurchschnittlich performt haben, werden bevorzugt ins Portfolio aufgenommen. Die Theorie dahinter ist einfach: Sektoren mit starkem Momentum neigen dazu, ihre Überperformance in naher Zukunft fortzusetzen. Untersuchungen zeigen, dass Anleger durch Investitionen in die Top-Performing-Sektoren über einen längeren Zeitraum den Gesamtmarkt übertreffen können. Zum Beispiel erzielte eine auf US-Sektoren angewandte Strategie eine Outperformance von 6 % pro Jahr im Vergleich zu klassischen. Momentum allein reicht jedoch nicht aus – die Strategie erfordert regelmäßiges Rebalancing. Monatlich oder quartalsweise wird das Portfolio überprüft, um sicherzustellen, dass nur die stärksten Sektoren enthalten sind. Schwächere Sektoren werden ersetzt, sobald sie aus den oberen Ranglisten herausfallen. Dies schafft eine kontinuierliche Anpassung an die Marktbedingungen, ohne dass die Anleger emotional oder spekulativ handeln müssen. Beispielsweise kann der Technologiebereich in Boomzeiten die Führung übernehmen, während in einer Rezession defensive Sektoren wie Versorger oder Gesundheitswesen dominieren (R. Yang & Shi, 2023).

Wenn du diese Strategie kombiniert mit mehreren Anlageklassen umsetzen möchtest, verweise ich auf mein Finanzcoaching. In sieben von zehn Jahren hat diese Strategie in der Vergangenheit zu einer Outperformance am amerikanischen Markt geführt.

Finanzcoaching:

Ein praktisches Beispiel für **Sektorrotation** zeigt sich in der Finanzkrise 2008. Während die meisten Märkte fielen, blieben defensive Branchen wie Basiskonsumgüter und Gesundheitswesen stabil. Anleger, die ihre Portfolios rechtzeitig in diese Bereiche verlagerten, konnten Verluste minimieren und von der späteren Erholung profitieren. Umgekehrt sind in Phasen des wirtschaftlichen Aufschwungs zyklische Sektoren wie Technologie und Konsumgüter gefragt, da die steigende Nachfrage in diesen Branchen die Gewinne antreibt. Um Risiken weiter zu minimieren, setzen erfahrene

Anleger auf zusätzliche Hedging-Techniken. Positionen können etwa in Sektoren reduziert oder ganz geschlossen werden, wenn der Gesamtmarkt unter einen gleitenden Durchschnitt fällt. Alternativ kann Kapital in weniger korrelierte Anlageklassen wie Rohstoffe oder internationale Märkte umgeschichtet werden. Diese Mechanismen bieten nicht nur Schutz vor größeren Verlusten, sondern sorgen auch für eine bessere Stabilität des Portfolios, insbesondere in volatilen Marktphasen (Valle et al., 2024).

Sektor-Rotationsstrategien erfordern Disziplin und eine klare Methodik. Sie sind keine Spielwiese für Spekulanten, sondern ein systematischer Ansatz, der auf Daten und Marktverhalten basiert. Anleger profitieren von einem präzisen Plan, der sie durch verschiedene Marktzyklen führt. Wohlhabende Investoren setzen genau auf diese Strategien, um langfristig höhere Renditen zu erzielen und gleichzeitig die Risiken effektiv zu steuern. Durch die konsequente Nutzung dieser Methode gelingt es, nicht nur auf die richtigen Sektoren zu setzen. Es werden auch fundierte Entscheidungen getroffen, die auf klaren Regeln und historischen Erkenntnissen beruhen. Sektorrotation ist keine Geheimwissenschaft, sondern ein dynamisches Werkzeug, das mit Geduld und der richtigen Herangehensweise auch Privatanlegern zugänglich ist (Alexiou & Tyagi, 2020). Historische Daten zeigen, dass diese Strategie den breiten Markt oft outperformen kann. Denn wer sich immer in den stärksten Sektoren aufhält, profitiert von deren überdurchschnittlicher Entwicklung. Eine Studie von Moskowitz und Grinblatt (1999) zeigt beispielsweise, dass der Momentum-Effekt besonders stark innerhalb von Branchen auftritt. Wer also nicht nur Einzelaktien, sondern ganze Sektoren analysiert, kann noch bessere Ergebnisse erzielen.

6.2.2 Momentum-Investieren: Nutzung aktueller Leistungsdaten

Momentum-Investieren ist wie das Mitfahren auf einem gut laufenden Zug – solange der Zug Fahrt aufnimmt, steigt der Wert der Reise. Diese Strategie setzt auf Aktien oder Anlageklassen, die sich bereits in einem Aufwärtstrend befinden. Die Idee dahinter ist simpel: Was gut läuft, läuft oft noch eine Weile besser. Und genau diese Verlängerung von Trends macht Momentum-Investieren so attraktiv. Die Grundlage dieser Strategie liegt in der Beobachtung **historischer Renditen über bestimmte Zeiträume** – typischerweise drei, sechs oder zwölf Monate. Anlagewerte mit den besten Renditen innerhalb dieses Zeitraums werden ausgewählt, während Underperformer ignoriert werden. Ein klassisches Beispiel: *Tesla*-Aktien, die sich nach ihrem Höhenflug im Jahr 2020 weiterhin stark entwickelten, weil Anleger auf die Innovationskraft des Unternehmens setzen. Diese Dynamik wird durch den Herdentrieb der Märkte unterstützt – Anleger springen auf, was den Aufwärtstrend weiter verstärkt (Asness et al., 2013).

Momentum-Investieren verlässt sich nicht nur auf Bauchgefühl, sondern auf handfeste Daten. Indikatoren wie der **Relative-Stärke-Index** (RSI) oder **gleitende Durchschnitte** helfen, die stärksten Anlagewerte zu identifizieren. Wenn eine Aktie in den vergangenen Monaten konsistent bessere Ergebnisse als der Markt erzielt hat, wird sie zum Kandidaten für ein Momentum-Portfolio. Studien zeigen, dass Momentum-Strategien in den letzten Jahrzehnten systematisch höhere Renditen als der Gesamtmarkt erzielt haben. Dies funktioniert, weil sich Trends oft länger halten, als viele erwarten. Die Strategie erfordert jedoch klare Regeln und ein gutes Risikomanagement. Momentum kann schnell kippen, etwa durch negative Unternehmensnachrichten oder Marktpaniken. Um Verluste zu minimieren, setzen Investoren auf Stop-Loss-Order, die automatisch verkaufen, wenn eine Aktie unter einen bestimmten Preis fällt. Gleichzeitig werden Portfolios regelmäßig überprüft und angepasst. Wertpapiere, die an Momentum verlieren, werden durch neue ersetzt, um die Dynamik im Portfolio aufrechtzuerhalten (Singh & Walia, 2022).

Momentum-Investieren ist besonders stark in einem bullischen Marktumfeld. Momentum-Investoren setzen auf Stärke – und das funktioniert am besten, wenn der Markt Rückenwind hat. In Aufschwungphasen steigen starke Aktien oft weiter, weil Kapital dorthin fließt, wo es läuft. Wer Trends früh erkennt und konsequent reitet, profitiert überdurchschnittlich – solange der Markt mitspielt. Es gibt jedoch auch Möglichkeiten, von Momentum in Bärenmärkten zu profitieren. Hierbei wird die Strategie auf Short-Positionen angewendet – also auf Wertpapiere, die wahrscheinlich weiter an Wert verlieren. Wohlhabende Investoren kombinieren oft Long- und Short-Momentum, um Renditen in jeder Marktlage zu erzielen. Das Geheimnis des Erfolgs liegt wie immer in der Disziplin. Anleger dürfen sich nicht von Emotionen leiten lassen. Es geht darum, sich auf die Daten zu konzentrieren und die Entscheidungen von klaren Regeln leiten zu lassen. Wohlhabende nutzen spezialisierte Software, die Märkte überwacht und die besten Gelegenheiten identifiziert. Privatanleger können dies mit kostengünstigen Tools nachahmen, um von den gleichen Prinzipien zu profitieren. Momentum-Investieren ist keine Zauberei – es ist ein bewährtes Rezept, das den Markt immer wieder übertrumpft (Petruno, 2018).

6.2.3 Faktorbasiertes Investieren: Zielgerichtete Ansprache spezifischer Marktparameter für höhere Renditen

Faktorbasiertes Investieren ist wie das Kochen nach einem geheimen Rezept – statt wahllos Zutaten zu mischen, setzt man gezielt auf bewährte Komponenten, die den Geschmack perfekt machen. In der Finanzwelt bedeutet das, Portfolios zu gestalten, die spezifische Faktoren ansprechen, welche historisch mit höheren Renditen oder geringeren Risiken verbunden sind. Diese Strategie hilft, systematisch und datenbasiert die besten Gelegenheiten zu identifizieren. Einer der bekanntesten Faktoren ist der Value-Faktor. Er konzentriert sich auf unterbewertete Aktien, die im Verhältnis zu ihrem Buchwert, Gewinn oder Cashflow günstig erscheinen. **Die Idee dahinter ist, dass diese „Schnäppchen" langfristig zu ihrem wahren Wert aufschließen und dabei überdurchschnittliche Renditen liefern.** Berühmte Investoren wie Warren Buffett haben den Value-Faktor erfolgreich angewandt.

Ein **Beispiel**: Während der Finanzkrise 2008 waren viele solide Unternehmen unterbewertet. Anleger, die den Value-Faktor nutzten, konnten von der anschließenden Erholung massiv profitieren (Asness et al., 2015).

Ein weiterer wichtiger Faktor ist, wie zuvor aufgeführt, das **Momentum**, welches auf Aktien mit starkem Kursanstieg setzt. Studien zeigen, dass Aktien mit hoher relativer Stärke oft weiterhin gut abschneiden. Momentum-basierte Portfolios kombinieren diesen Faktor häufig mit anderen, um die Schwankungsanfälligkeit zu reduzieren. Anleger können unter anderem Aktien auswählen, die sowohl unterbewertet sind (Value) als auch ein starkes Momentum aufweisen. Dieser Mix bietet eine robuste Grundlage, um Chancen in verschiedenen Marktumfeldern zu nutzen (Faber, 2010).

Der **Quality-Faktor** wird ebenfalls häufig verwendet, insbesondere von Wohlhabenden, die langfristig denken. Hier stehen Unternehmen im Fokus, die durch stabile Gewinne, niedrige Verschuldung und eine hohe Kapitalrendite überzeugen. Quality-Faktor-Investitionen bieten Stabilität, selbst in turbulenten Märkten. Ein gutes Beispiel ist der Technologiesektor. Unternehmen wie *Apple* oder *Microsoft* zeichnen sich durch starke Fundamentaldaten aus, was sie zu Favoriten von Quality-Investoren macht.

Der Size-Faktor konzentriert sich auf kleinere Unternehmen, die oft stärker wachsen als große Konzerne. Diese Firmen werden häufig von institutionellen Investoren übersehen, bieten jedoch ein enormes Potenzial für Renditen. Privatanleger können diesen Vorteil nutzen, indem sie gezielt Small-Cap-ETFs oder Aktien von wachstumsstarken Unternehmen auswählen (Hum, 2024).

Faktorbasiertes Investieren funktioniert optimal, wenn es diversifiziert wird. Anleger kombinieren mehrere Faktoren, um die Volatilität zu reduzieren und die Gesamtperformance zu verbessern. Dabei werden Indikatoren wie Sharpe-Ratio oder Tracking Error verwendet, um sicherzustellen, dass das Portfolio nicht nur gut performt, sondern auch das Risiko angemessen verteilt ist. Die Kunst des faktorbasierten Investierens liegt in der Geduld und der Bereitschaft, der Strategie über längere Zeiträume zu vertrauen. Wohlhabende Anleger nutzen diese Methode, um nicht nur die besten Aktien zu identifizieren, sondern auch langfristig stabile Erträge zu erzielen – ein Ansatz, der jedem Anleger offensteht (Bessler et al., 2021).

6.2.4 Fallstudien: Erfolgreiche Strategien zur Überwindung des Marktes, die von wohlhabenden Investoren verwendet werden

Die besten Lektionen im Investieren stammen aus realen Geschichten – Erfolgsstrategien, die von wohlhabenden Investoren genutzt werden, um den Markt zu schlagen. Diese Fallstudien zeigen, dass außergewöhnliche Ergebnisse nicht durch Zufall entstehen, sondern durch clevere Planung, Disziplin und bewährte Methoden. Ein Paradebeispiel dafür ist Warren Buffetts Value-Ansatz – wie sein legendärer *Coca-Cola*-Kauf zeigt, setzt er auf unterbewertete Qualitätsunternehmen mit stabilem Burggraben, was langfristig enorme Renditen brachte (Samuel, 2024).

Ein weiteres Beispiel ist Ray Dalios Allwetter-Portfolio – durch kluge Diversifikation über Anlageklassen hinweg erzielt es stabile Renditen in jedem Marktumfeld, unabhängig von Konjunkturzyklen (mehr dazu ab S. 200). Auch George Soros' Makro-Strategie zeigt, wie durch das gezielte Erkennen globaler wirtschaftlicher Fehlentwicklungen – wie beim legendären Short gegen das britische Pfund – Milliardengewinne möglich sind (mehr dazu ab S. 205) (Speakes, 2015).

Ein modernes Beispiel bietet **Cathie Wood von *ARK Invest***, die sich auf disruptive Technologien konzentriert. Wood setzt auf Unternehmen, die Innovationen maßgeblich vorantreiben – von künstlicher Intelligenz bis hin zu Biotechnologie. Ihr Ansatz beruht auf tiefgehender Forschung und einer klaren Vision für die Zukunft. Obwohl ihre Strategien oft kontrovers diskutiert werden, haben sie beeindruckende Renditen in Wachstumsphasen geliefert. Kritiker werfen ihr vor, Risiken zu unterschätzen und zu spekulativ zu investieren, während Befürworter ihre mutige, forschungsbasierte Herangehensweise loben, die in Wachstumsphasen hohe Renditen liefern kann. Ihr Portfolio umfasst Unternehmen wie *Tesla*, die sich in der Vergangenheit durch starke Innovationen und Marktführerschaft ausgezeichnet haben (Neuro, 2024).

Peter Lynch – Investieren in das, was man kennt

Als Manager des Magellan Fund bei Fidelity erzielte Lynch zwischen 1977 und 1990 eine durchschnittliche Jahresrendite von über 29 %. Sein Ansatz war einfach, aber wirkungsvoll: Er investierte bevorzugt in Unternehmen, deren Produkte oder Dienstleistungen er im Alltag entdeckte und verstand. Ein berühmtes Beispiel ist seine frühe Investition in Dunkin' Donuts. Lynch glaubte daran, dass Privatinvestoren durch eigene Beobachtungen oft einen Informationsvorsprung haben – ein Prinzip, das er „Invest in what you know" nannte.

Was du daraus lernen kannst
Der Alltag liefert oft die besten Investmentideen – vorausgesetzt, man achtet darauf und analysiert sie nüchtern.

John Templeton – Antizyklisches Investieren auf globaler Ebene

Templeton war einer der Ersten, der konsequent international investierte und in Krisen kaufte, wenn andere verkauften. 1939, kurz vor Ausbruch des Zweiten Weltkriegs, kaufte er 100 Aktien von jedem an der NYSE gehandelten Unternehmen unter einem Dollar – viele davon bankrottnah. Trotzdem vervielfachte sich sein Einsatz in wenigen Jahren.

Was du daraus lernen kannst
Wer gegen den Strom denkt und mutig in der Krise handelt, kann außergewöhnliche Chancen nutzen.

Benjamin Graham – Der Urvater des Value-Investing

Als Mentor von Warren Buffett legte Graham die theoretischen Grundlagen für den „Inneren Wert" und das Prinzip der Sicherheitsmarge. Seine bekanntesten Investments umfassten teils stark unterbewertete, aber solide Unternehmen, die der Markt übersehen hatte.

Was du daraus lernen kannst
Disziplin, Analyse und das Ignorieren von Marktpanik führen langfristig zu überdurchschnittlichen Ergebnissen.

Jack Bogle – Der Revolutionär der passiven Anlage

Bogle gründete Vanguard und brachte den ersten Indexfonds für Privatanleger auf den Markt. Seine Philosophie: Anstatt zu versuchen, den Markt zu schlagen, sollten Anleger einfach den Markt besitzen – breit gestreut, kostengünstig und langfristig.

Was du daraus lernen kannst
Für viele Anleger führt der einfache Weg – breit gestreute ETFs mit niedrigen Kosten – langfristig zum Ziel.

Stanley Druckenmiller – Makro mit Disziplin

Oft im Schatten von Soros erwähnt, war Druckenmiller dessen rechte Hand beim Quantum Fund und trug wesentlich zum berühmten Pfund-Trade bei. Er kombinierte makroökonomisches Wissen mit einer klaren Kapitalallokation – und erzielte über Jahrzehnte zweistellige Renditen ohne ein einziges Verlustjahr.

Was du daraus lernen kannst
Es reicht nicht, richtig zu liegen – man muss auch wissen, wie stark man eine Überzeugung gewichten sollte

6.3 Verhaltensfinanzierung und Anlegerpsychologie

In diesem Abschnitt wird die spannende Welt der Verhaltensfinanzierung thematisiert. Psychologische Faktoren beeinflussen Investmententscheidungen, und es wird aufgezeigt, wie man diese zu seinem Vorteil nutzen kann.

6.3.1 Kognitive Verzerrungen

Was Milliardäre wissen und vermeiden: Unser Gehirn ist ein mächtiges Werkzeug – aber manchmal auch unser größter Feind. Kognitive Verzerrungen beeinflussen Entscheidungen oft unbewusst und führen zu kostspieligen Fehlern. Während Durchschnittsanleger sich von Emotionen leiten lassen, haben wohlhabende Investoren gelernt, diese Fallen zu erkennen und zu umgehen. Hier kommen Beispiele für kognitive Verzerrungen:

Verlustaversion: Das Festhalten an schlechten Entscheidungen

Menschen empfinden Verluste intensiver als Gewinne – ein psychologischer Mechanismus, der zu irrationalem Verhalten führt. Ein Anleger hält beispielsweise eine schlecht laufende Aktie nur deshalb, weil er den Verlust nicht „akzeptieren" will. Milliardäre denken anders: Sie erkennen Fehlentscheidungen früh, trennen sich konsequent von schwachen Investments und setzen ihr Kapital effizienter ein. Warren Buffett bringt es auf den Punkt:

Mein Profi-Tipp für dich

„Der erste Schritt, wenn man sich in einem Loch befindet, ist, aufzuhören, zu graben."

Disziplin schlägt Emotion

Erfolgreiche Investoren nutzen klare Regeln und Analysen, um Emotionen aus ihren Entscheidungen zu eliminieren. Sie wissen: Geld folgt der Strategie – nicht dem Bauchgefühl (Mohanty et al., 2023).

Ein klassischer Fehler vieler Anleger ist der **Herdentrieb** – sie investieren nur, weil „alle anderen es tun". Dieses Verhalten führt oft zu **Überbewertungen, Marktblasen und schmerzhaften Abstürzen**. Erfolgreiche Investoren vermeiden diese Falle, indem sie unabhängig denken und die Massenpsychologie ausnutzen.

Herdentrieb: Die Falle des blinden Mitlaufens

Ein berühmtes Beispiel für kluges konträres Denken ist George Soros. Während die meisten Investoren an das britische Pfund glaubten, erkannte er 1992 dessen Schwäche und wettete gegen die Währung. Ergebnis? Ein Gewinn von über einer Milliarde Dollar – weil er sich nicht von der Masse blenden ließ (Verweis auf Seite 205).

Bestätigungsfehler: Die Gefahr einseitiger Informationen

Menschen suchen oft nur nach Daten, die ihre bestehenden Überzeugungen bestätigen – und ignorieren kritische Fakten. Dieses Phänomen – bekannt als **Confirmation Bias** – kann zu gefährlichen Fehleinschätzungen führen. Ray Dalio, Gründer von *Bridgewater Associates*, geht bewusst dagegen an. Er setzt auf „radikale Transparenz" und sucht aktiv nach gegenteiligen Meinungen, um seine eigenen Annahmen zu hinterfragen. Die Lektion für Anleger: Erfolgreiche Investoren **schwimmen gegen den Strom**, denken unabhängig und stellen ihre Überzeugungen regelmäßig auf die Probe (Hayes, 2022).

Anker-Effekt: Die Falle des Einstiegspreises

Viele Anleger halten an einer Aktie fest, nur weil sie „wenigstens den Einstiegspreis zurückbekommen" möchten. Doch Märkte interessiert es nicht, was du bezahlt hast – entscheidend ist allein das zukünftige Potenzial. Erfolgreiche Investoren bewerten ihre Anlagen stets objektiv und zukunftsorientiert – nicht anhand vergangener Kaufpreise.

Overconfidence Bias: Die Illusion der eigenen Genialität

Oft überschätzen Anleger ihre Fähigkeiten und gehen überhöhte Risiken ein. Erfahrene Investoren hingegen verlassen sich nicht allein auf ihre Intuition, sondern auf Daten, Analysen und den Rat von Experten. Ein Beispiel ist Jeff Bezos, der bei Amazon stets auf faktenbasierte Entscheidungsprozesse setzte.

Mein Profi-Tipp für dich

Kognitive Verzerrungen lassen sich nie vollständig vermeiden – doch wohlhabende Investoren setzen bewusst Gegenstrategien ein: Disziplin, kritische Reflexion und klare Regeln. So bleiben sie rational, während andere emotional handeln. Genau dieser Unterschied führt langfristig zum Erfolg (Ahmad & Shah, 2020).

6.3.2 Der Einfluss von Emotionen auf Investitionsentscheidungen

Emotionen spielen an den Finanzmärkten eine oft unterschätzte Rolle – sie beeinflussen Entscheidungen subtil, aber mit weitreichenden Konsequenzen. Erfolgreiche Investoren wissen: Nicht die Märkte sind die größte Herausforderung, sondern die eigene Psyche.

Angst: Der teuerste Berater

In turbulenten Marktphasen ist Angst ein schlechter Ratgeber. Wenn Kurse abrupt einbrechen, geraten viele Anleger in Panik – und verkaufen genau dann, wenn sie stattdessen kaufen sollten. Wohlhabende Investoren ticken anders: Sie bleiben ruhig, analysieren die Lage nüchtern und erkennen in der Krise vor allem eines – Gelegenheiten. Ein aktuelles Beispiel: Beim Corona-Crash im März 2020 stürzten die Märkte weltweit innerhalb weniger Wochen massiv ab. Viele Privatanleger zogen sich in Panik zurück. Doch kluge Investoren wie Bill Ackman oder Stanley Druckenmiller erkannten die Übertreibung – sie positionierten sich antizyklisch und nutzten die kurze Phase der extremen Unterbewertung gezielt für Zukäufe. Wer damals Mut bewies, konnte in den darauffolgenden Monaten historische Renditen erzielen.

Was du daraus lernen kannst
In der Krise entscheidet sich, wer verkauft – und wer reich wird.

Mein Profi-Tipp für dich

Emotionale Disziplin ist eine der wichtigsten Fähigkeiten beim Investieren. Klare Regeln, eine langfristige Strategie und der Mut, gegen den Strom zu schwimmen, sind entscheidend, um die Kontrolle zu behalten. Denn wer emotional investiert, zahlt oft den höchsten Preis (Taffler et al., 2020).

Gier: Die treibende Kraft hinter Marktblasen

Wenn Angst der schlechteste Berater ist, dann ist Gier sein gefährlicher Gegenspieler. In boomenden Märkten neigen Anleger dazu, rationales Denken durch übertriebenen Optimismus zu ersetzen.

Steigende Kurse ziehen immer neue Investoren an – getrieben von Euphorie, nicht von Analyse. Es wird gekauft, weil „alle kaufen". Das Problem: Immer mehr Kapital strömt in überbewertete Anlagen, bis die Realität zuschlägt – und die Blase platzt.

Ein aktuelleres Beispiel: Der Hype um Meme-Aktien wie *GameStop* oder *AMC* im Jahr 2021. Getrieben von sozialen Netzwerken und FOMO stiegen die Kurse in absurde Höhen – ohne Bezug zu den Fundamentaldaten. Viele Kleinanleger stiegen zu spät ein und blieben auf hohen Verlusten sitzen, als der Markt sich normalisierte.

Was du daraus lernen kannst

Reiche Investoren steigen nicht blind in den Hype ein – sie steigen aus, bevor er kollabiert. Disziplin schlägt Euphorie. Immer.

Frustration: Der Feind langfristigen Erfolgs

Geduld ist eine seltene Tugend an den Finanzmärkten. Viele Anleger verlieren die Nerven, wenn eine Strategie nicht sofort Erfolge zeigt. Doch **Investieren ist kein Sprint – es ist ein Marathon.**

Langfristig erfolgreiche Investoren wissen: Zeit ist eine der mächtigsten Kräfte beim Vermögensaufbau – insbesondere dank des Zinseszinseffekts. Geduld und eine kluge Strategie zahlen sich immer aus.

Mein Profi-Tipp für dich

Bleibe rational – sowohl in Boom- als auch in Krisenzeiten. Die besten Investitionsentscheidungen entstehen nicht aus Emotionen, sondern aus kühler Analyse (D. Smith, 2024).

Selbstzweifel überwinden: Lernen statt Leiden

Jeder Investor macht Fehler. Der Unterschied liegt im Umgang damit. Während viele Verluste als persönliches Versagen sehen, betrachten erfahrene Investoren sie als wertvolle Lernkosten.

Was oft passiert: Nach einem Fehlgriff schalten viele Anleger in den Panikmodus – sie werden übervorsichtig oder versuchen, Verluste durch riskante Wetten auszugleichen. Beides führt meist zu neuen Fehlern.

Top-Investoren wie Ray Dalio handeln anders:

- Sie analysieren ihre Fehler nüchtern und passen ihre Strategie gezielt an.
- Emotionen wie Schuld oder Reue spielen keine Rolle.
- Verluste werden als Preis für Erfahrung akzeptiert – nicht als Niederlage.

Erfolgreiche Anleger verlassen sich auf Regeln, nicht auf Bauchgefühle.

- **Handelspläne** geben vor, wann gekauft, verkauft oder gehalten wird – unabhängig von Stimmungslagen.
- **Automatisierung** durch Stop-Loss-Orders oder regelmäßiges Rebalancing sorgt für Struktur und verhindert impulsives Handeln.

Fazit

Emotionen lassen sich nicht abschalten – aber sie lassen sich kontrollieren. Wer selbst in schwierigen Phasen besonnen bleibt und an der eigenen Strategie festhält, verschafft sich langfristig einen entscheidenden Vorteil am Markt (S. Tang et al., 2019).

6.3.3 Fallstudien von schlechtem Anlegerverhalten vs. rationalen Milliardärsstrategien

Panikverkäufe, FOMO-Investments und Gier nach schnellen Gewinnen wiederholen sich an den Märkten wie ein Muster. Während viele Privatanleger von Emotionen getrieben handeln, setzen erfolgreiche Investoren auf klare Regeln und langfristige Strategien.

Fallstudie 1: Der Krypto-Hype 2022

Nach dem Höhenflug von Bitcoin und Co. stiegen viele Anleger unüberlegt in Kryptowährungen und NFT-Projekte ein – oft ohne Fundament, nur getrieben von Social-Media-Versprechen und schnellen Kursanstiegen. Dann kam der Crash: Plattformen wie *FTX* kollabierten, viele Tokens wurden wertlos. Milliarden an Anlegergeldern wurden ausgelöscht – besonders bei denen, die ohne Risikomanagement investierten.

Was wohlhabende Investoren daraus lernen:

- Sie prüfen jede Anlage auf Substanz. Sie lassen sich nicht von Schlagzeilen oder Hypes treiben – sondern investieren mit System. Sie wissen: Wer in spekulativen Phasen diszipliniert bleibt, schützt Kapital und Chancen.

Fazit
Emotionen kosten Geld. Struktur schützt Vermögen.

Wie Milliardäre reagierten:

- Während viele Privatanleger hohe Verluste hinnehmen mussten, blieb Warren Buffett gelassen. Er investierte nicht in überbewertete Hype-Aktien, sondern hielt an seinem bewährten Prinzip fest: Unternehmen mit starken Fundamentaldaten bevorzugen. Als der Markt zusammenbrach, nutzte Buffett die Chance, hochwertige Aktien zu günstigen Preisen zu kaufen.

Lektion für dich als Privatanleger:

- Lass dich nicht von Markthypes verleiten.
- Investiere nur in Unternehmen, die nachhaltigen Wert bieten.
- Krisenzeiten sind oft die besten Kaufgelegenheiten – für diejenigen, die vorbereitet sind (Akin, 2024).

Fallstudie 2: Der China-Tech-Crash 2021

Als die chinesische Regierung 2021 plötzlich harte Regulierungen gegen große Tech-Konzerne wie *Alibaba*, *Tencent* oder *Didi* einführte, brach der Markt für chinesische Aktien massiv ein. Viele Privatanleger zogen sich panisch zurück – aus Angst vor einem völligen Einbruch des chinesischen Marktes.

Wie professionelle Investoren reagierten:

- Statt zu flüchten, analysierten Investoren wie Charlie Munger die Fundamentaldaten. Munger verdoppelte über seine Investmentgesellschaft die *Alibaba*-Position – überzeugt davon, dass der Markt überreagiert hatte. Auch andere Fonds nutzten die Bewertungsabschläge, um selektiv in Qualitätswerte einzusteigen.

Lektion für dich als Privatanleger:

- Politische Risiken lösen oft kurzfristige Übertreibungen aus – aber nicht jeder Kurssturz ist ein dauerhaftes Problem.
- Wer rational bleibt und zwischen Strukturbruch und Überreaktion unterscheidet, erkennt Kaufgelegenheiten.
- Eine fundierte Analyse schlägt emotionale Schnellschüsse – besonders in geopolitisch sensiblen Märkten.

Fallstudie 3: Der *GameStop*-Hype 2021

Der massive Kursanstieg der *GameStop*-Aktie wurde durch Social-Media-Plattformen wie *Reddit* befeuert. Privatanleger kauften in Scharen, angetrieben von der Hoffnung, Hedgefonds zu „schlagen." Doch viele, die zu spät einstiegen, erlitten herbe Verluste, als der Hype abebbte.

Wie Milliardäre reagierten:

- Erfahrene Investoren wie George Soros wären nicht blind dem Trend gefolgt, sondern hätten den Hype rational analysiert. Sie hätten genau geprüft, wann der richtige Zeitpunkt für den Einstieg – oder vielmehr für den Ausstieg – gekommen ist.

Lektion für dich als Privatanleger:

- Herdenverhalten führt oft zu Fehleinschätzungen.
- Nur, weil „alle“ investieren, bedeutet das nicht, dass es eine kluge Entscheidung ist.
- Eine rationale Analyse schlägt emotionale Entscheidungen – immer (K. Kim et al., 2023).

Fallstudie 4: Der Fehler, an schlechten Investments festzuhalten

Als *General Electric (GE)* nach der Jahrtausendwende an Glanz verlor, hielten viele Privatanleger trotzdem an der Aktie fest. Jahrzehntelang galt *GE* als verlässlicher Blue Chip – doch Managementfehler, hohe Verschuldung und ein sich wandelndes Marktumfeld führten zu einem stetigen Niedergang. Wer emotional an der einstigen Erfolgsstory festhielt, verlor über Jahre hinweg massiv an Vermögen.

Wie professionelle Investoren reagierten:

- Große Fondsmanager reduzierten ihre Positionen frühzeitig, als sich die Fundamentaldaten verschlechterten. Sie betrachteten die Vergangenheit nicht als Grund, weiter investiert zu bleiben – sondern fokussierten sich auf künftige Ertragskraft und Kapitalstruktur.

Lektion für dich als Privatanleger:

- Historische Erfolge sind kein Schutzschild – Fakten schlagen Nostalgie.
- Verluste zu akzeptieren ist oft der erste Schritt zu besserer Performance.
- Wer seine Investments regelmäßig überprüft und unliebsame Wahrheiten nicht ignoriert, schützt sein Kapital langfristig.

Diese Fallstudien zeigen: Der Schlüssel zum finanziellen Erfolg liegt nicht nur in der Strategie, sondern vor allem in der Fähigkeit, rational zu handeln.

Privatanleger scheitern oft, weil sie ...

» von Emotionen wie Angst und Hoffnung gesteuert werden.
» keine festen Regeln für den Kauf oder Verkauf haben.
» Fehler nicht akzeptieren und daraus lernen.

Wohlhabende Investoren hingegen ...

» handeln nach klaren, rationalen Regeln.
» denken langfristig und ignorieren kurzfristige Marktschwankungen.
» sind bereit, Fehler einzugestehen und Strategien anzupassen.

Das Beste daran? Diese Prinzipien sind kein Geheimnis – sie sind **für jeden Anleger anwendbar** (De Winne et al., 2020).

6.4 Fallstudien von Anlagestrategien der Milliardäre

Dieser Abschnitt beleuchtet die Strategien von Investoren wie Warren Buffett, Ray Dalio und George Soros. Ihre Ansätze zeigen, wie fundierte Analysen und konsequentes Handeln außergewöhnliche Ergebnisse erzielen. Diese Fallstudien bieten wertvolle Einblicke und Inspiration für Privatanleger, um ihre eigenen Finanzstrategien zu verbessern.

6.4.1 Warren Buffetts Ansatz des Value-Investings: Lektionen für den Kleinanleger

Warren Buffetts Name steht für langfristigen Erfolg, Disziplin und den legendären Ansatz des **Value-Investings**. Was Buffett wirklich lehrt: Klarheit, Konsequenz – und Kapitalallokation.

Warren Buffetts Erfolg beruht nicht nur auf Value Investing, sondern auf einem tiefen Verständnis für Kapitalallokation. Statt in möglichst viele Aktien zu streuen, konzentriert er Kapital gezielt auf wenige, herausragende Unternehmen. Paradebeispiel: seine

Investition in die Eisenbahngesellschaft *BNSF*. Buffett erkannte das stabile Geschäftsmodell, die hohe Eintrittsbarriere und die Bedeutung für die US-Logistik – und kaufte das Unternehmen 2009 komplett über *Berkshire Hathaway*.

Was du daraus lernen kannst
Großes Kapital verlangt nach Fokus, nicht nach Streuung um jeden Preis.

Ein weiterer Aspekt seiner Strategie: Buffett meidet komplexe Branchen, die er nicht versteht. Er nennt das „Circle of Competence". Technologieaktien mied er jahrzehntelang – erst als *Apple* sich mehr als Konsumgüterunternehmen mit Abo-Modell und Ökosystem entpuppte, stieg er ein.

Lektion für dich als Privatanleger:

- Investiere nur dort, wo du die Geschäftslogik klar nachvollziehen kannst – ohne komplexe Spekulationen.

Und schließlich: Buffett hält einen hohen Cash-Anteil, wenn er keine attraktiven Gelegenheiten sieht. 2020 saß *Berkshire Hathaway* auf über 130 Milliarden Dollar Liquidität – nicht aus Angst, sondern aus Prinzip. Kapitaldisziplin geht bei ihm vor Aktionismus. Heute sind es bereits über 325 Milliarden Dollar.

Fazit

- Kapitalallokation ist genauso entscheidend wie Aktienauswahl.
- Investiere nur in Geschäftsmodelle, die du verstehst.
- Kein Zwang zur Investition – Geduld ist eine Renditequelle.

Für Kleinanleger lässt sich daraus eine klare Lektion ableiten: Erfolgreiches Investieren erfordert Disziplin, eine fundierte Analyse und den Mut, gegen kurzfristige Marktentwicklungen gelassen zu bleiben. Die Prinzipien des Value-Investings sind keine Geheimnisse – sie sind für jeden umsetzbar, der bereit ist, rational und langfristig zu denken (Kowitt, 2024).

Den inneren Wert erkennen und diszipliniert investieren

Ein weiteres Schlüsselprinzip von Warren Buffett ist das **Verständnis des inneren Werts eines Unternehmens**. Dieser wird anhand zukünftiger Cashflows berechnet, die auf den heutigen Wert abgezinst werden. Liegt der Marktpreis unter diesem inneren Wert, entsteht eine **attraktive Kaufgelegenheit**.

Kleinanleger können dieses Prinzip nutzen, indem sie fundamentale Kennzahlen wie das **Kurs-Gewinn-Verhältnis** (KGV), den **Cashflow** oder den **Buchwert** analysieren. Der entscheidende Punkt ist, geduldig auf Unterbewertungen zu warten und nicht der Versuchung zu erliegen, auf kurzfristige Trends oder spekulative Hypes zu setzen.

Disziplin ist eine der wichtigsten Eigenschaften Buffetts. Er investiert nur in Unternehmen, deren Geschäftsmodell er versteht. Technologiewerte mied er jahrelang, weil sie für ihn schwer vorhersehbar waren – eine klare Lektion in Bescheidenheit und Fokus. Für Kleinanleger bedeutet das: **Investiere nur in Branchen, die du verstehst**. Wenn ein Unternehmen oder seine Zahlen zu kompliziert erscheinen, ist es oft keine gute Wahl.

Buffett betont immer wieder, dass erfolgreiches Investieren keine Raketenwissenschaft ist. Ein solides Verständnis der Fundamentaldaten und eine rationale Herangehensweise genügen, um langfristig Vermögen aufzubauen (Maheshwari, 2023).

Warren Buffetts berühmtes Zitat: „Die Lieblingshaltefrist ist für immer" unterstreicht seinen Fokus auf langfristiges Investieren. Er lässt sich nicht von kurzfristigen Marktschwankungen beeinflussen, sondern bleibt seiner Strategie treu. Für Kleinanleger bedeutet das: Ein solides Unternehmen bleibt ein gutes Investment, unabhängig von den täglichen Kursschwankungen oder Schlagzeilen.

Ein weiterer entscheidender Faktor ist die emotionale Disziplin. Buffett vermeidet Panikverkäufe in Krisenzeiten ebenso wie impulsive Käufe in euphorischen Marktphasen. Er trifft Entscheidungen ausschließlich auf Basis von Daten und Logik. Kleinanleger können sich dies zum Vorbild nehmen, indem sie klare Regeln für ihre Investments aufstellen. Automatische Sparpläne oder regelmäßiges Nachkaufen von Aktien helfen dabei, sich nicht von Emotionen leiten zu lassen.

Letztlich ist Buffetts Ansatz keine Geheimwissenschaft. Seine Prinzipien – langfristiges Denken, die Konzentration auf den inneren Wert eines Unternehmens und diszipliniertes Investieren – sind universell anwendbar. Wer diese Lektionen verinnerlicht, kann den Grundstein für nachhaltigen finanziellen Erfolg legen und von den bewährten Strategien eines der größten Investoren der Geschichte profitieren (Vukcevic & Keser, 2024).

6.4.2 Ray Dalios Allwetter-Portfolio: Wie es in allen Wirtschaftszweigen funktioniert

Das Allwetter-Portfolio von Ray Dalio ist darauf ausgelegt, **in jeder wirtschaftlichen Lage stabil zu bleiben und Rendite zu liefern** – egal, ob der Markt boomt oder in eine Krise gerät. Sein Konzept beruht auf einer **intelligenten Diversifikation**, die verschiedene Anlageklassen so kombiniert, dass das Portfolio gegenüber wirtschaftlichen Schwankungen widerstandsfähig bleibt.

Dalio erkannte, dass traditionelle Portfolios oft zu stark von Aktien abhängig sind und in Krisenzeiten erhebliche Verluste erleiden. Sein Ansatz reduziert dieses Risiko, indem er verschiedene Anlageklassen mit unterschiedlichen Reaktionsmustern auf wirtschaftliche Bedingungen integriert. Das Ziel ist eine optimale Balance, sodass das Portfolio in jeder Phase des Konjunkturzyklus funktioniert (Finances, 2021).

Das Allwetter-Portfolio basiert auf der Erkenntnis, dass verschiedene Anlageklassen unterschiedlich auf wirtschaftliche Veränderungen reagieren.

Ray Dalio unterscheidet vier zentrale Marktphasen:

1. **Wirtschaftswachstum**
   » Aktien profitieren
2. **Rezession**
   » Anleihen gewinnen an Wert

3. **Inflation**
   » Rohstoffe und Gold schützen das Kapital
4. **Deflation**
   » Langfristige Staatsanleihen entwickeln sich positiv

Schauen wir uns die einzelnen Phasen noch einmal im Detail an.

---

1. Wirtschaftswachstum

Aktien:
Profitieren besonders stark, da Unternehmen höhere Gewinne erzielen und die Aktienkurse steigen. Wachstumsaktien (z. B. Technologie-Unternehmen) performen in dieser Phase oft besonders gut.

Anleihen:
Entwickeln sich eher verhalten, da steigende Zinsen die Kurse bestehender Anleihen belasten können. Unternehmensanleihen schneiden besser ab als Staatsanleihen.

Rohstoffe:
Nachfrage steigt, insbesondere nach Industriemetallen und Energie, da die Produktion zunimmt. Rohstoffpreise klettern, was auch Rohstoffaktien Auftrieb gibt.

Gold:
Oft weniger attraktiv, da Investoren risikoreichere Anlageklassen bevorzugen. Der Goldpreis stagniert oder sinkt.

---

2. Rezession

Aktien:
Verlieren häufig an Wert, da die Unternehmensgewinne schrumpfen und Anleger in sicherere Häfen flüchten. Besonders stark betroffen sind konjunkturabhängige Branchen wie Automobil und Industrie.

Anleihen:
Staatsanleihen sicherer Länder gewinnen an Wert, da die Nachfrage nach sicheren Anlagen steigt. Unternehmensanleihen mit

hoher Bonität können stabil bleiben, während riskantere Papiere fallen.

Rohstoffe:
Vor allem Energierohstoffe wie Öl verlieren an Wert, da die industrielle Nachfrage sinkt. Landwirtschaftliche Produkte bleiben meist stabil, da die Grundnachfrage bestehen bleibt.

Gold:
Gewinnt an Attraktivität als sicherer Hafen, besonders wenn die Unsicherheit hoch ist. Der Goldpreis steigt.

---

3. Inflation

Aktien:
Unternehmen mit Preissetzungsmacht (z. B. Konsumgüterriesen) können die Inflation besser kompensieren und bleiben stabil. Wachstumsaktien leiden unter steigenden Zinsen.

Anleihen:
Besonders anfällig, da die realen Erträge durch die Inflation sinken. Anleihen mit variabler Verzinsung (Floating Rate Bonds) und inflationsindexierte Anleihen (TIPS) bieten Schutz.

Rohstoffe:
Steigen im Wert, da Sachwerte typischerweise als Inflationsschutz dienen. Rohöl und Edelmetalle sind besonders gefragt.

Gold:
Wird als Inflationsschutz stark nachgefragt, was den Preis nach oben treibt.

---

4. Deflation

Aktien:
Verlieren deutlich an Wert, da sinkende Preise Unternehmensgewinne drücken. Defensiv ausgerichtete Unternehmen (Versorger, Gesundheitswesen) halten sich meist besser.

Anleihen:
Langfristige Staatsanleihen gewinnen, da die sinkenden Zinsen

die Kurse bestehender Anleihen steigen lassen. Unternehmensanleihen können jedoch leiden, wenn die Ausfallrisiken steigen.

Rohstoffe:
Preise sinken drastisch, insbesondere bei Rohöl und Industriemetallen, da die Nachfrage zurückgeht. Edelmetalle können stabil bleiben, wenn die Unsicherheit hoch ist.

Gold:
Gilt als Wertspeicher und bleibt gefragt, insbesondere wenn Deflation mit Wirtschaftskrisen einhergeht.

Dalios Strategie ist es, das Portfolio so auszubalancieren, dass es in jeder dieser Phasen stabil bleibt.

Typische Gewichtung des Dalio-Allwetter-Portfolios

30 % Aktien	für langfristiges Wachstum
40 % Anleihen	als Schutz in wirtschaftlichen Abschwüngen
15 % Rohstoffe	zur Absicherung gegen Inflation
15 % Gold	als Krisenwährung und Inflationsschutz

Diese breite Diversifikation über mehrere Anlageklassen hinweg sorgt dafür, dass nicht eine einzige Marktentwicklung das Portfolio dominiert. Für Kleinanleger bedeutet das, nicht nur auf Aktien zu setzen, sondern auch weniger beachtete Vermögenswerte wie Rohstoffe oder inflationsgeschützte Anleihen in die Strategie einzubeziehen (Lazy, 2024).

Risikobasierte Gewichtung statt Renditefokus

Ein entscheidendes Merkmal von Dalios Allwetter-Portfolio ist die Gewichtung nach Risiko, nicht nur nach erwarteter Rendite. Viele Anleger setzen den Fokus auf renditestarke, aber riskante Anlageklassen wie Aktien. Dalio hingegen verteilt das Risiko gleichmäßig, indem er einen größeren Anteil in stabile Vermögenswerte wie Anleihen oder Gold legt und die Aktienquote reduziert.

Diese Strategie macht das Portfolio **widerstandsfähiger gegen Marktschwankungen**. Ein eindrucksvolles Beispiel war die **Finanzkrise 2008**:

- Während klassische Aktienportfolios starke Verluste erlitten, blieb das Allwetter-Portfolio vergleichsweise stabil.
- Die breite Diversifikation und der hohe Anteil an risikoarmen Anlagen wie Staatsanleihen sorgten für Schutz vor massiven Einbrüchen.
- Nach der Krise profitierte das Portfolio kontinuierlich von der Erholung der Aktienmärkte, ohne dabei übermäßige Risiken einzugehen.

Lektion für dich als Privatanleger:

- Für Kleinanleger bedeutet dies, dass ein gut durchdachtes Portfolio nicht nur auf Wachstum setzt, sondern auch Krisen übersteht. Eine **ausgewogene Risikoverteilung** ist oft wichtiger als die Jagd nach maximaler Rendite (Buckley, 2023).

Die Umsetzung des Allwetter-Portfolios ist auch für Privatanleger möglich. ETFs bieten eine einfache Möglichkeit, die Diversifikation kostengünstig nachzubilden. Zum Beispiel können globale Aktien-ETFs, inflationsgeschützte Anleihen, Rohstoff-ETFs und physisches Gold in einem Portfolio kombiniert werden. Regelmäßiges Rebalancing, bei dem die ursprüngliche Gewichtung wiederhergestellt wird, sorgt dafür, dass das Portfolio stets im Einklang mit der Strategie bleibt. Das Allwetter-Portfolio mag auf den ersten Blick komplex wirken, ist aber eine clevere Methode, um emotionale Entscheidungen zu vermeiden und langfristig Sicherheit zu schaffen. Es zeigt, dass nicht nur Wohlhabende von stabilen, durchdachten Strategien profitieren können – auch Kleinanleger können mit diesem Ansatz erfolgreich in jeder Marktlage investieren (Condarcuri, 2024).

6.4.3 George Soros' Makro-Investitionen: Die Kraft, auf große globale Trends zu setzen

George Soros ist eine Legende im Bereich der **Makro-Investitionen** – einer Strategie, die auf globalen wirtschaftlichen Entwicklungen basiert. Dabei spielen Faktoren wie Währungen, Zinssätze und geopolitische Ereignisse eine zentrale Rolle. Soros' Ansatz zeigt, dass erfolgreiche Makro-Investoren nicht nur Märkte analysieren, sondern auch die wirtschaftlichen und politischen Mechanismen dahinter verstehen müssen.

Sein bekanntester Coup fand **1992** statt, als er gegen das britische Pfund spekulierte:

- Die Bank of England hielt den Wechselkurs künstlich hoch, obwohl die wirtschaftlichen Fundamentaldaten eine Abwertung nahelegten.
- Soros erkannte diese Diskrepanz und setzte Milliarden darauf, dass die Bank das Pfund nicht verteidigen konnte.
- Als die britische Regierung schließlich nachgab und die Währung abwertete, machte Soros über eine Milliarde Dollar Gewinn.

Diese Fallstudie zeigt, dass Timing und Mut entscheidend für Makro-Investitionen sind. Soros' Erfolg basierte nicht auf Glück, sondern auf fundierter Analyse und entschlossenem Handeln in einem Moment, den andere Anleger zögerten zu nutzen (Beattie, 2024).

Ein weiteres Beispiel für Soros' meisterhafte Nutzung makroökonomischer Trends war während der **Asienkrise 1997**:

- Er erkannte, dass Währungen in Ländern wie Thailand und Malaysia überbewertet waren.
- Diese Staaten konnten ihre Wechselkurse nicht stabil halten, da ihre Wirtschaft strukturelle Schwächen aufwies.
- Soros' Fonds setzte gezielt auf fallende asiatische Währungen, während die Märkte kollabierten – eine Wette, die ihm enorme Gewinne einbrachte, aber auch kontrovers diskutiert wurde.

Diese Strategie zeigt, dass es beim Makro-Investieren nicht nur darum geht, **einzelne Märkte zu verstehen**, sondern auch, wie sie **global miteinander verbunden** sind. Soros' Ansatz basiert auf einem Mix aus Datenanalyse und Intuition:

» Sein Team analysiert Wirtschaftstrends, Zinsbewegungen und politische Entwicklungen, um Schwachstellen und Chancen frühzeitig zu erkennen.

» Gleichzeitig verlässt sich Soros auf sein Bauchgefühl, das durch jahrzehntelange Erfahrung geprägt wurde.

Ein weiteres Beispiel ist sein Investment in die **deutsche Wiedervereinigung**:

- Soros erkannte die wirtschaftlichen Chancen, die sich aus der Integration Ostdeutschlands ergaben.
- Er investierte frühzeitig in deutsche Unternehmen und Immobilien, lange bevor der Markt das volle Potenzial erkannte.
- Diese Strategie brachte ihm erhebliche Gewinne, weil er sich traute, in eine transformierende Volkswirtschaft zu investieren, bevor solche Investitionen zum Mainstream wurden.

Diese Beispiele verdeutlichen: Makro-Investitionen erfordern nicht nur Wissen und Strategie, sondern auch den Mut, gegen den Strom zu schwimmen (Business, 2022).

Erfolgreiche Makro-Investitionen erfordern mehr als nur Fachwissen – sie brauchen einen langen Atem. Diese Strategien sind keine schnellen Spekulationen, sondern basieren darauf, große wirtschaftliche Veränderungen frühzeitig zu erkennen und darauf zu setzen, dass sich diese Entwicklungen über Monate oder Jahre hinweg entfalten.

Lektion für dich als Privatanleger:

» ETFs auf Schwellenländer oder Rohstoffe ermöglichen, an langfristigen globalen Trends wie Digitalisierung, Klimawandel oder der Verschiebung wirtschaftlicher Machtzentren teilzuhaben.

- Wichtig ist, nicht kurzfristigen Marktbewegungen nachzujagen, sondern ein grundlegendes Verständnis für makroökonomische Zusammenhänge zu entwickeln.

George Soros' Erfolge zeigen, dass es beim Makro-Investieren um **mehr als nur Datenanalyse** geht:

- Strategisches Denken ist essenziell, um globale Trends frühzeitig zu identifizieren.
- Mut ist notwendig, um sich auch gegen die allgemeine Marktstimmung zu positionieren.
- Geduld ist der Schlüssel, um Wetten auszuhalten, bis sie sich auszahlen.

Anleger, die diese Grundprinzipien verinnerlichen, können selbst ohne Milliardenkapital von den großen wirtschaftlichen Umwälzungen profitieren (Samuel, 2024).

7
Praktische Schritte für Kleinanleger

Geldanlage ist kein Zufall, sondern das Ergebnis einer klaren Strategie. Während die einen planlos in heiße Aktien investieren oder sich von Marktschlagzeilen treiben lassen, bauen andere mit System und Disziplin ein stabiles Vermögen auf. In diesem Kapitel geht es um genau diese Strategien: Wie entwickelt man einen strukturierten Investitionsplan? Welche Vermögenswerte eignen sich für den langfristigen Aufbau von Wohlstand? Und vor allem: Welche Fehler sollten unbedingt vermieden werden? Die folgenden Abschnitte geben konkrete, umsetzbare Maßnahmen an die Hand, mit denen jeder Anleger seine finanzielle Zukunft aktiv gestalten kann.

7.1 Einen eigenen Investitionsplan erstellen

Die Grundlage erfolgreicher Investitionen ist ein klarer Plan. Wer ohne Strategie investiert, handelt nicht besser als ein Spieler im Casino. Doch ein guter Investitionsplan ist mehr als nur eine Liste von Finanzprodukten. Es ist ein individuelles Konzept, das die eigenen Ziele, die persönliche Risikobereitschaft und den Zeithorizont berücksichtigt. Dieser Abschnitt zeigt, wie ein durchdachter Investitionsplan aussieht und wie er an individuelle Bedürfnisse angepasst werden kann. Denn eines ist sicher: Die Kontrolle über die eigenen Finanzen zu übernehmen, ist der erste Schritt zu nachhaltigem Wohlstand.

7.1.1 Realistische Finanzziele und die eigene Risikotoleranz

Finanzziele sind wie eine Landkarte – ohne sie fährt man blind, und selbst der beste Kompass ist nutzlos. Doch ein Ziel ist nicht einfach nur ein Wunsch. Es muss greifbar, durchdacht und vor allem erreichbar sein. Der erste Schritt auf dem Weg zu einem erfolgreichen Investitionsplan ist daher die Formulierung realistischer und konkreter Ziele. Hier hilft die bewährte **SMART-Methode** (Die SMART-Methode stammt ursprünglich aus dem Bereich des Managements und wurde 1981 von George T. Doran in seinem Artikel *„There's a S.M.A.R.T. Way to Write Management's Goals and Objectives"* in der Zeitschrift Management Review vorgestellt):

- **Spezifisch:**
  Das Ziel muss klar und eindeutig formuliert sein. Statt „Ich möchte reich werden", sollte es heißen: „Ich möchte in zehn Jahren 50.000 Euro sparen, um mein erstes Eigenheim zu finanzieren."
- **Messbar:**
  Fortschritte müssen nachvollziehbar sein. Wie viel muss monatlich investiert werden, um das Ziel zu erreichen?
- **Erreichbar:**
  Das Ziel muss realistisch sein. Wer 2.000 Euro netto verdient, wird kaum in fünf Jahren eine Million zusammensparen können – wohl aber ein solides Vermögen aufbauen.
- **Relevant:**
  Das Ziel muss zur persönlichen Lebenssituation und zu langfristigen Plänen passen.
- **Zeitgebunden:**
  Eine klare Frist sorgt für Struktur und Disziplin.

Ein weiteres Schlüsselelement ist die Unterscheidung zwischen kurzfristigen, mittelfristigen und langfristigen Zielen:

- **Kurzfristige Ziele (bis zu einem Jahr):**
  Dazu gehören beispielsweise der Aufbau eines Notfallfonds oder die Tilgung kleinerer Schulden.

» **Mittelfristige Ziele (zwei bis fünf Jahre):**
Hier geht es um größere Anschaffungen wie ein Auto oder die Finanzierung einer Weiterbildung.

» **Langfristige Ziele (mehr als fünf Jahre):**
Klassische Beispiele sind der Vermögensaufbau für die Altersvorsorge oder der Kauf einer Immobilie.

Eine klare Struktur hilft dir dabei, Prioritäten zu setzen und für jede Phase die passende Strategie zu entwickeln.

Mindestens genauso wichtig wie das Setzen von Zielen ist es, deine eigene Risikotoleranz realistisch einzuschätzen. Investieren bringt immer Unsicherheiten mit sich – aber nicht jeder kann oder will große Schwankungen aushalten. Die entscheidende Frage ist: Wie viel Risiko kannst du eingehen, ohne nachts unruhig zu schlafen?

Mach eine ehrliche Selbstanalyse:

- Wie würdest du reagieren, wenn dein Depot plötzlich 20 % im Minus steht?
- Bleibst du bei Marktcrashs gelassen oder neigst du eher zu Panikverkäufen?
- Welche Verluste kannst du finanziell und emotional wirklich verkraften?

Diese Reflexion hilft dir, eine Anlagestrategie zu wählen, die zu deinem Risikoprofil passt – und das gibt dir Sicherheit, auch wenn die Märkte mal verrücktspielen.

Basierend auf diesen Antworten kann die passende Anlagestrategie entwickelt werden. Wer hohe Renditen anstrebt, muss sich bewusst sein, dass damit auch größere Risiken einhergehen. Umgekehrt bedeutet eine sehr sicherheitsorientierte Strategie oft geringere Ertragschancen. Die Kunst liegt darin, die richtige Balance zu finden. Ein gut durchdachter Investitionsplan beginnt also mit klar definierten Zielen und einer realistischen Einschätzung der eigenen Risikobereitschaft. Wer diese beiden Punkte ernst nimmt, hat bereits den ersten großen Schritt in Richtung finanzieller Freiheit gemacht (Jason, 2024).

Die entscheidende Frage lautet: **Wie viel Verlust kannst du verkraften, ohne in Panik zu geraten?** Die Antwort darauf hängt von mehreren Faktoren ab: Alter, Einkommen, finanzielle Verpflichtungen und emotionale Widerstandsfähigkeit. Ein junger Anleger mit sicherem Job kann sich mehr Schwankungen leisten, da er Zeit hat, Verluste auszugleichen. Wer jedoch kurz vor dem Ruhestand steht, sollte stärker auf Stabilität setzen.

Ein bewährter Test ist das **Gedankenexperiment der Marktkrise**: Stell dir vor, dein Portfolio verliert innerhalb eines Monats 10 % an Wert. Bleibst du ruhig und nutzt die Gelegenheit zum Nachkaufen? Oder bekommst du schlaflose Nächte und denkst ans Verkaufen? Erfolgreiche Investoren kennen ihre eigenen Reaktionen genau – und haben klare Regeln, um nicht impulsiv zu handeln.

Die Lösung für Privatanleger:

» Das Portfolio so gestalten, dass es zur eigenen Risikotoleranz passt. Wer Risiken nicht gut erträgt, setzt stärker auf defensive Werte wie Anleihen, dividendenstarke Aktien oder Rohstoffe. Wer größere Schwankungen aushält, kann höhere Aktienquoten fahren. **Das Ziel ist nicht maximale Rendite um jeden Preis – sondern eine Strategie, die man langfristig durchhalten kann** (Twin, 2022).

Ein erfolgreicher Investor gleicht einem Spitzenkoch – die richtige Balance der Zutaten entscheidet über den Geschmack des Gerichts. Genau das ist die Aufgabe der Asset-Allokation (Verweis auf Kapitel 6.1.3, S. 178): die optimale Mischung aus verschiedenen Anlageklassen, um Rendite und Risiko in Einklang zu bringen.

Das Konzept dahinter ist einfach, aber wirkungsvoll: **Statt alles auf eine Karte zu setzen, wird das Vermögen auf verschiedene Anlageklassen verteilt** – etwa Aktien, Anleihen, Immobilien und Rohstoffe. Diese Diversifikation schützt vor extremen Verlusten, weil sich unterschiedliche Anlagen in verschiedenen Marktphasen oft entgegengesetzt entwickeln.

Junge Anleger mit langem Anlagehorizont setzen häufig auf wachstumsstarke **Aktien**, da sie zwar volatil sind, langfristig aber die höchsten Renditen liefern. Wer sich dem Ruhestand nähert, benötigt hingegen mehr Stabilität – ein höherer Anteil an **Anleihen** und defensiven Werten sorgt für ein ruhigeres Fahrwasser.

Doch die besten Portfolios bestehen nicht nur aus Aktien und Anleihen. **Immobilien** kombinieren Stabilität mit langfristigem Wertzuwachs, während **Rohstoffe wie Gold** oft als Schutzschild gegen Inflation dienen. Gerade in wirtschaftlich unsicheren Zeiten können Sachwerte helfen, Kaufkraft zu bewahren.

Die goldene Regel:

» Die Asset-Allokation muss zur eigenen Risikotoleranz und Lebenssituation passen. Kein starrer Plan funktioniert für jeden – aber eine clevere Mischung macht den Unterschied zwischen Zittern und Souveränität in turbulenten Zeiten (Dow, 2009).

Der feine Unterschied: Risikobereitschaft vs. Risikofähigkeit

Investieren ist nicht nur eine Frage der Strategie – es ist ein Balanceakt zwischen Emotion und Realität. Viele Anleger verwechseln dabei zwei zentrale Begriffe:

1. **Risikobereitschaft:**
   Das, was man emotional aushält.
2. **Risikofähigkeit:**
   Das, was man sich finanziell leisten kann.

Manche fühlen sich unerschütterlich – doch was passiert, wenn das Portfolio plötzlich 30 % verliert? Bleibt die Nervenstärke oder schlägt die Panik zu? **Risikobereitschaft ist eine Gefühlssache.** Wer gut schläft, obwohl der Markt schwankt, hat eine hohe Risikobereitschaft. Wer schon bei kleinen Verlusten nervös wird, eher nicht.

Auf der anderen Seite steht die harte Realität: **Risikofähigkeit ist eine rein finanzielle Frage.** Ein junger Anleger mit sicherem Einkommen kann auch mal eine Marktkorrektur aussitzen. Ein Rentner mit fixem Budget kann sich das nicht leisten – hier sind Schutzmechanismen wichtiger.

Die optimale Anlagestrategie entsteht aus dem Zusammenspiel dieser beiden Faktoren. Wer sich selbst kennt und realistisch einschätzt, kann seine Investments so ausrichten, dass sie nicht nur rentabel, sondern auch stressfrei sind.

Denn der wahre Schlüssel zum Erfolg ist nicht nur eine kluge Strategie – sondern die Fähigkeit, ihr treu zu bleiben, egal, was der Markt tut (Hayes, 2024e).

7.1.2 Zeitfenster für Investitionen schaffen: kurzfristig vs. langfristig

Die Wahl des richtigen Anlagehorizonts ist wie das Packen eines Koffers für eine Reise: Wer weiß, wohin die Reise geht, packt klug. Ein Wochenendtrip erfordert eine andere Vorbereitung als eine Weltreise – genauso verhält es sich mit Investitionen.

Kurzfristige Ziele – wie eine geplante Hochzeit, ein Autokauf oder der Notgroschen – erfordern stabile, liquide Anlagen. Verluste sind hier keine Option, denn das Kapital muss zuverlässig verfügbar bleiben. Geeignete Instrumente sind:

- **Tagesgeldkonten & Festgeldanlagen**:
  kaum Rendite, aber absolute Sicherheit
- **Geldmarktfonds**:
  geringe Schwankungen und kurzfristig verfügbar

Wohlhabende Investoren wissen: Bei kurzfristigen Investments steht Werterhalt über Rendite. Auch wenn die Erträge mager sind – Hauptsache, das Geld ist da, wenn man es braucht.

Doch was ist mit langfristigen Zielen? Hier beginnt das eigentliche Spiel … (Mahata & Nurujjaman, 2019).

Beispiel: Ein Anleger plant in zwei Jahren eine größere Reise und spart monatlich dafür. Statt das Geld in Aktien zu stecken, wo es durch Marktschwankungen gefährdet ist, parkt er es auf einem Festgeldkonto mit fester Laufzeit. Die geringe Verzinsung ist akzeptabel, da die Priorität auf der Verfügbarkeit des Kapitals liegt. Wohlhabende Investoren setzen in solchen Fällen auf eine strikte Trennung: Kapital für kurzfristige Ziele bleibt unangetastet von volatilen Märkten. Langfristige Investitionen hingegen eröffnen die Möglichkeit, Renditen zu maximieren und Vermögen nachhaltig aufzubauen. Hier kommen Anlageklassen ins Spiel, die Zeit brauchen, um ihr Potenzial zu entfalten – wie Aktien, Immobilien oder breit gestreute ETFs. Der große Vorteil: der Zinseszins.

Benjamin Franklin formulierte es so:

> **„Geld kann mehr Geld erzeugen, und das Geld, das Geld erzeugt, kann noch mehr Geld erzeugen."**

Und das aus gutem Grund: Langfristige Investoren profitieren davon, dass Gewinne kontinuierlich reinvestiert werden und das Kapital exponentiell wächst (Viewpoints, 2024).

Beispielsweise kann ein Anleger, der monatlich 500 Euro in einen globalen Aktien-ETF investiert, nach 20 Jahren beeindruckende Ergebnisse erzielen – selbst bei moderaten jährlichen Renditen von 7 %. Schwankungen, die kurzfristig problematisch wären, gleichen sich im langfristigen Horizont aus. Anleger, die über Jahrzehnte investiert bleiben, müssen sich um kurzfristige Marktrückgänge nicht sorgen. Wohlhabende Investoren wie Warren Buffett verdeutlichen immer wieder, dass Geduld und Zeit der Schlüssel zu nachhaltigem Erfolg sind. Eine clevere Strategie, die viele erfolgreiche Investoren nutzen, ist der sogenannte „Barbell Approach". Dabei wird ein Portfolio in zwei Teile aufgeteilt: Der eine Teil bleibt konservativ und liquide, während der andere Teil auf langfristige Wachstumschancen ausgerichtet ist. Ein Investor hat die Möglichkeit, 20 % seines Kapitals in sichere Geldmarktfonds oder kurzlaufende Anleihen zu investieren, um für kurzfristige Bedürfnisse gerüstet zu sein. Die verbleibenden 80 % könnten in Aktien oder Immobilien fließen. Diese Methode schafft eine Balance zwischen Stabilität und Wachstum (Cuofano, 2024).

Kurzfristige und langfristige Investitionen haben jeweils ihre Stärken, aber sie funktionieren am besten im Zusammenspiel. Wer für unerwartete Ausgaben einen Notgroschen bereitstellt und gleichzeitig langfristige Ziele wie die Altersvorsorge im Blick behält, bleibt finanziell flexibel und geschützt. Erfolgreiche Anleger wissen, dass es wichtig ist, Kapital je nach Zeitrahmen gezielt einzusetzen. Zeit ist die größte Verbündete – mit der richtigen

Planung verwandelt sie sich in eine unsichtbare Kraft, die das Vermögen stetig wachsen lässt (Arpaci et al., 2024).

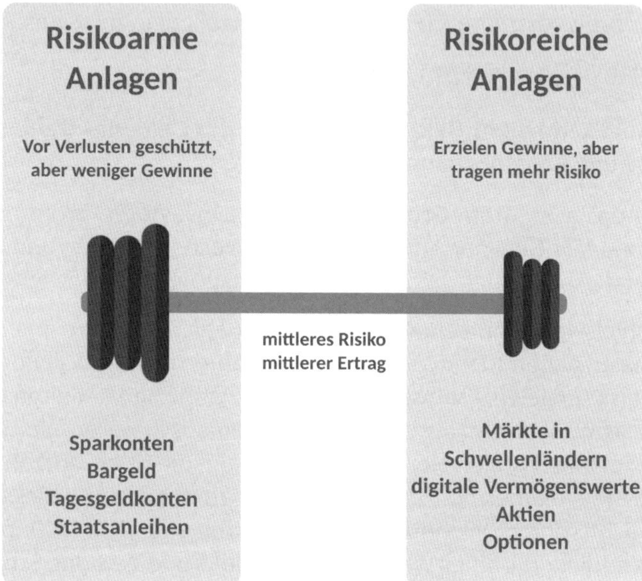

Abb. 7.1: Barbell Investment Approach (Quelle: Kubera, 2024)

7.1.3 Finanzielle Unabhängigkeit berechnen und erreichen

Finanzielle Unabhängigkeit – für viele ein Traum, doch mit einer klaren Strategie kann sie Realität werden. Der Schlüssel liegt in einer präzisen Berechnung: Wie viel Kapital benötigst du, um deine Lebenshaltungskosten zu decken, ohne auf ein aktives Einkommen angewiesen zu sein?

Schritt 1: Deine jährlichen Ausgaben realistisch kalkulieren

Der erste Schritt besteht darin, deine jährlichen Ausgaben zu ermitteln. Liste hierfür sämtliche Kosten auf:

- **Fixkosten**:
  Miete, Versicherungen, Lebensmittel, Transport

- **Variable Kosten**:
  Urlaube, Hobbys, Freizeitaktivitäten
- **Sicherheitsreserve**:
  Unerwartete Ausgaben wie medizinische Notfälle oder Reparaturen

Beispielsweise ergeben sich bei jährlichen Gesamtausgaben von 30.000 Euro die notwendigen finanziellen Zielwerte für deine Unabhängigkeit.

Schritt 2: Die 4-Prozent-Regel – Dein finanzielles Ziel festlegen

Eine bewährte Methode zur Berechnung der benötigten Vermögenssumme ist die 4-Prozent-Regel. Sie besagt, dass du jährlich 4 % deines Kapitals entnehmen kannst, ohne dein Vermögen langfristig aufzubrauchen. Beispielrechnung:

Jahresausgaben: 30.000 €

» Erforderliches Vermögen: $\frac{30.000\ €}{0{,}04} = 750.000\ €$

Mit 750.000 Euro investiertem Kapital könntest du jährlich 30.000 Euro entnehmen und finanziell unabhängig sein.

Schritt 3: Deinen Weg dorthin planen

Viele Möglichkeiten bringen dich deinen finanziellen Zielen näher:

- **Aktien und ETFs:**
  Setze auf langfristiges Wachstum und den Effekt von Reinvestitionen.
- **Immobilien als Kapitalanlage:**
  Schaffe dir ein passives Einkommen durch regelmäßige Mieteinnahmen.
- **Unternehmertum:**
  Entwickle Geschäftsmodelle, die unabhängig von deiner Arbeitszeit Geld einbringen.

Der Weg zur finanziellen Unabhängigkeit ist machbar – wenn du mit einer klaren Strategie und Ausdauer vorgehst. Starte am besten heute, damit dein zukünftiges Ich von deinen Entscheidungen profitiert (Stephens, 2024)!

Die 4-Prozent-Regel ist ein bewährter Richtwert, doch sie sollte nicht als starres Gesetz betrachtet werden. Individuelle Faktoren wie Inflation, Lebenshaltungskosten und Marktzyklen beeinflussen, wie viel Kapital tatsächlich benötigt wird. Wer beispielsweise eine besonders lange Lebensdauer oder einen unsicheren Marktverlauf einkalkuliert, könnte mit einer etwas konservativeren Entnahmerate von 3 bis 3,5 % sicherer planen.

Doch finanzielle Unabhängigkeit basiert nicht allein auf Berechnungen – sie erfordert konkrete Maßnahmen. Ein entscheidender Hebel liegt darin, nicht nur Kapital aufzubauen, sondern auch regelmäßige Erträge aus Investments zu generieren. Besonders attraktiv sind passive Einkommensquellen, die langfristig stabile Einnahmen liefern. Hierzu zählen:

- **Dividendenstarke Aktien und ETFs:**
  Unternehmen mit soliden Dividendenausschüttungen können kontinuierliche Erträge liefern.
- **Immobilieneinnahmen:**
  Mieteinnahmen bieten eine planbare Einkommensquelle und dienen gleichzeitig als Inflationsschutz.
- **Alternative Einkommensquellen:**
  Beteiligungen, Lizenzgebühren oder digitale Geschäftsmodelle können zusätzlich für Stabilität sorgen.

Um Risiken zu minimieren und die Erträge zu optimieren, setzen erfahrene Anleger auf eine **kluge Diversifikation**. Die richtige Mischung aus Wachstum und Stabilität sorgt dafür, dass dein Vermögen nicht nur erhalten bleibt, sondern mit der Zeit weiter wächst.

Der Weg zur finanziellen Unabhängigkeit beginnt nicht mit großen Summen, sondern mit der richtigen Strategie. Wer frühzeitig plant und konsequent investiert, kann sich langfristig aus dem Hamsterrad befreien und finanzielle Sicherheit genießen (Berger, 2020).

Das Sparen ist ein weiterer zentraler Punkt. Die **Sparquote** – der Anteil deines Einkommens, den du beiseitelegst – entscheidet, wie schnell du dein Ziel erreichst. Wer 50 % seines Einkommens spart, kann deutlich schneller finanzielle Unabhängigkeit erreichen als jemand, der nur 10 % zurücklegt. Automatisierte Sparpläne helfen, Disziplin zu bewahren und regelmäßig zu investieren.

Ein **Beispiel**: Durch monatliches Investieren von 500 Euro in einen globalen ETF bei 7 % Rendite kannst du in etwa 30 Jahren ein Vermögen von über 600.000 Euro aufbauen (Burst, 2024).

Doch finanzielle Unabhängigkeit bedeutet nicht nur Rechnen und Sparen – es ist eine Frage der Einstellung. Wohlhabende Menschen legen großen Wert auf Bescheidenheit und Konsistenz. Sie leben oft unter ihren Möglichkeiten, auch wenn sie es sich leisten könnten, verschwenderisch zu sein. Diese Denkweise beschleunigt den Vermögensaufbau. Schließlich zählt nicht, wie viel du verdienst, sondern wie viel du behältst und wie clever du es einsetzt. Das Erreichen finanzieller Unabhängigkeit ist wie ein Marathon. Es erfordert Ausdauer, Geduld und einen Plan. Der Erfolg liegt darin, kleine Schritte zu machen, die sich mit der Zeit summieren. Mit klaren Zielen, konsequentem Sparen und durchdachten Investitionen kannst auch du den Traum von finanzieller Unabhängigkeit wahr werden lassen (Cruz, 2024).

7.1.4 Stabiles Umfeld und Leben unter den eigenen Verhältnissen

Ein stabiles Umfeld und das Leben unter den eigenen Verhältnissen sind die verborgenen Superkräfte, die den Weg zu finanzieller Freiheit ebnen. Während kluge Investitionen und diszipliniertes Sparen oft im Fokus stehen, wird die Bedeutung eines soliden Fundaments häufig unterschätzt. Ohne Stabilität und eine bescheidene Lebensweise zerbrechen selbst die besten Pläne wie ein Kartenhaus. Ein stabiles Umfeld beginnt zu Hause – buchstäblich. Eine sichere Wohnsituation, verlässliche Beziehungen und ein klar strukturierter Alltag bilden die Grundlage für rationale finanzielle Entscheidungen. Wer ständig von Chaos und Unsicherheiten umgeben ist, trifft eher impulsive Entscheidungen. Wohlhabende Menschen schaffen sich ein Umfeld, das Ruhe und Fokus ermöglicht. Sie vermeiden etwa übermäßige Verpflichtungen, die sie finanziell oder emotional belasten könnten. Denn sie wissen, dass ein klarer Kopf unverzichtbar ist, um langfristige Pläne umzusetzen (Opinion, 2024).

Das Leben unter den eigenen Verhältnissen wird oft als altmodisch oder gar langweilig angesehen, doch es ist ein bewährtes Erfolgsrezept. Es bedeutet nicht, auf Lebensqualität zu verzichten, sondern klüger mit Ressourcen umzugehen. Anstatt das Einkommen für Statussymbole zu verschwenden, setzen reiche Menschen auf Werte, die Bestand haben. Sie fahren vielleicht ein solides Auto statt eines Luxuswagens oder verzichten auf teure Abos, die sie kaum nutzen. Dieses bewusste Sparen schafft finanzielle Flexibilität und macht es möglich, mehr in Vermögensaufbau zu investieren. Ein Beispiel: Statt 50 % des Einkommens für Miete auszugeben, streben Wohlhabende oft eine Quote von 30 % oder weniger an. Die eingesparten Beträge fließen in Investments, die langfristig Vermögen aufbauen. Diese Strategie ist besonders effektiv, wenn sie konsequent angewendet wird. Auch Kleinigkeiten summieren sich: **Der Verzicht auf tägliche Coffeeshop-Besuche kann auf ein Jahr gerechnet mehrere Hundert Euro sparen** – genug, um einen ETF-Sparplan zu starten (Fey, 2024).

Ein stabiles Umfeld und eine bescheidene Lebensweise fördern nicht nur den Vermögensaufbau, sondern auch die **mentale Freiheit**. Wer weniger fixen Verpflichtungen nachkommt und keine überflüssigen Schulden anhäuft, schläft besser. Wohlhabende Investoren wie Warren Buffett sind berühmt für ihre Bescheidenheit. Buffett lebt seit Jahrzehnten im selben bescheidenen Haus, obwohl er in der Lage ist, auf jedem Kontinent eine Villa zu besitzen. Sein Fokus liegt auf dem Aufbau von Vermögenswerten, nicht auf deren Zurschaustellung. Die Kombination aus Stabilität und Bescheidenheit schafft die Grundlage für finanzielle Sicherheit und langfristigen Erfolg. Es ist wie der Anker, der ein Schiff auch bei stürmischer See ruhig hält. Wer diese Prinzipien in sein Leben integriert, baut nicht nur finanzielles, sondern auch emotionales Kapital auf – eine unschätzbare Ressource auf dem Weg zur Freiheit (Weida et al., 2020).

7.2 Ein Portfolio wie die Reichen aufbauen

In diesem Abschnitt bekommst du konkrete Handelsempfehlungen, wie man ein Portfolio wie die Reichen aufbaut – und wie diese Strategien jedem helfen können, finanzielle Stabilität und Wachstum zu erreichen.

7.2.1 Vermögenswerte mit wissenschaftlichen Methoden allokieren

Schritt 1: Bestimme dein Risikoprofil

Überlege dir zunächst, wie viel Risiko du bereit bist einzugehen. Stell dir Fragen wie:

- Wie stark würde dich ein Verlust von 20 % deines Portfolios belasten?
- Bist du eher auf langfristiges Wachstum oder auf Stabilität aus? Eine ehrliche Selbsteinschätzung hilft dir, die richtige Mischung aus Aktien, Anleihen und anderen Anlagen zu finden.

Schritt 2: Wähle die passende Allokation

Nutze wissenschaftliche Ansätze wie die moderne Portfoliotheorie (MPT), um dein Portfolio optimal zu gestalten. Für risikofreudige Anleger könnten etwa 60 % bis 70 % Aktien sinnvoll sein, während konservativere Anleger eher 40 % in Anleihen investieren sollten. Achte darauf, die Sharpe-Ratio zur Bewertung des Rendite-Risiko-Verhältnisses heranzuziehen.

Schritt 3: Setze auf Diversifikation

Verteile dein Kapital nicht nur auf verschiedene Aktien, sondern auch auf mehrere Anlageklassen:

- **Aktien:**
  für Wachstumspotenzial
- **Anleihen:**
  zur Stabilisierung in Krisenzeiten
- **Immobilien:**
  für langfristige Einkommenssicherheit

- **Rohstoffe** (z. B. Gold):
  als Inflationsschutz

Ein diversifiziertes Portfolio ist widerstandsfähiger gegenüber wirtschaftlichen Schwankungen.

Schritt 4: Geografische Streuung einbauen

Streue dein Kapital nicht nur über verschiedene Anlageklassen, sondern auch global. Statt nur nationale Aktien zu kaufen, setze auf ETFs, die weltweit investieren. Ein ausgewogenes Beispiel:

40 % globale Aktien

30 % nationale Anleihen

20 % Immobilien

10 % Rohstoffe

Diese Verteilung schützt dich vor regionalen Krisen und nutzt globale Chancen.

Schritt 5: Rebalancing nicht vergessen

Märkte verändern sich ständig, wodurch sich auch die Gewichtung deiner Anlageklassen verschiebt. Überprüfe dein Portfolio mindestens alle sechs Monate. Hat sich z. B. der Aktienanteil durch Kursgewinne auf 70 % erhöht, könnte ein Verkauf von Aktien und der Kauf von Anleihen sinnvoll sein, um die ursprüngliche Balance wiederherzustellen.

Schritt 6: Automatisierung nutzen

Verwende Tools oder Apps, die dein Portfolio regelmäßig überwachen und automatisch anpassen können. So bleibt deine Vermögensaufteilung auch bei Marktschwankungen im Gleichgewicht.

Mit diesen klaren Schritten schaffst du dir ein robustes Portfolio, das sowohl Stabilität als auch Wachstum ermöglicht. (M. J. Kim & Kwon, 2023; Hayes, 2024; J. Chen, 2022; Su, 2020).

7.2.2 Qualitätsaktien und Immobilien für langfristiges Wachstum

Die Auswahl von Qualitätsaktien und Immobilien ist wie die Suche nach einem treuen Partner – es geht nicht um schnelle Abenteuer, sondern um langfristige Verlässlichkeit. Beide Anlageklassen haben sich als Bausteine bewährt, um über Jahrzehnte hinweg einen stabilen Vermögenszuwachs zu ermöglichen. Doch der Erfolg liegt in der sorgfältigen Auswahl und nicht im blinden Vertrauen auf Hypes oder Trends. Qualitätsaktien zeichnen sich durch starke Fundamentaldaten, eine konsistente Gewinnhistorie und Wettbewerbsvorteile aus. Unternehmen wie *Apple*, *Nestlé* oder *Johnson & Johnson* gehören zu den typischen Vertretern. Diese Firmen verfügen über „wirtschaftliche Burggräben" – sei es durch Markenstärke, Technologie oder Marktführerschaft. Der Fokus bei der Auswahl sollte auf Kennzahlen wie der ROE, dem Verschuldungsgrad und der Dividendenrendite liegen. Ein niedriger Verschuldungsgrad zeigt, dass das Unternehmen nicht auf wackeligen Beinen steht, während stabile oder wachsende Dividenden ein Zeichen für eine gesunde Bilanz sind (Campo, 2024).

Ein weiterer wichtiger Punkt ist der **Branchenfokus**. Branchen mit hoher Stabilität wie Gesundheitswesen oder Basiskonsumgüter liefern oft verlässliche Renditen, auch in Krisenzeiten. Technologiewerte oder zyklische Industrien bieten höhere Wachstumschancen, bergen jedoch auch größere Risiken. Wohlhabende Investoren bauen oft ein diversifiziertes Aktienportfolio auf, das aus verschiedenen Sektoren besteht, um sowohl Stabilität als auch Wachstum zu gewährleisten. Privatanleger können diesen Ansatz leicht durch ETFs oder Fonds nachbilden, die Qualitätsaktien gezielt bündeln. Immobilien sind wie Obstbäume im eigenen Garten – sie benötigen anfangs Pflege und Geduld, tragen aber über Jahre hinweg reiche Früchte. Ein gut ausgewähltes Mehrfamilienhaus in einer aufstrebenden Universitätsstadt wie Leipzig oder Freiburg kann nicht nur monatlich stabile Mieteinnahmen liefern, sondern auch im Wert deutlich zulegen, wenn die Nachfrage nach Wohnraum steigt. Entscheidend ist, dort zu investieren, wo Zukunft passiert – etwa in Regionen mit wachsender Bevölkerung, starker Infrastruktur und wirtschaftlicher Dynamik. Gleichzeitig sollten wirtschaftliche Faktoren wie Arbeitsmarktlage, Infrastruktur und Bevölkerungswachstum berücksichtigt werden. Immobilien in wachstumsstarken Regionen profitieren langfristig von der steigenden Nachfrage, während ländliche oder strukturschwache Gebiete oft geringere Renditen erzielen (Turiel & Aste, 2021).

Nicht nur /textitwo man investiert, sondern auch was man kauft, kann über den Erfolg einer Immobilienstrategie entscheiden. Während klassische Wohnimmobilien vor allem Sicherheit und kontinuierliche Nachfrage bieten, eröffnen alternative Immobilienarten wie Mikroapartments, Studentenwohnungen oder Pflegeimmobilien spannende Nischen mit spezifischem Wachstumspotenzial. Auch Lager- und Logistikflächen profitieren zunehmend vom Onlinehandel und können eine interessante Ergänzung im Portfolio sein. Wer verschiedene Nutzungsklassen klug kombiniert, profitiert nicht nur von unterschiedlichen Einnahmequellen, sondern verteilt auch das Risiko über mehrere Wirtschaftsbereiche hinweg. **Für Privatanleger sind Real Estate Investment Trusts (REITs) eine kostengünstige Möglichkeit**, in Immobilien zu investieren, ohne direkt eine Immobilie kaufen zu müssen. Die Kombination aus Qualitätsaktien und Immobilien in einem Portfolio sorgt für ein ausgewogenes Verhältnis von Stabilität und Wachstum. Während Aktien das Potenzial für hohe Renditen bieten, dienen Immobilien als verlässliche Einkommensquelle und Absicherung gegen Inflation. Wohlhabende Investoren wissen, dass es nicht darum geht, die eine perfekte Anlage zu finden, sondern die richtigen Bausteine zusammenzufügen. Diese Strategie ist nicht nur bewährt, sondern auch für Privatanleger zugänglich – ein klarer Fahrplan, um Vermögen nachhaltig aufzubauen (Jelska, 2014).

7.2.3 Konkrete Tipps für dich

Tipp 1: Quartalscheck mit Fokus-Thema

Statt einfach nur Zahlen durchzugehen, gib jedem Quartal einen Analyse-Schwerpunkt: z. B. einmal Fokus auf Renditequellen, ein anderes Mal auf Kosten und Gebühren. So entwickelst du ein tieferes Verständnis für dein Portfolio und entdeckst Optimierungspotenziale gezielter.

Tipp 2: Analoge Übersicht ergänzen

Auch wenn digitale Tools praktisch sind – ein einmal im Jahr handschriftlich erstelltes „Finanzcockpit"(eine Übersicht deiner Assets, Schulden, Cashflows) schafft Klarheit und gibt dir eine emotionale Verbindung zu deinem Vermögen. Oft verhilft der Perspektivwechsel weg vom Bildschirm zu besseren Entscheidungen.

Tipp 3: Rebalancing mit Cashflows kombinieren

Statt bestehende Positionen zu verkaufen, kannst du auch neue Sparraten oder Dividenden nutzen, um dein Portfolio sanft zurück in Balance zu bringen. Das reduziert Transaktionskosten und mögliche Steuerfolgen.

Tipp 4: Gewinne strategisch reinvestieren

Wenn du in starken Marktphasen Gewinne realisierst, nutze diese gezielt für neue Investmentideen, etwa in Megatrends wie Klimatechnologie oder Digitalisierung – nicht nur zur Risikoabsicherung, sondern auch zur Zukunftsorientierung deines Portfolios.

Tipp 5: Lebensphasen clever antizipieren

Statt nur zu *reagieren*, baue eine Lebensphasen-Strategie auf: Plane z. B. jetzt schon, wie du deine Assetstruktur anpasst, wenn Kinder kommen, ein Sabbatical ansteht oder du mit 55 in die Teilzeit willst. Wer vorausplant, handelt souveräner – und hat oft mehr Renditepotenzial.

Tipp 6: Emotionales Controlling einführen

Frage dich regelmäßig: Welche Investmententscheidung aus dem letzten Jahr war emotional getrieben – und wie hätte ich heute gehandelt? Ein „emotionales Journal" hilft dir, dich selbst besser zu steuern. Denn langfristiger Erfolg entsteht nicht nur durch Zahlen, sondern auch durch innere Klarheit.

Mit diesen Tipps stellst du sicher, dass dein Portfolio nicht nur gut aufgestellt ist, sondern auch dynamisch bleibt – egal, was der Markt gerade macht (Manning, 2022; Olivier, 2024; Mwiine, 2024).

7.3 Häufige Fallstricke vermeiden

In diesem Abschnitt geht es darum, typische Stolpersteine zu erkennen und gezielt zu umgehen. Denn wer die häufigsten Fehler vermeidet, legt den Grundstein für eine erfolgreiche und stressfreie Investmentreise.

7.3.1 Die Jagd nach hohen Renditen endet oft im Misserfolg

Die Jagd nach hohen Renditen gleicht dem Versuch, mit einem Lamborghini durch eine enge Gasse zu rasen – spektakulär, aber gefährlich. Viele Anleger lassen sich von der Aussicht auf schnelle Gewinne blenden, nur um festzustellen, dass die Risiken die Belohnungen bei Weitem übersteigen. Trends und heiße Tipps gehören zu den größten Stolperfallen. Ein neues Unternehmen betritt den Markt, eine Kryptowährung erlebt einen plötzlichen Boom oder ein YouTube-Guru preist eine „versteckte Perle" an. **FOMO** – die Angst, etwas zu verpassen – treibt viele Anleger dazu, unüberlegt zu investieren. Was sie dabei oft übersehen: Wenn ein Trend bereits in den Schlagzeilen ist, haben die klugen Köpfe längst ihre Gewinne eingefahren. Wohlhabende Investoren meiden solche Situationen. Sie analysieren die Grundlagen, bevor sie investieren, und setzen auf solide Daten anstatt auf sensationsgetriebene Spekulationen (Guberti, 2023).

Die **Gier** nach extremen Gewinnen ist eine weitere Falle, die viele Anleger ins Unglück stürzt. Produkte wie gehebelte ETFs oder Derivate versprechen traumhafte Renditen mit minimalem Einsatz. Doch was oft verschwiegen wird: Der Hebeleffekt wirkt in beide Richtungen. Verluste können sich genauso schnell vervielfachen wie Gewinne, und viele Anleger finden sich plötzlich in einem finanziellen Desaster wieder. Wohlhabende Investoren verstehen dieses Risiko und investieren nur in Instrumente, deren Funktionsweise sie vollständig begreifen. Sie bevorzugen nachhaltige Gewinne über Jahre hinweg, anstatt alles auf eine riskante Wette zu setzen (Maverick, 2022).

Ein besonders schädlicher Fehler ist die **Überschätzung von kurzfristigen Gewinnen**. Wer einmal einen Glückstreffer landet, neigt dazu, sich für unbesiegbar zu halten. Ein plötzlicher Kursanstieg wird oft als Bestätigung für die eigene Intelligenz gewertet, anstatt als zufällige Marktbewegung. Das führt häufig dazu, dass Anleger noch riskantere Wetten eingehen und ihre Gewinne in spekulative Anlagen reinvestieren. Wohlhabende Investoren wissen hingegen, dass auch Glück eine Rolle spielt, und sie lassen sich nicht von einer guten Phase blenden. Stattdessen sichern sie Gewinne und investieren weiterhin diszipliniert und strategisch. Emotionen sind ein weiterer Grund, warum die Jagd nach hohen Renditen oft scheitert. Die Märkte können turbulent sein, und Panik sowie Euphorie führen zu irrationalen Entscheidungen. Anleger kaufen, wenn der Markt heiß ist, und verkaufen, wenn er fällt – genau das Gegenteil von dem, was sinnvoll wäre. Wohlhabende Investoren bleiben hingegen ruhig. Sie wissen, dass Marktschwankungen ein normaler Teil des Spiels sind, und sie nutzen diese Volatilität zu ihrem Vorteil, indem sie in Krisenzeiten günstig einkaufen (WallStreetMojo, 2023).

Ein anschauliches Beispiel ist die **Dotcom-Blase** der späten 1990er-Jahre. Viele Anleger wurden von der Aussicht auf schnelle Gewinne in Technologieaktien verführt, ohne deren Fundamentaldaten zu verstehen. Als die Blase platzte, verloren Millionen Menschen ihre Ersparnisse. Wohlhabende Investoren, die auf Diversifikation und Geduld gesetzt hatten, konnten hingegen nicht nur ihre Verluste minimieren, sondern auch von der anschließenden Erholung profitieren. Die Lektion ist klar: Hohe Renditen sind kein Ziel, das um jeden Preis verfolgt werden sollte. Stattdessen ist es sinnvoll, auf bewährte Strategien und langfristige Planung zu setzen. Wohlhabende Investoren wissen, dass es besser ist, stetige Fortschritte zu machen, als in riskante Abenteuer zu investieren, die im besten Fall nur kurzzeitig beeindruckend wirken. Wer auf Disziplin, Diversifikation und Geduld setzt, hat die besten Chancen, auf lange Sicht erfolgreich zu sein (Hayes, 2024).

7.3.2 Versteckte Kosten von Beratern und Anlageprodukten

Die Welt der Finanzberatung und Anlageprodukte ist voller verborgener Fallen – oft so geschickt versteckt, dass selbst erfahrene Anleger sie übersehen. Wohlhabende Investoren wissen: **Jeder Euro, der an Gebühren verloren geht, ist ein Euro, der nicht**

für dich arbeitet. Daher ist es wichtig, die wahren Kosten hinter den Angeboten zu verstehen und diese kritisch zu hinterfragen. Finanzberater verdienen oft an Provisionen, die für den Kunden nicht sofort erkennbar sind. Viele Beratungen, die als „kostenlos" beworben werden, werden durch den Verkauf von Produkten finanziert, die hohe Provisionen enthalten. Diese Produkte sind selten die besten auf dem Markt, sondern diejenigen, die dem Berater die höchsten Vergütungen einbringen. Ein Beispiel: Lebensversicherungen mit integriertem Sparplan werden oft als clevere Altersvorsorge verkauft, sind aber durch hohe Verwaltungskosten und niedrige Renditen gekennzeichnet. Wohlhabende Investoren meiden solche Konstrukte und setzen stattdessen auf unabhängige Berater, die auf Honorarbasis arbeiten (Boatright, 2002).

Auch bei Fonds lauern versteckte Kosten. **Managementgebühren, Ausgabeaufschläge und Transaktionskosten** können die Rendite erheblich schmälern. Aktiv gemanagte Fonds versprechen, den Markt zu schlagen, schaffen dies aber oft nicht – und berechnen trotzdem hohe Gebühren. Ein Fonds mit einer jährlichen Verwaltungsgebühr von 2 % mag auf den ersten Blick harmlos wirken. Doch auf lange Sicht summieren sich diese Kosten. Bei einem Investment von 100.000 Euro und einer durchschnittlichen Rendite von 7 % pro Jahr könnten Gebühren von 2 % das Endvermögen um zehntausende Euro reduzieren. Wohlhabende Investoren bevorzugen daher kostengünstige ETFs, die passiv einen Index abbilden und Gebühren von oft weniger als 0,2 % aufweisen (Levine, 2023).

Eine weitere Kostenfalle sind Transaktionsgebühren und **Spread-Kosten**. Was sind Spread-Kosten? Spread-Kosten entstehen beim Kauf und Verkauf von Wertpapieren durch die Differenz zwischen Kauf- (Ask) und Verkaufspreis (Bid). Dieser Unterschied nennt sich „Spread".

Warum sind Spread-Kosten wichtig?
Je größer der Spread, desto mehr zahlst du indirekt bei jedem Trade. Gerade bei weniger liquiden Märkten oder exotischen Wertpapieren kann der Spread erheblich sein und die Rendite schmälern.

Mein Profi-Tipp für dich

Bevor du handelst, vergleiche die Spreads verschiedener Broker und beachte die Marktlage – in volatilen Phasen können die Kosten deutlich steigen.

Viele Anleger glauben, dass sie durch aktives Kaufen und Verkaufen höhere Renditen erzielen können. Doch jeder Handel kostet – sei es durch Gebühren des Brokers oder durch den Spread zwischen Kauf- und Verkaufspreis. Diese Kosten summieren sich schnell und können die Rendite massiv reduzieren. Wohlhabende Investoren minimieren diese Kosten durch eine „Buy-and-Hold"-Strategie. Sie kaufen Qualitätsinvestitionen und halten sie langfristig, anstatt ständig umzuschichten. Auch strukturierte Produkte wie Zertifikate und Hebelprodukte bergen oft undurchsichtige Gebührenstrukturen. Sie locken mit attraktiven Renditeversprechen, enthalten jedoch häufig hohe Verwaltungskosten und versteckte Risiken. Ein beliebtes Beispiel sind sogenannte „Garantieprodukte", die einen Teil des eingesetzten Kapitals schützen sollen. Dieser Schutz ist jedoch teuer und mindert die potenzielle Rendite. Wohlhabende Investoren analysieren solche Produkte kritisch und entscheiden sich meist dagegen, wenn die Kosten den potenziellen Nutzen übersteigen (Ruf & Xie, 2019).

Selbst bei Immobilieninvestitionen sind versteckte Kosten allgegenwärtig. Maklergebühren, Verwaltungskosten und Instandhaltungsrücklagen werden oft unterschätzt, können aber über die Jahre hinweg beträchtliche Summen ausmachen. Ein Beispiel: Eine Immobilie mit einer Bruttorendite von 4 % kann nach Abzug aller Kosten schnell auf eine Netto-Rendite von unter 2 % schrumpfen. Reiche Anleger kalkulieren solche Ausgaben im Voraus und bewerten die Rentabilität einer Investition erst nach Berücksichtigung aller Nebenkosten. Die versteckten Kosten von Finanzberatern und Anlageprodukten sind wie eine unsichtbare Steuer auf dein Vermögen. Sie fressen deine Gewinne, ohne dass du es merkst. Wohlhabende Investoren sind sich dieser Fallen bewusst und handeln entsprechend. Sie prüfen Angebote genau, bevorzugen transparente Produkte und setzen auf Strategien, die langfristig Kosten minimieren. Denn am Ende des Tages entscheidet nicht, wie viel du investierst, sondern wie viel von den Renditen du tatsächlich behältst (Waham, 2022).

7.3.3 Am eigenen Plan festhalten und Emotionalität vermeiden

An einem Plan festzuhalten, klingt einfacher, als es ist. Sobald Märkte schwanken, geraten selbst die diszipliniertesten Anleger ins Wanken. Emotionen wie Angst und Gier übernehmen das Ruder und rationale Entscheidungen geraten in den Hintergrund. Plötzliche Kursverluste oder mediale Schlagzeilen können selbst erfahrene Investoren verunsichern. Doch genau hier liegt der Unterschied zwischen erfolgreichen Investoren und jenen, die scheitern: Wohlhabende Menschen wissen, wie sie ihre Emotionen kontrollieren und sich konsequent an ihren Plan halten. Sie vertrauen auf die Stärke ihrer Strategie – auch in Phasen der Unsicherheit.

Starte mit einer durchdachten Strategie, die alle Eventualitäten berücksichtigt. Überlege dir genau, welche Ziele du erreichen willst, wie viel Risiko du eingehen kannst und wie du dein Kapital auf verschiedene Anlageklassen verteilst. Hast du diesen Plan einmal festgelegt, dient er dir als Orientierung – auch wenn die Märkte turbulent sind.

Erfolgreiche Investoren setzen dabei auf einfache, aber wirkungsvolle Prinzipien:

- Sie bestimmen im Vorfeld, wie viel sie in Aktien, Anleihen oder Immobilien anlegen wollen und bleiben konsequent bei dieser Verteilung – selbst wenn kurzfristige Trends reizvoll wirken (Reinkensmeyer, 2024).

Ein praktischer Tipp, um Emotionen in den Griff zu bekommen, ist das **Automatisieren von Investitionen**. Wer etwa einen monatlichen Sparplan für ETFs einrichtet, eliminiert die Versuchung, den Markt „timen“ zu wollen. Automatische Überweisungen sorgen dafür, dass Investitionen auch dann weiterlaufen, wenn die Nachrichten voller Panikmeldungen sind. Wohlhabende Investoren wissen, dass der Erfolg nicht davon abhängt, ständig auf den Markt zu reagieren, sondern von konsistentem Handeln über Jahrzehnte hinweg (Bakker, 2021).

Ein weiteres Werkzeug ist das bewusste **Ignorieren von Marktrauschen**. Die Finanzmedien leben davon, Schlagzeilen zu produzieren, die Ängste oder Gier schüren. Reiche Anleger wissen, dass solche Nachrichten oft übertrieben sind und selten echte Informationen liefern.

Ein berühmtes **Beispiel**: Warren Buffett kaufte während der Finanzkrise 2008 Aktien, als die meisten Anleger in Panik verkauften. Er hielt sich an seinen Plan und profitierte langfristig davon. Emotionale Entscheidungen entstehen häufig aus der Angst vor Verlusten. Dieses sogenannte „Verlustaversion"-Phänomen führt dazu, dass Anleger irrational handeln – sie verkaufen in Panik oder meiden den Markt komplett. Wohlhabende Menschen setzen auf Rationalität: Sie wissen, dass Verluste auf dem Papier oft nur vorübergehend sind. Durch Halten oder gezieltes Nachkaufen in Krisenzeiten nutzen sie die Angst anderer Anleger zu ihrem Vorteil (Kuramoto et al., 2024).

Erfolgreiche Investoren haben nicht nur einen Plan – sie haben auch ein **starkes „Warum"**, das sie durch Höhen und Tiefen trägt. Dieses innere Motiv hilft ihnen, diszipliniert zu bleiben, auch wenn der Markt verrückt spielt.

Warum investierst du?
Geht es um finanzielle Unabhängigkeit, den Kauf eines Eigenheims oder die Absicherung deiner Familie? Was auch immer dein Antrieb ist – je klarer du ihn formulierst, desto eher wirst du langfristig dranbleiben.

Ein klar definiertes Ziel ist weit mehr als eine bloße Motivation – es ist der Anker in stürmischen Zeiten. Wenn die Märkte verrücktspielen und Panikverkäufe drohen, hält ein starkes „Warum" dich auf Kurs.

Die Börse funktioniert eher wie ein Acker als wie ein Glücksspiel – wer sät, muss Geduld haben, regelmäßig pflegen und Erntezyklen respektieren. Doch viele Anleger handeln, als könnten sie morgen schon das volle Feld abernten. Sie reagieren hektisch auf Wetterumschwünge – sprich: Kursschwankungen – und reißen ihre „Pflanzen“ aus, bevor sie Wurzeln schlagen. Erfolgreiches Investieren bedeutet, Marktzyklen zu verstehen und ruhig zu bleiben, auch wenn es mal stürmisch wird. Denn nur wer langfristig denkt und seinem Investment Zeit gibt, profitiert von nachhaltigem Wachstum.

Ein **starkes Mindset** trennt erfolgreiche Investoren von der breiten Masse:

- **Marktzyklen sind normal.**
  Korrekturen sind keine Katastrophen, sondern Gelegenheiten.
- **Langfristige Perspektive schlägt kurzfristige Hektik.**
  Niemand wird reich durch hektisches Kaufen und Verkaufen – sondern durch konsequentes Halten guter Investments.
- **Geduld zahlt sich aus.**
  Der Zinseszinseffekt entfaltet seine volle Kraft erst über Jahre. Wer zu früh aussteigt, beraubt sich selbst der größten Gewinne.

Den Markt zu verstehen ist wie ein Puzzle: Nicht jedes Teil passt sofort, aber mit Geduld entsteht ein stimmiges Bild. Wohlhabende Menschen wissen, dass ein einzelner Rückschlag nicht das Endergebnis bestimmt. Wer diese Einstellung übernimmt, bleibt fokussiert – egal, wie turbulent die Märkte sind.

Die beste Strategie? Lass Emotionen gar nicht erst ans Steuer. Wer klug investiert, bleibt ruhig, hält an seinem Plan fest – und gewinnt auf lange Sicht (Fidelity, 2024).

8 Die Bedeutung der Finanzbildung

In diesem Kapitel wird erläutert, warum Finanzbildung wichtig für den Wohlstand ist und wie mangelndes Wissen häufig zu schlechten Entscheidungen führt. Es werden Herausforderungen und praktische Ansätze beleuchtet, um finanzielle Kompetenz in Schulen, durch Technologie und kulturelle Veränderungen zu stärken.

8.1 Finanzwissen in Deutschland: warum es fehlt

In diesem Abschnitt zeige ich dir, warum es in Deutschland an Finanzwissen mangelt und welche Folgen dies für die Bevölkerung hat. Dabei stehen strukturelle und kulturelle Hindernisse im Fokus, die finanzielle Kompetenz und Entscheidungen beeinflussen.

8.1.1 Vergleich mit anderen Ländern

Deutschland ist bekannt für seine exzellente Berufsausbildung und seine Ingenieurskunst – doch in einem entscheidenden Bereich hinkt es hinterher: der finanziellen Bildung. Während technisches und akademisches Wissen systematisch vermittelt wird, bleibt der Umgang mit Geld für viele ein Buch mit sieben Siegeln.

Ein Blick über die Landesgrenzen zeigt: Andere Länder sind deutlich weiter.

USA, Kanada, Australien: Finanzwissen als Pflichtfach

In den USA ist die finanzielle Bildung in vielen Bundesstaaten fester Bestandteil des Lehrplans. Bereits in der Highschool lernen Schüler essentielle Konzepte wie Budgetierung, Schuldenmanagement und Investieren. Programme wie „Junior Achievement" (Offizielle Webseite von Junior Achievement International) setzen auf praxisnahe Workshops, in denen Jugendliche spielerisch erarbeiten, wie sie ihr Geld klug verwalten. Auch in Kanada und Australien ist Finanzwissen kein Randthema, sondern ein zentrales Bildungsziel.

Deutschland: Finanzbildung bleibt ein Stiefkind

In Deutschland hingegen bleibt das Thema oft eine Randnotiz – bestenfalls eingebettet in den Wirtschafts- oder Sozialkundeunterricht. Das Ergebnis? Viele junge Erwachsene starten ins Berufsleben, ohne auch nur die Grundlagen über Steuern, Kredite oder Investitionen zu verstehen.

Die Folgen dieser Bildungslücke sind gravierend:

- Viele junge Menschen verschulden sich früh, weil ihnen das Bewusstsein für kluge Finanzentscheidungen fehlt.
- Investitionen in Aktien oder ETFs werden oft gemieden, weil Unsicherheit und mangelndes Wissen zu Angst führen.
- Wer sich nicht eigenständig weiterbildet, bleibt finanziell abhängig – sei es von der gesetzlichen Rente oder von schlecht durchdachten Bankprodukten.

Während andere Länder ihre Bürger frühzeitig auf wirtschaftliche Selbstständigkeit vorbereiten, bleibt finanzielle Bildung in Deutschland häufig Privatsache – oder schlimmer noch: dem Zufall überlassen (Kraitzek et al., 2022).

Deutschland setzt bei der finanziellen Bildung weitgehend auf **private Initiativen**. Derweil verfolgt Kanada einen ganzheitlichen, staatlich geförderten Ansatz. Die Regierung hat eine **landesweite Strategie** entwickelt, um Finanzwissen systematisch in Schulen, Unternehmen und die Gesellschaft zu integrieren.

Ein umfassendes Bildungskonzept

Kanada setzt auf breit angelegte Kampagnen und digitale Lernplattformen, die alle wesentlichen Finanzthemen abdecken – von Sparen und Investieren bis hin zu Schuldenmanagement und Altersvorsorge. Besonders bemerkenswert: Maßgeschneiderte Programme für wirtschaftlich gefährdete Bevölkerungsgruppen helfen, finanzielle Bildung nicht nur als Privileg für Wohlhabende, sondern als essenzielles Lebenswerkzeug für alle zu etablieren (OECD, 2024).

Deutschland dagegen verlässt sich fast ausschließlich auf private Akteure wie Verbraucherzentralen, Banken oder gemeinnützige Organisationen. Das Problem? Diese Programme sind zwar oft qualitativ hochwertig, aber:

- Sie erreichen **nicht die breite Bevölkerung**, da sie meist nur von Interessierten aktiv gesucht werden.
- Sie sind **keine verpflichtende Bildungsmaßnahme** und bleiben somit für viele junge Menschen unerreichbar.
- Banken und Finanzdienstleister haben oft **eigene Interessen**, die nicht immer neutral sind.

Während Kanada das Thema zur staatlichen Priorität gemacht hat, bleibt Finanzbildung in Deutschland häufig dem Eigenengagement des Einzelnen überlassen – mit allen Risiken, die das mit sich bringt (OECD, 2024).

Australien und Singapur: Finanzbildung als Lebenskompetenz

Australien verfolgt einen ebenso **progressiven Ansatz** wie Kanada – und geht in manchen Bereichen noch einen Schritt weiter.

Bereits in der Grundschule lernen australische Kinder, wie man mit Geld umgeht. Das Land verfolgt einen systematischen Ansatz, um Schüler frühzeitig mit finanziellen Konzepten vertraut zu machen. Im Rahmen des australischen Lehrplans werden finanzielle Kompetenzen über verschiedene Fächer hinweg vermittelt. So lernen Grundschüler beispielsweise in Mathematik, wie man mit Geld umgeht, Budgets erstellt und einfache Finanzentscheidungen trifft. In den Fächern Wirtschaft und Gesellschaft (Economics and Business) erwerben sie Kenntnisse über Konsumverhalten, Sparen und Investieren.

Diese integrative Herangehensweise fördert ein ganzheitliches Verständnis für Finanzthemen und trägt dazu bei, dass junge Menschen in Australien besser auf die finanziellen Herausforderungen des Lebens vorbereitet sind.

Financial Literacy:

Im Vergleich dazu ist in Deutschland eine vergleichbare systematische finanzielle Bildung in der Grundschule noch nicht flächendeckend etabliert. Doch es geht nicht nur um einfaches Sparen – der Fokus liegt auf **kritischem Denken:**

- Was macht ein Finanzprodukt gut oder schlecht?
- Welche Fallstricke gibt es bei Krediten?
- Wie plant man ein realistisches Budget?

Diese Grundlagen sind essenziell, denn finanzielle Fehlentscheidungen entstehen oft aus mangelndem Wissen. Junge Menschen starten ins Berufsleben, ohne jemals gelernt zu haben, wie sie ihre Finanzen strategisch managen.

Erwachsenenbildung: Arbeitgeber in der Pflicht
Auch in der Erwachsenenbildung zeigt sich ein klarer Unterschied: Australische Unternehmen bieten ihren Mitarbeitern oft Finanz-Wellness-Programme an. Diese helfen, Altersvorsorge zu planen, Schulden abzubauen oder smarter zu investieren. In Deutschland hingegen sind Arbeitnehmer weitgehend auf sich allein gestellt. Wer sich nicht selbst um seine finanzielle Bildung kümmert, bleibt schnell auf der Strecke.

Singapur: Technologie als Gamechanger
Einen völlig anderen, aber ebenso effektiven Weg geht **Singapur**. Hier wird Finanzbildung durch moderne Technologien und spielerische Ansätze gefördert:

- Bereits Im **Grundschulalter** lernen Kinder, wie man ein Budget erstellt.
- **Innovative Apps** belohnen kluge Finanzentscheidungen mit Punkten oder virtuellen Belohnungen.
- **Lernplattformen** integrieren Finanzwissen in den Schulalltag.

In Deutschland gibt es zwar einzelne Apps und Online-Angebote, doch diese sind **kein fester Bestandteil des Bildungssystems**. Das Resultat: Finanzbildung bleibt oft dem Zufall überlassen, statt systematisch gefördert zu werden (Frühauf & Retzmann, 2016).

Die Folgen der unzureichenden Finanzbildung in Deutschland sind **unübersehbar**. Während Länder mit einem **strukturierten Finanzunterricht** hohe Sparquoten und niedrige Verschuldung aufweisen, kämpfen viele Deutsche mit finanzieller Unsicherheit.

Wissenslücken mit spürbaren Folgen

Studien zeigen, dass ein erheblicher Teil der Bevölkerung Schwierigkeiten hat, komplexe Finanzprodukte zu verstehen oder die eigene Rentenlücke realistisch einzuschätzen. Diese Defizite haben weitreichende Konsequenzen:

- Viele Deutsche sparen **zu wenig** oder investieren **gar nicht**, weil ihnen das Wissen fehlt.
- **Fehlentscheidungen bei Krediten** oder der Altersvorsorge führen oft zu langfristigen finanziellen Problemen.
- Die Angst vor Investitionen hält viele davon ab, ihr Geld **gewinnbringend** anzulegen.

Im internationalen Vergleich schneiden Länder mit verpflichtender, praxisorientierter Finanzbildung deutlich besser ab. Dort trifft die Bevölkerung informierte Entscheidungen, während in Deutschland viele Menschen finanziell reagieren, statt proaktiv zu handeln (OECD/INFE International Survey of Adult Financial Literacy, 2018).

Finanzbildung: Ein gesamtgesellschaftlicher Hebel

Wohlhabende Nationen haben längst erkannt, dass Finanzbildung **nicht nur eine individuelle, sondern eine gesellschaftliche Aufgabe** ist. Wer früh lernt, mit Geld umzugehen, ist:

- seltener von Armut betroffen.
- besser gegen Krisen gewappnet.
- in der Lage, selbstbestimmt für die Zukunft vorzusorgen.

Deutschland kann es sich nicht leisten, weiter hinterherzuhinken. Finanzbildung muss eine Priorität werden – nicht nur in Schulen, sondern in der gesamten Gesellschaft. Nur so kann sichergestellt werden, dass die nächste Generation mündige Finanzentscheidungen trifft und finanzielle Unabhängigkeit nicht nur wenigen Privilegierten vorbehalten bleibt (OECD, 2024).

8.1.2 Einfluss traditioneller Banken und Versicherungsprodukte auf finanzielle Entscheidungen

Traditionelle Banken und Versicherungen spielen eine zentrale Rolle in den finanziellen Entscheidungen vieler Menschen. Doch diese Rolle ist oft von Missverständnissen und fehlendem Wissen geprägt. Die Produkte, die sie anbieten, werden als sicher und verlässlich vermarktet, aber nicht immer halten sie, was sie versprechen. Wohlhabende Investoren hinterfragen solche Angebote kritisch und wissen, dass nicht jedes Produkt in ihrem Interesse gestaltet ist. Ein klassisches Beispiel ist der Bausparvertrag: Dieser gilt bei vielen als sichere Methode, um später günstig eine Immobilie zu finanzieren. Doch in der Praxis lohnt er sich oft nur selten. Das Problem: Während der Sparphase sind die Zinsen meist sehr niedrig, oft unter der Inflationsrate, sodass dein Geld an Wert verliert. Zudem fallen Abschluss- und Kontoführungsgebühren an, die die Rendite weiter schmälern. Die versprochenen Darlehenszinsen sind zwar attraktiv, greifen aber meist nur, wenn du tatsächlich baust – und viele Sparer nutzen den Vertrag nur zum Ansparen, nicht zur Finanzierung. Dadurch bleibt die Flexibilität eingeschränkt. Wer stattdessen frühzeitig in breit gestreute ETFs oder andere renditestarke Anlageformen investiert, profitiert langfristig meist von deutlich besseren Erträgen und kann so schneller und unabhängiger Vermögen aufbauen (Thangavelu, 2024).

Lebensversicherungen sind ein weiteres Beispiel für Produkte, die oft missverstanden werden. Sie werden als Kombination aus Sparplan und Absicherung verkauft, sind jedoch häufig mit hohen Kosten und geringer Rendite verbunden. Abschlussprovisionen, Verwaltungskosten und versteckte Gebühren mindern den tatsächlichen Ertrag erheblich. Kunden zahlen oft jahrelang in diese Produkte ein, ohne zu wissen, dass ein Großteil ihrer Beiträge an den Versicherer und nicht in die Rendite fließt. Wohlhabende Investoren bevorzugen stattdessen reine Risikolebensversicherungen und investieren den Rest in transparente Anlageprodukte (Friedberg, 2023).

Die Abhängigkeit von traditionellen Banken und Versicherern zeigt sich auch in der Altersvorsorge. Riester- und Rürup-Rentenprodukte werden häufig als sichere Lösungen beworben, doch ihre Komplexität schreckt viele Menschen ab. Viele Anleger verstehen die Gebührenstrukturen und die steuerlichen Auswirkungen dieser Produkte nicht vollständig. Statt langfristig von den Vorteilen zu profitieren, verlieren sie durch hohe Kosten und unflexible Bedingungen. Wohlhabende Menschen informieren sich gezielt über alternative Modelle, wie ETFs oder private Rentenfonds, die niedrigere Kosten und höhere Renditechancen bieten. Ein weiteres Problem ist die Beratungsqualität. Bankberater und Versicherungsvertreter verdienen oft an Provisionen, die sie durch den Verkauf bestimmter Produkte erhalten. Diese Provisionsanreize beeinflussen ihre Empfehlungen erheblich. Kunden wird selten das Produkt angeboten, das für sie am besten geeignet ist, sondern das, das dem Berater die höchste Vergütung einbringt. Wohlhabende Investoren suchen deshalb unabhängige Finanzberater, die auf Honorarbasis arbeiten und keine versteckten Interessen haben (Insights, 2024).

Die mangelnde Transparenz und die hohen Kosten traditioneller Produkte wirken sich langfristig negativ auf die finanzielle Gesundheit der Menschen aus. Statt Wohlstand aufzubauen, zahlen viele unnötig hohe Gebühren oder investieren in Produkte mit schlechter Performance. Reiche Anleger wissen, dass es besser ist, diese Produkte zu vermeiden oder sie zumindest gründlich zu prüfen. Wissen ist hier der Schlüsselfaktor – je besser man die Mechanismen hinter diesen Angeboten versteht, desto leichter fällt es, kluge Entscheidungen zu treffen. Traditionelle Banken und Versicherer haben in der Vergangenheit oft auf das Vertrauen ihrer Kunden gebaut, ohne dieses Vertrauen durch Transparenz und Fairness zu rechtfertigen. Wohlhabende Menschen lassen sich von diesem Image nicht blenden. Sie hinterfragen, vergleichen und setzen auf Produkte, die klar und kosteneffizient sind (Rowling, 2024).

Fazit
Nicht jedes vermeintlich „sichere" Finanzprodukt ist wirklich zu deinem Vorteil gestaltet. Häufig stehen nicht deine Interessen im Mittelpunkt, sondern die des Anbieters. Deshalb lohnt es sich, kritisch zu hinterfragen und genau zu prüfen, bevor du dein Geld bindest. Nur so schützt du dein Vermögen und kannst es langfristig erfolgreich aufbauen.

8.1.3 Mangelnde Finanzbildung führt zu schlechten Investitionsentscheidungen

Mangelnde Finanzbildung ist wie das Navigieren ohne Kompass – wer die Grundlagen nicht kennt, verläuft sich schnell und trifft fatale Entscheidungen. Ohne ein solides Verständnis für Geld, Investitionen und Risiken laufen viele Menschen Gefahr, ihr Vermögen langfristig zu schädigen.

Wohlhabende Investoren wissen: **Wissen ist Macht**.

Versteht man die Mechanismen der Märkte, vermeidet man teure Fehler beim Investieren. Trifft man stattdessen emotionale statt rationale Entscheidungen, tritt eher das Gegenteil einer erfolgreichen Strategie ein. Ein klassisches Beispiel dafür ist der Bitcoin-Hype: Viele stiegen erst bei Höchstständen ein und verkauften panisch, als der Kurs fiel. Mit einem besseren Verständnis für Marktzyklen und Anlagestrategien hätten viele Anleger diese Fehler vermeiden können.

Finanzbildung bedeutet nicht nur, Geld zu verdienen – sie schützt auch vor vermeidbaren Verlusten. Wer Märkte versteht, bleibt ruhig, trifft überlegte Entscheidungen und baut nachhaltig Vermögen auf (Lusardi & Streeter, 2023).

Ein weiteres Problem mangelnder Finanzbildung ist die **Abhängigkeit von teuren und ineffizienten Finanzprodukten**. Viele Menschen vertrauen auf das Marketing von Banken und Versicherungen, ohne die zugrunde liegenden Kosten und Risiken zu hinterfragen.

Besonders häufig betroffen sind **kapitalbildende Lebensversicherungen** oder **teure aktiv gemanagte Fonds**. Diese Produkte werden oft als sichere und lukrative Anlagen beworben, doch die Realität sieht meist anders aus:

- **Hohe Gebühren**
  schmälern langfristig die Rendite.
- **Komplexe Vertragsstrukturen**
  machen es schwer, tatsächliche Kosten zu durchschauen.
- **Geringe Flexibilität**
  kann dazu führen, dass Anleger langfristig gebunden sind – oft zu schlechten Konditionen.

Wohlhabende Investoren lassen sich nicht von Werbung leiten, sondern setzen auf kosteneffiziente Alternativen wie ETFs oder Direktinvestitionen in Aktien. Diese bieten oft höhere Renditen bei deutlich geringeren Gebühren – ein entscheidender Vorteil für den langfristigen Vermögensaufbau.

Wer finanziell erfolgreich sein will, sollte Finanzprodukten nicht blind vertrauen, sondern verstehen, wie sie wirklich funktionieren (West et al., 2013).

Ein weiteres Problem mangelnder Finanzbildung ist die Unterschätzung der Diversifikation. Viele Anleger setzen ihr gesamtes Vermögen auf ein einziges Produkt oder eine Anlageklasse, oft in der Annahme, dadurch auf der sicheren Seite zu sein. Ein klassisches Beispiel ist die übermäßige Fokussierung auf Immobilien.

Zwar gelten Immobilien als stabile Anlage, doch sie sind nicht risikofrei. Wirtschaftskrisen, steigende Zinsen oder regionale Marktveränderungen können den Wert stark beeinflussen. Wer ausschließlich in Immobilien investiert, setzt sich einseitigen Risiken aus und verzichtet auf die Vorteile einer breit gestreuten Anlagestrategie.

Wie bereits in Kapitel 6.1.2 (S. 175) analysiert wurde, minimieren wohlhabende Investoren ihre Risiken durch gezielte Diversifikation. Ein weiteres häufiges Missverständnis betrifft die Auswirkungen der Inflation. Viele Menschen parken ihr Geld auf Sparkonten, weil sie es dort für „sicher" halten. Doch die Realität ist eine andere: Die Kaufkraft schwindet Jahr für Jahr, da die Inflation das Kapital entwertet.

Wohlhabende Investoren verstehen, dass Inflation eine unsichtbare Gefahr ist, und setzen auf renditestarke Anlagen, um ihr Vermögen langfristig zu erhalten und zu vermehren. Der Schlüssel liegt darin, Chancen und Risiken auszubalancieren – durch kluge Diversifikation und eine inflationssichere Anlagestrategie (Cotter et al., 2012).

Ein weiteres Problem mangelnder Finanzbildung ist die **Fehleinschätzung von Renditen und Risiken**. Viele Anleger glauben, dass Investitionen schnelle Gewinne liefern müssen – eine gefährliche Annahme, die oft zu spekulativen Entscheidungen führt.

Wer auf hochriskante Einzelwerte oder spekulative Produkte setzt, läuft Gefahr, sein Kapital durch starke Kursschwankungen oder Totalverluste zu gefährden. Wohlhabende Investoren verstehen hingegen, dass Vermögensaufbau Zeit braucht. Sie setzen auf bewährte Strategien, anstatt sich von kurzfristigen Markttrends oder überzogenen Versprechen verleiten zu lassen.

Die gute Nachricht: Finanzbildung kann diese Fehler verhindern. Wer weiß, wie Märkte funktionieren, welche Rolle Kosten und Gebühren spielen und welche Risiken mit verschiedenen Anlageformen verbunden sind, trifft bessere Entscheidungen.

Wohlstand basiert nicht auf Glück, sondern auf Wissen und Disziplin. Langfristige Planung, Geduld und eine durchdachte Strategie sind die Bausteine finanziellen Erfolgs. Fehlt dieses Fundament, führt es oft zu Fehlentscheidungen – mit langfristigen Konsequenzen für die finanzielle Zukunft (Lusardi & Mitchell, 2014).

8.2 Wie die Finanzbildung verbessert werden kann

In diesem Abschnitt zeige ich Wege auf, wie eine verbesserte Finanzbildung durch Schulen, die Einbindung von Technologien im Alltag sowie die Veränderung kultureller Glaubenssätze uns in Deutschland helfen kann, klügere finanzielle Entscheidungen und langfristigen Wohlstand zu fördern.

8.2.1 Einbindung von Finanzbildung in den Schulunterricht

Finanzbildung sollte so selbstverständlich wie Mathematik oder Deutsch unterrichtet werden – und zwar nicht als trockenes Theoriefach, sondern als praktisches Werkzeug fürs Leben. Wer früh versteht, wie Geld funktioniert, kann später fundierte finanzielle Entscheidungen treffen. Doch wie lässt sich dieses Wissen sinnvoll in den Schulunterricht integrieren?

Einbettung in den Schulalltag

Ein bewährter Ansatz ist die **Einbettung in bestehende Fächer**, anstatt Finanzbildung als separates Fach einzuführen. So könnte Mathematik Zinsberechnungen praxisnah erklären, während in Sozialkunde Themen wie Steuern, Schulden und Altersvorsorge behandelt werden. Auf diese Weise wird Finanzbildung nicht als abstrakte Theorie, sondern als alltagsnahe Kompetenz vermittelt.

Internationale Vorbilder zeigen, dass dieser Ansatz funktioniert – wenn er spielerisch, interaktiv und praxisnah umgesetzt wird. Finanzbildung darf nicht nur aus trockenen Formeln bestehen, sondern sollte den Schülern zeigen, wie sie ihr Wissen im echten Leben anwenden können (Barrot et al., 2024).

Planspiele und Simulationen

Theorie allein reicht nicht aus – **praktische Übungen machen Finanzbildung lebendig**. Planspiele und Simulationen ermöglichen es Schülern, finanzielle Entscheidungen risikofrei zu testen und ein tiefes Verständnis für Geldanlagen zu entwickeln.

Eine weitere wirkungsvolle Methode ist das Einführen von projektbasiertem Lernen, bei dem Schüler eigene Mini-Unternehmen gründen. Dabei übernehmen sie Aufgaben wie Kostenkalkulation, Preisgestaltung, Marketing und Gewinnermittlung. Durch diesen praxisnahen Ansatz verstehen sie nicht nur grundlegende Finanzkonzepte, sondern erleben auch, wie Einnahmen und Ausgaben in der Realität zusammenhängen. Gleichzeitig fördert dies Projektteamarbeit, Verantwortungsbewusstsein und unternehmerisches Denken – Fähigkeiten, die im Umgang mit Geld im späteren Leben entscheidend sind.

Expertenbesuche in den Schulalltag integrieren

Ein weiterer Erfolgsfaktor ist die Einbindung von **Experten aus der Praxis**. Banken, Finanzberater oder Unternehmer können regelmäßig in Schulen eingeladen werden, um authentische Einblicke zu geben. Schüler lernen weit mehr von einem erfolgreichen Unternehmer, der seinen eigenen Weg zum Wohlstand erklärt, als aus einer theoretischen Unterrichtsstunde über „Vermögensaufbau“. Solche Begegnungen schaffen Vorbilder und zeigen, dass finanzielle Kompetenz kein abstraktes Konzept, sondern ein Schlüssel zum Erfolg ist (Chulkov & Wang, 2020).

Apps und Online-Tools nutzen

Moderne Technologien eröffnen völlig neue Möglichkeiten, Finanzbildung interaktiv und spielerisch zu gestalten. Apps und Online-Tools können Schülern helfen, den Umgang mit Geld praxisnah zu üben. So könnten sie ihr Taschengeld digital verwalten oder durch Gamification-Elemente lernen, wie sie für größere Ziele sparen. In Ländern wie Singapur existieren bereits Programme, in denen Kinder Punkte für kluge Finanzentscheidungen sammeln – ähnlich wie in einem Videospiel. Solche Ansätze machen Finanzbildung nicht nur effektiver, sondern auch spannender und alltagsnah.

Lehrerausbildung erweitern

Ein weiterer zentraler Punkt ist die **Ausbildung der Lehrer**. Viele Lehrkräfte fühlen sich in Finanzthemen unsicher, da sie während ihrer Ausbildung kaum Berührungspunkte mit Wirtschaft und Investitionen hatten. Fortbildungen und Workshops könnten ihnen helfen, sich in Bereichen wie Budgetierung, Investitionen und Schuldenmanagement sicher zu fühlen. Nur wenn Lehrer selbst über das nötige Wissen verfügen, können sie das Thema mit Begeisterung und praxisnah vermitteln – und damit auch ihre Schüler langfristig für das Thema begeistern (Björklund, 2019).

Einbeziehung von Kultur und sozialer Herkunft

Erfolgreiche Finanzbildung berücksichtigt die unterschiedlichen Lebensbedingungen und Bedürfnisse der Lernenden. Einige Kinder brauchen gezielte Strategien, um mit begrenzten finanziellen Mitteln hauszuhalten, während andere sich darauf konzentrieren, wie sie ihr Vermögen verantwortungsvoll verwalten und sinnvoll investieren können. Der Unterricht sollte flexibel gestaltet sein und auf die individuellen Situationen der Schüler eingehen, damit alle bestmöglich profitieren.

Fazit
Finanzbildung in den Schulunterricht zu integrieren, ist längst keine Frage des „Ob“, sondern des „Wie“. Mit kreativen Lehrmethoden, praktischen Übungen und digitalen Tools lässt sich das Thema spannend und lebensnah vermitteln. Schulen haben die Verantwortung, Schüler auf das echte Leben vorzubereiten – und finanzielle Kompetenz ist dabei eine der wichtigsten Grundlagen für eine sichere Zukunft (Anders et al., 2023).

8.2.2 Die Rolle der Technologie bei der Verbreitung von Finanzwissen

Die Digitalisierung hat die Art und Weise, wie Wissen vermittelt wird, grundlegend verändert – und das gilt auch für die Finanzbildung. **Apps, Online-Plattformen und interaktive Tools** machen das Thema zugänglicher, praxisnaher und spannender als je zuvor. Früher waren Lehrbücher die einzige Quelle für Finanzwissen, doch heute gibt es digitale Lösungen, die auf unterschiedliche Lernbedürfnisse zugeschnitten sind.

Apps

Finanz-Apps spielen dabei eine zentrale Rolle, weil sie Finanzwissen direkt in den Alltag integrieren. Mint, „You Need a Budget" oder Trade Republic helfen nicht nur bei der Verwaltung persönlicher Finanzen, sondern vermitteln auch Grundlagen zu Budgetierung, Investitionen und Schuldenmanagement – und das in einfachen, verständlichen Schritten. Nutzer können in Echtzeit nachvollziehen, wie ihre finanziellen Entscheidungen ihr Budget beeinflussen, und auf dieser Basis lernen, klügere Entscheidungen zu treffen.

Ein weiteres Erfolgsprinzip ist die **Gamification:** Viele Apps nutzen Belohnungssysteme wie Punkte oder Abzeichen für erreichte Sparziele, um das Lernen spielerisch und motivierend zu gestalten. So wird Finanzbildung nicht nur effizienter, sondern auch unterhaltsamer (Kaur et al., 2024).

E-Learning

Nie war es einfacher, Finanzwissen zu erlangen – und das ganz ohne staubige Lehrbücher oder trockene Vorträge. **Online-Plattformen und E-Learning-Angebote** haben das Spielfeld revolutioniert und machen Finanzbildung für **jedermann zugänglich**. Ob Einsteiger oder Fortgeschrittener, ob Schüler oder CEO – für jeden gibt es das passende Format.

Plattformen wie *Coursera*, *Udemy* oder *Khan Academy* bieten Kurse an, die alles abdecken: vom ersten ETF bis hin zu anspruchsvollem Portfoliomanagement. Top-Experten liefern praxisnahe Inhalte, ergänzt durch Videos, Quizfragen und Fallstudien, die das Lernen einfacher und unterhaltsamer machen. Der größte Vorteil? Flexibilität! Jeder kann im eigenen Tempo lernen – perfekt für alle, die neben Job und Familie wenig Zeit haben.

Doch nicht nur E-Learning boomt – auch Social Media hat sich als mächtiges Werkzeug für Finanzbildung etabliert. Plattformen wie *Instagram*, *TikTok* und *YouTube* bringen Wissen in 30-sekündigen

Clips auf den Punkt. Ein kurzes Video kann den Unterschied zwischen Zinsen und Dividenden verständlicher erklären als eine ganze Vorlesung. Finanz-Influencer wie „Finanzfluss“ oder „Mr. Money Mustache“ erreichen Millionen und helfen, das Finanzbewusstsein einer ganzen Generation zu schärfen.

Natürlich gilt: Nicht alles, was online glänzt, ist echtes Gold. Gerade in den sozialen Medien gibt es neben wertvollen Insights auch Halbwissen und reißerische Versprechen. Doch wer kritisch auswählt, kann sich mit wenigen Klicks eine Finanzbildung aneignen, die früher nur Experten vorbehalten war (Espeute & Preece, 2024).

Künstliche Intelligenz (KI)

Willkommen in der neuen Ära der Finanzbildung – einer Welt, in der künstliche Intelligenz nicht nur Trends analysiert, sondern maßgeschneiderte Empfehlungen liefert. KI-gestützte Tools und Chatbots wie ChatGPT machen Finanzwissen so zugänglich wie nie zuvor. Ob blutiger Anfänger oder erfahrener Investor – jeder bekommt genau die Infos, die er braucht.

Ein Neuling erhält strukturierte Hilfe beim Aufbau eines Budgets, während ein fortgeschrittener Anleger gezielte Tipps zur Diversifikation seines Portfolios bekommt. **Individuelle Finanzbildung auf Knopfdruck** – das reduziert Einstiegshürden und sorgt dafür, dass Wissen effektiv, praxisnah und direkt anwendbar ist.

Doch KI verändert nicht nur das Lernen für Einzelpersonen – sie revolutioniert auch Schulen und Bildungseinrichtungen. Virtuelle Klassenzimmer und Simulationen machen aus trockener Theorie lebendige Praxis. Schüler könnten in einer simulierten Börse handeln, ein eigenes Startup gründen oder lernen, wie sie ihre Finanzen planen, ohne reale Risiken einzugehen.

Auch Lehrer profitieren: Statt stundenlang Materialien zu erstellen, greifen sie auf KI-gestützte Module zurück, die den Unterricht mit interaktiven Aufgaben, Fallstudien und spielerischen Übungen bereichern. Das Ergebnis? Ein praxisnaher, inspirierender Finanzunterricht, der Schüler nicht nur informiert, sondern begeistert (Knapsack, 2024).

Fazit

Finanzwissen sollte kein Privileg sein – und genau hier kommt die digitale Revolution ins Spiel. Moderne Apps, Online-Plattformen und interaktive Tools machen hochwertige Finanzbildung für jeden zugänglich, unabhängig von Wohnort oder Einkommen. Das bedeutet: Keine teuren Seminare, keine dicken Lehrbücher – nur ein Smartphone oder Computer, und das Wissen der Finanzwelt liegt in der Hand. Menschen in ländlichen Regionen oder mit begrenzten finanziellen Mitteln haben jetzt dieselben Chancen wie jene in Großstädten mit Zugang zu Experten und Netzwerken.

Viele dieser digitalen Lösungen sind kostenlos oder extrem kostengünstig – ein klarer Schritt in Richtung Demokratisierung der Finanzbildung. Das reduziert soziale Ungleichheiten und gibt jedem die Möglichkeit, die Kontrolle über die eigenen Finanzen zu übernehmen.

Natürlich kann Technologie nicht jedes Problem lösen – aber sie ist ein mächtiges Werkzeug, um Finanzwissen auf eine moderne, interaktive und praxisnahe Weise zu verbreiten. Egal ob Schüler, Berufseinsteiger oder Rentner – mit den richtigen Plattformen kann jeder lernen, sein Geld besser zu verwalten und klügere Entscheidungen zu treffen. Und das Beste? Wir stehen erst am Anfang dieser Entwicklung. Die Zukunft der Finanzbildung ist digital, zugänglich und grenzenlos (C. Yang et al., 2024).

8.2.3 Investitionskultur fördern und langfristig Wohlstand aufbauen

In Deutschland lieben wir unser Sparbuch. „Sicherheit geht vor!", „Investieren ist nur was für Zocker!" (siehe Kapitel 1.2.1, S. 17) – solche Glaubenssätze hört man oft. Doch während unser Erspartes auf dem Konto von der Inflation langsam aufgefressen wird, schauen uns Länder wie die USA oder Schweden schmunzelnd über die Schulter. Warum? Weil dort Investieren als normal gilt – nicht als Hochrisiko-Spekulation.

Eine Investitionskultur bedeutet nicht, alles auf eine Karte zu setzen, sondern klug, langfristig und mit Strategie Vermögen aufzubauen. Die Angst vor der Börse? Meist nur Unwissenheit – gefüttert von reißerischen Schlagzeilen über Börsencrashs und

Finanzkrisen. Dabei wissen smarte Investoren: Schwankungen gehören dazu – und wer langfristig denkt, gewinnt.

Was uns fehlt, ist eine breite Aufklärung: Wie funktionieren Märkte? Welche Risiken sind kalkulierbar? Und warum ist es gefährlicher, nicht zu investieren, als mit einer soliden Strategie an den Start zu gehen? Erfolgreiche Investoren sind wie gute Tennisspieler: Sie wissen, dass das Match nicht im ersten Satz entschieden wird. In turbulenten Marktphasen behalten sie die Nerven – während andere hektisch auf jeden Ball reagieren, warten sie auf den richtigen Moment für den gezielten Schlag. Eine Krise ist für sie kein Grund zur Panik, sondern eine Einladung, den Gegner – in diesem Fall den Markt – besser zu lesen und durch kluges Positionieren in Führung zu gehen. Wer in solchen Phasen ruhig bleibt und gezielt agiert, spielt auf Sieg – nicht auf Zufall.

Kurz gesagt: Es ist an der Zeit, dass Deutschland sein Sparbuch gegen Wissen, Geduld und eine gute Anlagestrategie eintauscht (Braggion et al., 2023).

Viele denken beim Investieren sofort an überhebliche Banker in Nadelstreifenanzügen, die in dunklen Büros Millionen jonglieren. Doch die Wahrheit ist: Investieren ist kein elitärer Geheimzirkel – es ist ein Handwerk, das jeder lernen kann.

Ein großes Problem? Die Einstiegshürde! Viele glauben, man brauche tausende Euro Startkapital oder ein Wirtschaftsstudium, um zu investieren. Falsch! Dank Plattformen wie *Trade Republic* oder *Vanguard* kann heute jeder mit wenigen Euro loslegen. Investieren ist heute so einfach wie Online-Shopping – nur mit mehr Rendite.

Der Schlüssel zur Investitionskultur liegt darin, Wissen und einfache Zugänge zu kombinieren. Wenn Schulen, Eltern und Gesellschaft gemeinsam zeigen: „Das ist kein Glücksspiel, sondern ein smarter Weg zum Wohlstand!“, dann wird aus Angst Begeisterung – und aus Zögern ein erster kluger Schritt in die Zukunft (Chaudhry & Kulkarni, 2021).

Investieren ist wie ein gutes Barbecue: Wer ungeduldig den Deckel anhebt, ruiniert das Ergebnis. Viele Anleger verfallen dem

Irrglauben, sie müssten ihr Depot wie ein rohes Ei behandeln – ständig beobachten, eingreifen, kontrollieren. Doch wer jeden Tag an der „Pflanze" zieht, damit sie schneller wächst, erreicht genau das Gegenteil. Erfolgreiche Investoren geben ihren Entscheidungen Raum und Zeit. Sie setzen auf ein durchdachtes Konzept, vertrauen auf langfristige Entwicklungen und wissen: Wahres Vermögen entsteht nicht durch ständiges Reagieren, sondern durch kluges Planen, innere Ruhe – und das Vertrauen in den Prozess. Ein fataler Fehler vieler Einsteiger? Alles auf eine Karte setzen. Sei es die eigene Immobilie, einzelne Aktien oder das „sichere" Sparkonto – wer nicht streut, verliert. Vermögende Menschen investieren deshalb breit: Aktien, ETFs, Immobilien, Anleihen, Rohstoffe – je nach Strategie. Dieses Prinzip schützt nicht nur vor unerwarteten Krisen, sondern sorgt auch für stabile Renditen über Jahrzehnte hinweg.

Und noch etwas: Investieren ist keine Einzeldisziplin. Erfolgreiche Anleger tauschen sich aus – sei es in Investitionsclubs, Workshops oder Online-Foren. In diesen Communitys wird Wissen geteilt, Ängste abgebaut und neue Chancen entdeckt. Die wichtigste Regel? Langfristig denken, Krisen aushalten, Wissen nutzen. Denn am Ende gewinnt nicht der Schnellste, sondern der Klügste – und der Geduldigste (Viceira, 2018).

Investieren ohne Ziel ist wie Autofahren ohne Navi: Wohin soll die Reise gehen?

Geld ist nicht das Ziel, sondern ein Werkzeug – ein Mittel, um das eigene Leben nach den eigenen Werten zu gestalten. Wer investiert, sollte sich nicht nur fragen *„Was will ich erreichen?"*, sondern auch *„Wie will ich leben?"* Geht es dir um Freiheit, Sicherheit, Wirkung oder Zeit für Familie? Solche Grundwerte geben deiner Strategie nicht nur Richtung, sondern auch Stabilität in unruhigen Phasen. Denn wer weiß, wofür er investiert, lässt sich nicht von jeder Modewelle treiben – er baut konsequent ein Leben auf, das zu ihm passt. Reiche Menschen investieren nicht nur mit Zahlen, sondern mit Haltung und Klarheit.

Eine starke Investitionskultur bedeutet mehr als nur individuelle Erfolge. Sie stärkt die gesamte Gesellschaft. Denn wenn mehr Menschen finanziell abgesichert sind, profitieren alle: Weniger Altersarmut, weniger finanzielle Abhängigkeit, mehr wirtschaftliche Stabilität.

Die Formel ist simpel:

Bildung + Strategie + Geduld = Wohlstand.

Wer das versteht, hat den wichtigsten Schritt in Richtung finanzieller Freiheit bereits gemacht (Hanushek & Woessmann, 2021).

9
Deine Learnings

In diesem Kapitel werden die zentralen Erkenntnisse zusammengefasst und praktische Schritte für den finanziellen Erfolg aufgezeigt. Der Fokus liegt darauf, die wichtigsten Strategien und Prinzipien in konkrete Handlungen zu übersetzen und den Weg zur finanziellen Unabhängigkeit zu ebnen.

9.1 Erkenntnisse aus den Strategien von Millionären und Milliardären

In diesem Abschnitt werden zentrale Strategien der Wohlhabenden beleuchtet, die langfristigen Erfolg ermöglichen. Disziplin, Geduld und kluge Entscheidungen stehen im Fokus – Prinzipien, die auch Kleinanleger anwenden können. Investieren ist kein Glücksspiel – es ist eine Strategie. **Doch warum scheitern so viele?** Weil sie die drei wichtigsten Prinzipien nicht beachten: **Geduld, Disziplin und Wissen.** Diese Erfolgsfaktoren klingen simpel, doch ihre Umsetzung erfordert Übung, Ausdauer und das richtige Mindset.

9.1.1 Geduld, Disziplin und Wissen im eigenen Investitionsplan integriertén

Geduld, **Disziplin** und **Wissen** sind das unschlagbare Trio für einen erfolgreichen Investitionsplan. Das klingt vielleicht einfach, aber sie sind schwer umzusetzen – besonders in einer Welt, die schnelle Gewinne und sofortige Erfolge verspricht. Wohlhabende Investoren haben jedoch längst erkannt, dass diese drei Elemente der Schlüssel zu langfristigem Wohlstand sind. Die gute Nachricht: Die drei Fähigkeiten können erlernt und kultiviert werden.

Geduld: Der größte Vermögensbooster

Die Börse schwankt, Panik bricht aus – und die meisten Anleger machen genau das Falsche: Sie verkaufen. Wohlhabende Investoren bleiben ruhig. Sie wissen, dass Vermögen nicht über Nacht entsteht, sondern über Jahre wächst. Und du weißt dies nun auch. **Crashs sind keine Katastrophen mehr für dich, sondern Kaufgelegenheiten.** Wer 2008 in der Finanzkrise seine Aktien hielt, konnte später enorme Gewinne erzielen.

Disziplin: Der Schutz vor teuren Fehlern

Motiviert starten, dann vom nächsten Hype abgelenkt werden – so scheitern viele Anleger. Wohlhabende Menschen haben einen klaren Plan und bleiben dabei. Du hast ihn jetzt auch:

» Investiere monatlich statt Markttiming zu betreiben.
» Investiere in automatisierte Sparpläne statt emotionale Kauf- und Verkaufsentscheidungen zu treffen.
» Stecke dir klare Regeln statt Spekulationen auf den „nächsten heißen Tippäufzusitzen.

Disziplin bedeutet, nicht jedem Trend hinterherzulaufen, sondern einer bewährten Strategie zu folgen – selbst wenn es kurzfristig langweilig erscheint.

Wissen: Der Schutz vor schlechten Entscheidungen

Wer versteht, wie Märkte funktionieren, trifft bessere Entscheidungen. Das heißt nicht, dass du ein Finanzprofi sein musst – doch die **Grundlagen** solltest du nun beherrschen:

- Wie funktioniert der Zinseszins?
- Warum ist Diversifikation so wichtig?
- Welche Anlageklassen haben langfristig die besten Renditen?

Wohlhabende Menschen lernen ständig dazu! Sie lesen, tauschen sich aus und passen ihre Strategie an und du tust es ihnen gleich. Wissen ist der Unterschied zwischen Investieren und Spekulieren.

Wie du das Trio in deinen Finanzplan integrierst

- **Geduld fördern:**
  Setze dir **langfristige Ziele** und erinnere dich regelmäßig daran, warum du investierst.
- **Disziplin stärken:**
  Nutze **automatisierte Prozesse**, um Emotionen aus deinen Entscheidungen zu nehmen.
- **Wissen aufbauen:**
  Lies Bücher, höre Podcasts und lerne von erfolgreichen Investoren.

Erfolgreiches Investieren ist kein Talent – es ist eine Gewohnheit. Wer diese drei Prinzipien konsequent anwendet, baut sich langfristig Wohlstand auf. Und das Beste? Es funktioniert unabhängig von Einkommen oder Startkapital – **Du musst nur anfangen.**

9.1.2 Der Weg zu langfristigem Wohlstand: Was Kleinanleger von den Superreichen lernen können

Der Unterschied zwischen wohlhabenden und durchschnittlichen Investoren liegt selten im Wissen – sondern im System. Superreiche verlassen sich nicht auf Glück oder spontane Eingebungen, sondern auf klare Prozesse, Routinen und Automatismen. Sie behandeln ihre Finanzen wie ein Unternehmen: mit Zielen, Kennzahlen und regelmäßigen Auswertungen. Es geht nicht darum, den perfekten Moment am Markt zu erwischen – sondern darum, konstant nach einem durchdachten Plan zu handeln. Und genau das kann jeder lernen: Reichtum ist oft weniger eine Frage der Intelligenz als der Struktur.

Das zentrale Prinzip: Denken in Jahrzehnten, nicht in Monaten

Während viele Anleger versuchen, durch kurzfristige Käufe und Verkäufe schnelle Gewinne zu erzielen, verfolgen Wohlhabende eine völlig andere Strategie: **Sie investieren langfristig in wertsteigernde Vermögenswerte.**

Superreiche setzen auf:

» **Aktien solider Unternehmen**,
die stabile Geschäftsmodelle und langfristiges Wachstum aufweisen

» **Immobilien**,
die neben Wertsteigerungen regelmäßige Mieteinnahmen generieren

» **Unternehmensbeteiligungen**,
die nachhaltige Cashflows ermöglichen

Sie wissen: **Zeit ist ihr größter Vorteil**. Der Zinseszinseffekt sorgt dafür, dass ihr Vermögen exponentiell wächst – vorausgesetzt, sie bleiben geduldig.

Wie du diese Strategie für dich nutzt

» **Regelmäßig investieren:**
Statt zu versuchen, den perfekten Zeitpunkt für den Einstieg zu finden, setze auf monatliche Sparpläne in breit gestreute ETFs oder Qualitätsaktien.

» **Marktschwankungen aushalten:**
Wer in Krisenzeiten Ruhe bewahrt, wird langfristig belohnt. Historische Daten zeigen, dass sich die Märkte stets erholen.

» **Kosten minimieren:**
Hohe Gebühren und unnötige Transaktionen können die Rendite erheblich schmälern. Achte auf kosteneffiziente Investments mit langfristiger Perspektive.

Superreiche nutzen kein geheimes Wissen – **sie halten sich einfach an bewährte Regeln**. Wenn du diese Prinzipien übernimmst, kannst du auch über die Jahre ein solides Vermögen aufbauen – unabhängig von deinem Ausgangspunkt.

Diversifikation, Emotionen und strategischer Umgang mit Schulden: Erfolgsgeheimnisse der Wohlhabenden

Superreiche wissen: Nicht jede Investition wird ein Erfolg. Doch sie sichern sich ab, indem sie ihr Vermögen breit streuen. Dieses Prinzip der **Diversifikation** sorgt dafür, dass einzelne Verluste nicht das gesamte Portfolio gefährden.

1. Diversifikation: Schutzschild gegen Unsicherheiten
Wohlhabende investieren in verschiedene Anlageklassen:

- **Aktien**
  Beteiligungen an Unternehmen, die langfristiges Wachstum ermöglichen
- **Immobilien**
  Stabilität und laufende Mieteinnahmen
- **Anleihen**
  Sicherheit und regelmäßige Erträge
- **Rohstoffe**
  Inflationsschutz und Krisenabsicherung

Wie du diese Strategie für dich nutzt

- Verlasse dich nicht nur auf eine einzige Anlageform. Ein ausgewogenes Portfolio verringert das Risiko und erhöht die Chancen auf stabile Renditen.

2. Emotionen kontrollieren: ein unterschätzter Erfolgsfaktor
Börsencrashs, steigende Zinsen, Wirtschaftskrisen – **die Märkte sind ständig in Bewegung**. Während viele Anleger in Panik geraten und verkaufen, bleiben Superreiche **gelassen**. Sie wissen: **Krisen sind Kaufgelegenheiten**.

Wie du diese Strategie für dich nutzt

- Keine Panikverkäufe bei Kursschwankungen – wer langfristig investiert, wird belohnt.
- Den Medien-Hype ignorieren – investiere rational, nicht emotional.

- Antizyklisches Investieren nutzen – wenn die Massen verkaufen, bieten sich oft gute Chancen.

3. Schulden klug nutzen: Hebel zum Vermögensaufbau

Reiche Menschen vermeiden nicht grundsätzlich Schulden – sie setzen sie gezielt ein. Sie finanzieren Vermögenswerte (z. B. Immobilien oder Unternehmen), die Einkommen generieren, anstatt Konsumschulden anzuhäufen.

Wie du diese Strategie für dich nutzt

- Vermeide Konsumschulden – Kredite für Autos, Smartphones oder Luxusgüter bremsen den Vermögensaufbau.
- Nutze Fremdkapital strategisch – Immobilien oder rentable Investments können durch klug genutzte Kredite finanziert werden.
- Manage deine Schulden aktiv – niedrige Zinsen nutzen und unnötige Verbindlichkeiten abbauen.

Fazit

Erfolgreiche Anleger kombinieren kluge **Diversifikation, emotionale Kontrolle und strategische Schuldennutzung.** Wer diese Prinzipien anwendet, kann seinen finanziellen Erfolg langfristig sichern – unabhängig vom eigenen Startkapital.

Nicht zuletzt investieren Wohlhabende kontinuierlich in ihr eigenes Wissen. Sie lesen, lernen und passen ihre Strategien an neue Marktbedingungen an. Kleinanleger sollten dasselbe tun: Bücher lesen, Podcasts hören oder Kurse besuchen, um ihre finanzielle Kompetenz zu erweitern. Wissen ist die Grundlage für kluge Entscheidungen – und wer sich weiterbildet, vermeidet teure Fehler. Der Weg zu langfristigem Wohlstand mag anspruchsvoll wirken, aber die Grundprinzipien sind erstaunlich einfach. Geduld, Diversifikation, Emotionen im Griff behalten, kluger Umgang mit Schulden und kontinuierliches Lernen – das sind die Bausteine, die Kleinanleger von den Superreichen übernehmen können. Wer bereit ist, diese Prinzipien zu verinnerlichen, kann langfristig ein solides Vermögen aufbauen – auch ohne Millionen auf dem Konto.

9.2 Schritt für Schritt zum Erfolgsplan

Hier findest du praktische Schritte, um sofort ins Investieren zu kommen, um deine finanzielle Zukunft zu sichern. Einfach, effektiv und für jeden umsetzbar – so legst du die Basis für langfristigen Erfolg.

1. Investitionsplan erstellen
2. Anlegertyp herausfinden
3. Assetallokation bestimmen
4. regelmäßige Überprüfung deiner Strategie

9.2.1 Schritt 1: Investitionsplan erstellen

Ein Investitionsplan ist dein finanzieller **Kompass** – ohne ihn läufst du Gefahr, dich im ständigen Auf und Ab der Märkte zu verlieren.

Klare Ziele setzen

Ohne klares Ziel ist es schwer, die richtige Strategie zu wählen. Frage dich:

- **Warum investiere ich?**
  Finanzielle Freiheit? Ein Eigenheim? Altersvorsorge?
- **Wie viel Kapital benötige ich?**
  Konkrete Zahlen helfen bei der Planung.
- **Bis wann will ich mein Ziel erreichen?**
  Langfristige Ziele erfordern Geduld.

Ein gutes Ziel ist messbar:

Sage nicht:	„Ich will reich werden."
Sondern:	„Ich möchte in 20 Jahren 500.000 Euro für die Rente ansparen."

Wohlhabende Investoren setzen sich Zwischenziele, um ihren Fortschritt regelmäßig zu überprüfen.

Die Richtige Strategie wählen

Es gibt nicht „die eine" perfekte Strategie – deine Anlagestrategie sollte zu deiner Risikobereitschaft, deinem Zeithorizont und deiner finanziellen Situation passen.

- **Langfristig investieren:**
  Aktienmärkte schwanken, aber langfristig geht es nach oben.
- **Diversifikation nutzen:**
  Ein Mix aus Aktien, ETFs, Immobilien und Anleihen reduziert das Risiko.
- **Automatisieren:**
  Sparpläne helfen, regelmäßig und emotionslos zu investieren.

Am Plan festhalten

Der schwierigste Teil eines Investitionsplans? **Dranbleiben!** Viele Anleger werfen in Krisenzeiten die Nerven weg oder lassen sich von Hypes verleiten. Erfolgreiche Investoren hingegen wissen:

- Keine Panikverkäufe bei Marktrückgängen!
- Nicht blind dem neuesten Trend hinterherrennen!
- Sich nicht von Emotionen leiten lassen!

Superreiche bleiben gelassen, weil sie langfristig denken. Sie wissen: Krisen sind Chancen und Disziplin zahlen sich aus.

Fazit
Ein Investitionsplan ist nur so gut wie deine Fähigkeit, dich daran zu halten. Klare Ziele, eine durchdachte Strategie und eiserne Disziplin sind die Zutaten für langfristigen Wohlstand.

Ein entscheidender Faktor für einen erfolgreichen Investitionsplan ist die **ehrliche Einschätzung der eigenen Risikobereitschaft**. Nicht jeder schläft ruhig, wenn das Portfolio plötzlich 20 % an Wert verliert. Die Frage ist: **Wie würdest du reagieren?** Bist du entspannt und siehst du eine Kaufgelegenheit? Oder bekommst du Panik und verkaufst alles?

9.2.2 Schritt 2: Anlegertyp herausfinden

Welcher Anlegertyp bist du?

1. **Risikobereit:**
   Du kannst Marktschwankungen aushalten und denkst langfristig? Dann kann ein hoher Aktienanteil sinnvoll sein.
2. **Sicherheitsbewusst:**
   Du magst Stabilität und planst mit festen Erträgen? Dann sind Anleihen, Immobilien oder defensive ETFs eine bessere Wahl.

Tipp: Nur eine Strategie, die zu deiner Persönlichkeit passt, ist langfristig durchzuhalten!

9.2.3 Schritt 3: Assetlokation bestimmen

Ein solider Investitionsplan verteilt das Kapital über verschiedene Anlageklassen, um Risiken zu minimieren. Die Wohlhabenden wissen: **Nie alles auf eine Karte setzen!**

Eine **klassische Aufteilung** könnte so aussehen:

60 % Aktien	(Wachstum & Rendite)
30 % Anleihen	(Stabilität & Sicherheit)
10 % Rohstoffe	(Absicherung gegen Inflation)

Natürlich hängt die genaue Mischung von deinen persönlichen Zielen, deiner Risikobereitschaft und deinem Anlagehorizont ab.

Flexibilität bewahren: Ein Plan, der sich mit dir entwickelt

Dein Leben verändert sich – und dein Investitionsplan sollte das ebenfalls tun. Ein guter Plan ist kein starres Konstrukt, sondern passt sich an neue Lebenssituationen an.

- **Neue Lebensphase?**
  Karrierewechsel, Familiengründung oder Ruhestand – all das kann Einfluss auf deine Strategie haben.
- **Marktentwicklung?**
  Neue Chancen oder Risiken können Anpassungen erforderlich machen.

- **Persönliche Erfahrungen?**
  Mit der Zeit gewinnst du Wissen und kannst so deine Strategie verfeinern.

Fazit
Die richtige Risikoeinschätzung und eine durchdachte Asset-Allokation sind das Fundament für nachhaltigen finanziellen Erfolg. Mit der richtigen Mischung aus Stabilität und Wachstum bleibst du langfristig auf Kurs!

Disziplin: Der entscheidende Erfolgsfaktor

Ein guter Plan allein reicht nicht – die wahre Herausforderung ist, sich daran zu halten! Hier kommt Disziplin ins Spiel. Wohlhabende Menschen wissen, dass langfristiger Erfolg nicht von impulsiven Entscheidungen, sondern von konsequentem Handeln abhängt.

1. Automatisierung: Der einfachste Weg zur Disziplin
Viele erfolgreiche Investoren setzen auf automatisiertes Investieren. Warum? Weil es Emotionen aus der Gleichung nimmt und den Investitionsprozess vereinfacht.

Sparpläne sorgen dafür, dass regelmäßig ein fixer Betrag investiert wird – egal ob die Märkte steigen oder fallen. Diese Methode, bekannt als **Dollar-Cost-Averaging**, verhindert, dass Sie in Hochphasen zu teuer oder in Panikphasen gar nicht investieren. Der große Vorteil: Du bleibst langfristig auf Kurs, ohne dich ständig um die perfekte Einstiegszeit kümmern zu müssen.

Tipp: Stelle dir einen Dauerauftrag für deine Investitionen ein – dann ist die Arbeit getan, bevor du überhaupt darüber nachdenken musst!

2. Klare Regeln: Schutz vor emotionalen Fehlentscheidungen
Märkte sind unberechenbar, und Emotionen sind der größte Feind der Disziplin. Die Versuchung ist groß, in Panik zu verkaufen oder impulsiv zu kaufen – aber genau das zerstört langfristigen Erfolg.

Wohlhabende Menschen haben klare Regeln:

» Nie verkaufen, nur weil die Märkte fallen.

- » Keine Investitionen ohne gründliche Recherche.
- » Trendthemen nicht blind hinterherlaufen.

Solche Regeln helfen, irrationale Entscheidungen zu vermeiden und den Fokus auf die langfristige Strategie zu bewahren.

Tipp: Schreibe deinen Investitionsplan auf – am besten mit deinen persönlichen Regeln. In turbulenten Zeiten hilft ein Blick darauf, um ruhig zu bleiben!

3. Durchhalten, auch wenn es schwerfällt
Die besten Investoren sind nicht diejenigen, die den Markt am besten timen – sondern diejenigen, die durchhalten!

Beispiel: Schuldenkrise in Europa 2011. Während viele Anleger aus Angst vor Staatspleiten europäische Aktien verkauften, hielten geduldige Investoren an soliden Unternehmen fest oder kauften sogar nach. In den Jahren danach stabilisierten sich die Märkte, und gerade Qualitätsaktien aus krisengeplagten Ländern wie Spanien und Italien erzielten teils beträchtliche Kursgewinne. Wer damals ruhig geblieben ist, konnte von der langfristigen Erholung profitieren.

Fazit
Disziplin ist das Geheimnis des finanziellen Erfolgs. Mit Automatisierung, klaren Regeln und der richtigen mentalen Einstellung schaffst du es, langfristig am Ball zu bleiben – und das zahlt sich aus!

9.2.4 Schritt 4: Regelmäßige Überprüfung deiner Strategie

Ein guter Investitionsplan ist nicht in Stein gemeißelt – er muss regelmäßig überprüft und bei Bedarf angepasst werden. Doch das bedeutet nicht, dass Sie täglich oder wöchentlich eingreifen sollten. Wohlhabende Investoren wissen, dass zu viele Anpassungen oft mehr schaden als nützen.

Wie oft sollte ein Portfolio überprüft werden?

Die meisten erfolgreichen Investoren schauen nur ein- bis zweimal im Jahr auf ihr Portfolio. Der Fokus liegt dabei darauf, große Abweichungen zu erkennen und ggf. anzupassen – nicht auf impulsive Reaktionen auf Marktbewegungen. Wichtige Anlässe für eine Überprüfung sind:

- **Veränderte Lebensumstände**
  (z. B. Jobwechsel, Heirat, Erbschaft)
- **Große Marktbewegungen**,
  die die Asset-Allokation verzerrt haben
- **Meilensteine auf dem finanziellen Weg**
  (z. B. Erreichen eines Sparziels)

Tipp: Setze dir feste Termine, z. B. am Jahresanfang und zur Jahresmitte, um dein Portfolio zu überprüfen.

Was sollte bei einer Anpassung beachtet werden?

- **Rebalancing**: Wenn eine Anlageklasse im Verhältnis zu den anderen zu stark gewachsen ist, kann es sinnvoll sein, Gewinne mitzunehmen und die ursprüngliche Verteilung wiederherzustellen.
- **Langfristige Ziele im Blick behalten**: Anpassungen sollten nicht von kurzfristigen Marktbewegungen, sondern von deinen persönlichen Lebenszielen geleitet sein.
- **Emotionen vermeiden**: Die größten Fehler entstehen durch Panik oder Gier – bleibe ruhig und verfolge deinen Plan.

Der wahre Lohn: Finanzielle Sicherheit & Gelassenheit

Der Aufbau eines Investitionsplans mag anfangs nach viel Arbeit klingen, aber die Belohnung ist unbezahlbar:

» **Klare Orientierung** statt Unsicherheit

» **Finanzielle Sicherheit** durch strategisches Handeln

» **Gelassenheit**, auch in turbulenten Zeiten

Fazit
Wer seinen Investitionsplan mit Disziplin verfolgt, regelmäßig überprüft und gezielt anpasst, legt den Grundstein für nachhaltigen Wohlstand – Jahr für Jahr, Schritt für Schritt!

9.2.5 Von den Wohlhabenden lernen und häufige Fehler vermeiden

Wohlhabende Menschen sind nicht frei von Fehlern – aber sie haben gelernt, **aus ihnen zu wachsen und klüger zu handeln**. Ihre Erfahrungen bieten wertvolle Lektionen, die helfen können, typische Anlegerfehler zu vermeiden. Hier zeige ich dir, welche Fehler es gibt und wie du sie vermeiden kannst:

Mein Profi-Tipp für dich

Der Schlüssel zum Erfolg liegt nicht darin, perfekt zu sein, sondern darin, häufiger die richtigen Entscheidungen zu treffen.

Fehler 1 – Hype & Trends: Nicht jedem „heißen Tipp" hinterherrennen

Der Fehler: Viele Kleinanleger lassen sich von Trends oder Medienberichten mitreißen und investieren in überbewertete Anlagen, ohne sie zu verstehen.

Wie Wohlhabende es besser machen:

- Sie hinterfragen jede Investition kritisch.
- Sie analysieren die Fundamentaldaten, bevor sie investieren.
- Sie wissen: „Wenn es zu gut klingt, um wahr zu sein, ist es das oft auch."

Beispiel: Während viele Anleger blind in Kryptowährungen oder gehypte Tech-Aktien investierten, analysierten erfahrene Investoren erst den Markt und investierten gezielt.

Fehler 2 – Fehlende Diversifikation: Nicht alles auf eine Karte setzen

Der Fehler: Manche Anleger stecken ihr gesamtes Kapital in eine einzige Aktie, Immobilie oder Kryptowährung. Wenn diese fällt, ist das gesamte Portfolio gefährdet.

Wie Wohlhabende es besser machen:

- Sie setzen auf eine breite Mischung aus Aktien, Anleihen, Immobilien und anderen Vermögenswerten.
- Sie wissen, dass nicht jede Investition erfolgreich sein wird – aber Diversifikation minimiert Risiken.
- Ein diversifiziertes Portfolio bleibt auch in unsicheren Zeiten stabil.

Beispiel: Während manche Anleger ihr gesamtes Geld in einen einzigen Hype-Aktienwert investierten, hatten Wohlhabende ihre Investments breit gestreut und waren dadurch weniger von Kurseinbrüchen betroffen.

Fehler 3 – Emotionen kontrollieren: Panik & Gier vermeiden

Der Fehler: Panikverkäufe bei fallenden Kursen – Anleger verkaufen, wenn der Markt crasht sowie Gier-getriebene Käufe in der Euphorie – Anleger kaufen, wenn Kurse bereits überteuert sind.

Wie Wohlhabende es besser machen:

- Sie bleiben ruhig und verkaufen nicht aus Angst.
- Sie sehen Kursrückgänge als Kaufgelegenheiten.
- Sie treffen Entscheidungen rational, nicht emotional.

Beispiel: Erinnerst du dich an die Ölkrise 2014/2015? Innerhalb weniger Monate rauschte der Ölpreis von über 100 auf unter 30 US-Dollar pro Barrel. Viele Kleinanleger gerieten in Panik und verkauften ihre Öl-Aktien mit hohen Verlusten – aus Angst, die Krise würde ewig andauern. Doch erfahrene Investoren blieben gelassen. Sie wussten: Starke Konzerne wie ExxonMobil und Chevron überstehen solche Phasen. Statt zu verkaufen, haben sie die niedrigen Kurse genutzt und nachgekauft. Das Ergebnis? Als sich die Ölpreise erholten, stiegen die Aktien wieder kräftig – und diejenigen, die Ruhe bewahrt hatten, konnten beeindruckende Gewinne verbuchen.

Fazit
Mehr richtig machen, weniger Fehler begehen.

Erfolgreiche Investoren lassen sich nicht von Emotionen oder Trends leiten – sondern folgen einer klaren Strategie. Lerne aus den Fehlern der Wohlhabenden und setze auf:

- Fakten statt Hype
- Diversifikation statt Wetten auf einzelne Investments
- Rationale Entscheidungen statt impulsives Handeln

Wenn du diese Grundsätze befolgst, vermeidest du teure Fehler und legst den Grundstein für langfristigen Wohlstand!

Fehler 4 – Hohe Kosten vermeiden: Gebühren schmälern die Rendite

Der Fehler: Viele Kleinanleger unterschätzen die Auswirkungen von hohen Gebühren auf ihre Rendite.

Wie Wohlhabende es besser machen:

- Sie analysieren die Kostenstruktur ihrer Investments genau.
- Sie vermeiden teure Produkte mit hohen Verwaltungsgebühren, Ausgabeaufschlägen oder versteckten Kosten.
- Sie bevorzugen kostengünstige ETFs / Direktinvestitionen.

Beispiel: Viele Anleger unterschätzen, wie sehr versteckte Kosten ihre Rendite schleichend auffressen. Es geht dabei nicht nur um offensichtliche Verwaltungsgebühren – auch Ausgabeaufschläge, Performancegebühren, Intransparenz bei Transaktionskosten oder ineffiziente Steuerstrukturierung können erhebliche Bremsspuren hinterlassen. Gerade bei Finanzprodukten, die komplex oder undurchsichtig erscheinen, lohnt sich ein zweiter Blick. Wer nicht genau hinschaut, zahlt oft nicht mit dem Geldbeutel – sondern mit seiner Zukunft.

Fazit
Selbst kleine Gebühren wirken sich langfristig massiv aus. Achte auf niedrige Kosten, um deine Rendite zu maximieren.

Fehler 5 – Ständiges Umschichten: Weniger ist oft mehr

Der Fehler: Viele Anleger glauben, dass sie ständig aktiv handeln müssen, um erfolgreich zu sein. Doch häufiges Kaufen und Verkaufen verursacht hohe Transaktionskosten und Steuerbelastungen.

Wie Wohlhabende es besser machen:

- » Sie setzen auf langfristige Strategien und bleiben ihren Investments treu.
- » Sie nehmen nur dann Anpassungen vor, wenn es wirklich notwendig ist.
- » Sie vermeiden impulsives Handeln und orientieren sich an klaren Regeln.

Beispiel: Studien zeigen, dass Anleger, die ihre Investments einfach halten und langfristig halten, oft bessere Ergebnisse erzielen als aktive Trader.

Fazit
Weniger handeln bedeutet oft mehr Rendite – lasse dein Geld für dich arbeiten, anstatt ständig umzuschichten.

- » **Geringe Kosten**
  = Höhere Rendite
- » **Langfristiges Investieren**
  = Weniger Stress & bessere Ergebnisse
- » **Umschichtungen nur bei echtem Bedarf**
  = Vermeidung unnötiger Verluste

Wer diese Prinzipien verinnerlicht, baut sein Vermögen nachhaltig und effizient auf.

Fehler 6 – Ohne Plan investieren? Ein Rezept für Misserfolg

Der Fehler: Viele Kleinanleger investieren ohne klare Strategie oder langfristige Ziele. Sie lassen sich von Emotionen und kurzfristigen Trends beeinflussen.

Wie Wohlhabende es besser machen:

- » Sie starten mit einem konkreten Plan, der ihre Ziele, Risikobereitschaft und den Zeithorizont berücksichtigt.
- » Dieser Plan dient als Leitfaden, um impulsive Fehlentscheidungen zu vermeiden.

Beispiel: Ohne Plan zu investieren ist wie eine Wanderung ohne Karte – man verliert schnell die Orientierung und trifft falsche Entscheidungen.

Fazit
Ein solider Investitionsplan ist entscheidend, um auf Kurs zu bleiben und Fehler zu minimieren.

Fehler 7 – Kontinuierliches Lernen: Erfolgreiche Anleger ruhen sich nie aus

Der Fehler: Viele Anleger bleiben auf ihrem Wissensstand stehen und wiederholen alte Fehler. Sie analysieren ihre Erfolge und Misserfolge nicht und lernen nicht daraus.

Wie Wohlhabende es besser machen:

- » Sie hinterfragen ihre Entscheidungen regelmäßig und reflektieren ihre Fehler.
- » Sie bilden sich kontinuierlich weiter über Märkte, Anlagestrategien und Wirtschaft.
- » Sie sind neugierig, stellen Fragen und passen ihre Strategien an neue Erkenntnisse an.

Beispiel: Ein guter Arzt verlässt sich nicht auf Bauchgefühl, sondern auf Laborwerte, Anamnese und Studien. Erfolgreiche Investoren arbeiten genauso – mit Fakten, nicht Vermutungen.

Fazit

Investieren ist ein lebenslanger Lernprozess – wer dranbleibt, macht langfristig bessere Entscheidungen.

- » Ein klarer Investitionsplan schützt vor emotionalen Fehlentscheidungen.
- » Ständiges Lernen verhindert, dass die gleichen Fehler immer wieder gemacht werden.
- » Geduld, Disziplin und Wissen sind die besten Werkzeuge für finanziellen Erfolg.

Wohlhabende Menschen haben kein Geheimnis – sie investieren einfach klüger. Und das kann jeder lernen!

9.3 Irrtümer auf dem Weg zur finanziellen Freiheit

Viele reden über finanzielle Freiheit – doch nur wenige kennen die wahren Grundsätze dahinter. Finanzielle Freiheit ist kein exklusives Privileg. Sie ist das Ergebnis aus Strategie, Verhalten und der Fähigkeit, gegen den Strom zu denken. Viele Menschen überschätzen äußere Umstände – und unterschätzen die Kraft langfristiger Disziplin.

1. Reichtum entsteht aus Verhalten, nicht aus Einkommen

Ein hohes Gehalt ist kein Garant für Vermögen. Studien zeigen: Viele Spitzenverdiener leben von Monat zu Monat – teure Autos, übergroße Häuser, Konsum auf Kredit.

Fokus-Verschiebung:

Nicht:	„Wie viel verdiene ich?"
Sondern:	„Wie viel bleibt mir zum Investieren?"

Beispiel: Wer 100 € monatlich in ein breit gestreutes ETF-Portfolio investiert, kann bei 6–7 % Rendite in 30 Jahren über 100.000 € aufbauen – unabhängig vom Gehalt.

2. Finanzwissen ist kein Luxus mehr – es ist Pflicht

Noch nie war Zugang zu Finanzwissen so einfach – und gleichzeitig so ungenutzt. Der Unterschied zwischen Konsum und Investition, zwischen Brutto und Netto, zwischen realer Rendite und Inflation: Wer das nicht versteht, zahlt drauf.

Wichtig: Finanzbildung ist kein einmaliger Kurs, sondern ein lebenslanger Prozess. Erfolgreiche Investoren sind neugierig – und skeptisch gegenüber einfachen Versprechen.

3. Zeit ist mächtiger als Timing

Der Traum vom perfekten Einstiegszeitpunkt ist eine Illusion. Erfolgreiche Investoren investieren regelmäßig – nicht perfekt.

Neu denken: Es geht nicht darum, den Markt zu schlagen. Es geht darum, sich selbst zu disziplinieren.

Stichwort: *Value Averaging* statt *Market-Timing*. Wer konstant investiert – und bei Rücksetzern aufstockt – nutzt den Zinseszins maximal aus.

4. Risikoverständnis schlägt Risikovermeidung

Viele scheitern nicht, weil sie zu viel Risiko eingehen – sondern weil sie Risiko nie wirklich verstanden haben. Inflation, Opportunitätskosten, Klumpenrisiken: Wer diese nicht kennt, handelt oft aus Angst oder Naivität.

Beispiel: Wer 50.000 € auf dem Girokonto „sicher parkt", verliert bei 3 % Inflation nach 10 Jahren über 13.000 € an Kaufkraft – ohne es zu merken.

5. Du brauchst keine perfekten Bedingungen

Viele warten auf den nächsten Karriereschritt, das Erbe, weniger Ausgaben oder „mehr Zeit". Doch der wichtigste Schritt passiert nicht im Außen, sondern im Kopf.

Erst handeln – dann optimieren. Erfolgreiche Menschen starten mit dem, was sie haben – nicht mit dem, was sie gern hätten.

Die 5 Prinzipien für finanzielle Freiheit

1. **Verhalten schlägt Einkommen**
   » Nicht, wie viel du verdienst, zählt – sondern, wie du damit umgehst.
2. **Finanzbildung ist Pflicht**
   » Wer die Regeln nicht kennt, spielt im falschen Spiel.
3. **Zeit schlägt Timing**
   » Regelmäßig investieren schlägt perfekte Einstiege.
4. **Verstecktes Risiko erkennen**
   » Nichts tun ist oft riskanter als investieren.
5. **Entscheide dich – trotz Unsicherheit**
   » Finanzielle Freiheit beginnt mit dem ersten Schritt.

Fazit

Finanzielle Freiheit entsteht nicht durch Glück, sondern durch Haltung. Nicht durch Vorhersagen, sondern durch Prinzipien. Nicht durch Zufall – sondern durch System.

Wer heute beginnt, wird morgen ernten. Wer ständig zögert, bleibt Zuschauer. Wohlstand ist kein Ziel – es ist ein Weg. Und du kannst ihn gehen.

Risiken minimieren und kluge Entscheidungen treffen sind weitere Grundlagen, die den Weg zum Vermögensaufbau für jeden gangbar machen. Es geht nicht darum, riskante Spekulationen einzugehen, sondern langfristige, stabile Investments zu wählen. Diversifikation ist hier das Zauberwort: Wer sein Geld auf verschiedene Anlageklassen verteilt, reduziert das Risiko und erhöht die Chancen auf stabile Renditen. Dieser Ansatz ist nicht kompliziert und erfordert keine Expertise – er ist für jeden zugänglich, der bereit ist, ein wenig Zeit in die Planung zu investieren.

Der Weg zum Wohlstand ist für jeden erreichbar, weil er nicht von äußeren Umständen, sondern von inneren Einstellungen abhängt. Geduld, Bildung und der Wille, klug zu handeln, öffnen Türen, die für viele verschlossen scheinen. Der wichtigste Schritt ist der erste: anfangen. Alles andere entwickelt sich mit der Zeit - Schritt für Schritt.

Effektiv agieren in einer dynamischen Welt

Die Welt verändert sich ständig - Märkte schwanken, neue Technologien entstehen, und geopolitische Ereignisse beeinflussen die Wirtschaft. Wenn du finanziell erfolgreich sein willst, musst du sowohl fokussiert als auch anpassungsfähig bleiben. Wohlhabende Menschen haben diese Fähigkeit perfektioniert - und davon kannst auch du lernen.

Fokus bewahren: Dein Ziel immer im Blick
Disziplin ist entscheidend. Gerade in Zeiten, in denen Nachrichten, Hypes und Panik die Runde machen, neigen viele Anleger dazu, unüberlegte Entscheidungen zu treffen. Erfolgreiche Investoren dagegen haben klare Regeln, die sie konsequent einhalten. Ein Beispiel? Viele legen fest: „Maximal 10 % des Portfolios in spekulative Anlagen!" Diese langfristige Strategie schützt vor kurzfristigen Ablenkungen und spontanen Fehlinvestitionen. Mach es genauso: Schreibe deine eigenen Regeln auf und halte dich daran - so bleibst du auch in turbulenten Phasen auf Kurs.

Anpassungsfähigkeit entwickeln: Chancen erkennen und nutzen
Die Welt verändert sich - und deine Strategie sollte das auch tun. Wohlhabende Menschen analysieren regelmäßig ihre Portfolios und passen sie an neue Entwicklungen an. Ein gutes Beispiel ist der Trend zu nachhaltigen und technologischen Unternehmen: Viele Investoren setzen vermehrt auf diese Branchen, da sie großes Wachstumspotenzial bieten. Aber Vorsicht: Nicht jeder Trend ist sinnvoll. Statt blind zu folgen, solltest du fundierte Entscheidungen treffen, die zu deiner langfristigen Strategie passen.

Technologie clever einsetzen: Mehr als nur ein Spielzeug
Nutze die Möglichkeiten, die dir heute zur Verfügung stehen. Finanz-Apps können dir dabei helfen, dein Portfolio im Blick zu behalten, Robo-Advisors bieten kostengünstige Anlagestrategien und KI-gestützte Analysen liefern dir wertvolle Einblicke. Diese Tools waren früher ausschließlich Profis vorbehalten - heute hat

jeder Zugang dazu. Setze sie ein, um klüger zu investieren und schneller auf Veränderungen reagieren zu können.

Emotionen im Griff: Cool bleiben, wenn es heiß hergeht
Marktschwankungen gehören dazu – das ist völlig normal. Erfolgreiche Investoren wissen das und lassen sich nicht aus der Ruhe bringen. Statt in Panik zu verkaufen, nutzen sie Rückgänge sogar als Kaufgelegenheit. Übe auch du dich darin, Gelassenheit zu bewahren. Sieh Kursverluste als vorübergehende Bewegungen und halte dich an deine Strategie. So wirst du nicht vom Markt hin- und hergeworfen.

Lernen und neugierig bleiben: Wissen als Antriebsfeder
Finanzielle Bildung endet nie. Wer heute erfolgreich investieren will, bleibt offen für neue Themen und Entwicklungen. Ob Künstliche Intelligenz, Kryptowährungen oder erneuerbare Energien – erfolgreiche Anleger beschäftigen sich kontinuierlich mit neuen Trends und Ideen. Dabei geht es nicht darum, jedem Hype hinterherzujagen, sondern sich ein fundiertes Verständnis zu erarbeiten. Setze dir das Ziel, regelmäßig dazuzulernen – so bleibst du am Puls der Zeit.

Fazit

Fokus und Flexibilität im Einklang: Fokussiert zu bleiben bedeutet, klare Ziele und Regeln zu definieren, die dir als Leitfaden dienen. Gleichzeitig brauchst du die Flexibilität, auf Veränderungen zu reagieren, ohne dich zu übereilten Entscheidungen hinreißen zu lassen. Nutze moderne Technologien als Hilfsmittel, um deine Investitionen besser zu managen. Bleibe auch in turbulenten Zeiten ruhig und lerne kontinuierlich dazu. Wer diese Prinzipien verinnerlicht, kann auch in unsicheren Zeiten finanziellen Erfolg erreichen – und sich langfristig ein stabiles Vermögen aufbauen.

In eigener Sache:
Wenn du die Prinzipien aus diesem Buch in die Praxis umsetzen möchtest, begleite ich dich gerne auf deinem Weg. Auf meiner Website www.seibold-michael.de findest du weiterführende Inhalte, Tools und die Möglichkeit, ein individuelles Finanzcoaching zu buchen. Scanne einfach den QR-Code und starte noch heute.

Für aktuelle Impulse, Einblicke und persönliche Gedanken rund um Finanzen und Investieren findest du mich auch auf Instagram unter @michaelseibold_. Ich freue mich, dich dort kennenzulernen – und gemeinsam mit dir an deiner finanziellen Freiheit zu arbeiten.

Meine Webseite:

Mein Instagram:

Alle in diesem Buch verwendeten Quellen wurden sorgfältig geprüft, durchgearbeitet und nach bestem Wissen ausgewählt. Sie dienen der inhaltlichen Untermauerung und sollen dir helfen, einzelne Themen bei Interesse weiter zu vertiefen. Eine vollständige Übersicht aller Quellen findest du unter dem folgenden QR-Code.

Quellen:

Notizen

Notizen

Notizen

Notizen

ForwardVerlag

SPIEGEL Bestseller

Titel:	Goldene Zukunft
Untertitel:	Wie Bitcoin alte Prinzipien neu belebt und zur Chance des Jahrhunderts wird
Autor:	Florian Bruce-Boye
ISBN:	978-3-98755-112-3

„Goldene Zukunft“ ist dein Schlüssel zu einem tiefen Verständnis des bedeutendsten finanziellen Paradigmenwechsels unserer Zeit. Wir verbringen unser ganzes Leben damit, Geld zu verdienen, aber keine Sekunde damit, Geld zu verstehen.

Dieses Buch bietet Erklärungen, die jeder verstehen kann, verankert in der Geschichte der Menschheit und einem reinen Menschenverstand. Es beantwortet nicht nur die drängenden Fragen rund um Bitcoin, sondern adressiert auch die Skepsis, die viele Menschen gegenüber dieser neuen Technologie hegen.

Es ist eine unverzichtbare Lektüre für jeden, der verstehen möchte, was Bitcoin ist und wie etwas Ungreifbares, wie eine digitale Währung, einen enormen Wert erlangen kann.

ForwardVerlag